NACHHALTIGE Weihnachtsdeko

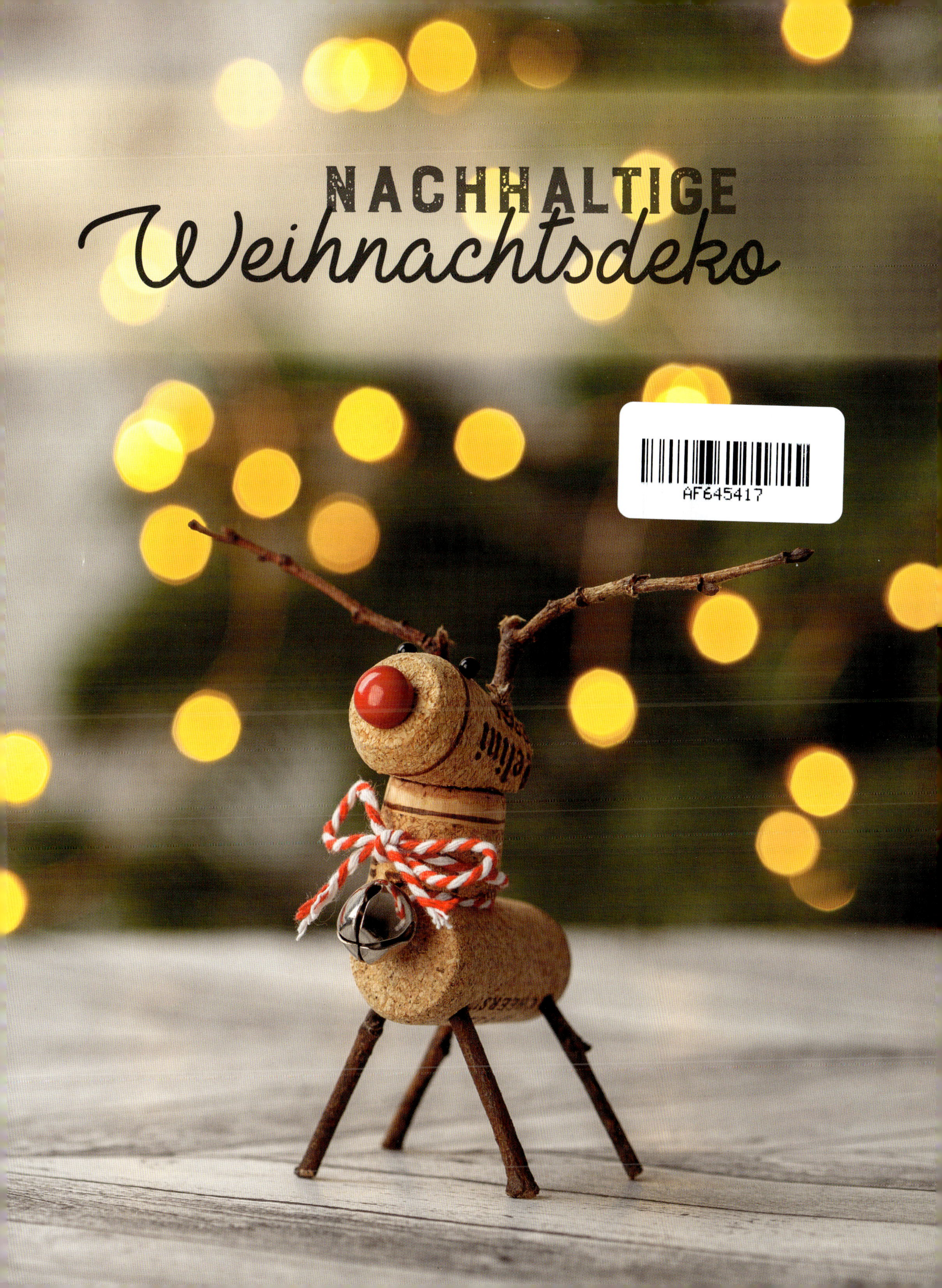

Originalausgabe unter dem Titel *The Eco Christmas Craft Book*
erschienen bei: Search Press Limited, Wellwood, North Farm Road,
Tunbridge Wells, Kent TN2 3DR
Fotos: Mark Davison, Search Press Studios

Für die deutsche Ausgabe:
Verantwortlich: Svenja Wiglinghaus
Übersetzung: Christine Schnappinger
Produktmanagement, Satz und Lektorat: VerlagsService
Dietmar Schmitz GmbH
Umschlaggestaltung: Irina von Feury
Herstellung: Kathleen Baumann
Printed in China

Die Deutsche Nationalbibliothek verzeichnet diese Publikation in der Deutschen Nationalbibliografie; detaillierte bibliografische Daten sind im Internet über http://dnb.d-nb.de abrufbar.

Infanteriestraße 11a
80797 München

ISBN 978-3-8388-3824-3

Für meinen Mann,
Dave
Der mich immer unterstützt und an
mich glaubt. Ich danke dir.

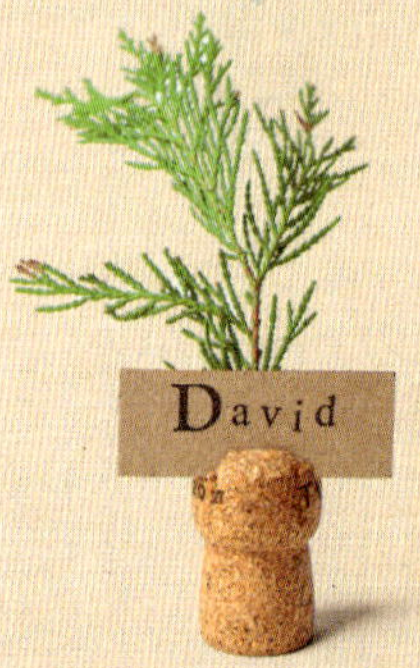

Dank

Vielen Dank an alle, die mir geholfen haben, dieses Projekt in Rekordzeit zu realisieren. Ich danke Familie, Freund*innen und Arbeitskolleg*innen für ihre Spenden (in Form von Pappkartons, Schlafanzughosen, Toilettenpapier-Papprollen und Verpackungen). Mein besonderer Dank gilt all den engagierten Menschen, die mir bei den letzten wichtigen Wein- und Sektkorken geholfen haben – ihr wisst, wer gemeint ist!

Vielen Dank an Katie und May, die mir diese Chance eröffnet und mir während des Covid-Lockdowns diese tolle Beschäftigung gegeben haben.

Danke auch an meine Mutter und meinen Vater, die mir als Kind so tolle Weihnachten bereitet haben. Sie haben den Grundstein für meine Leidenschaft gelegt, all die Dinge in diesem Buch herzustellen.

Ich liebe
Weihnachten.

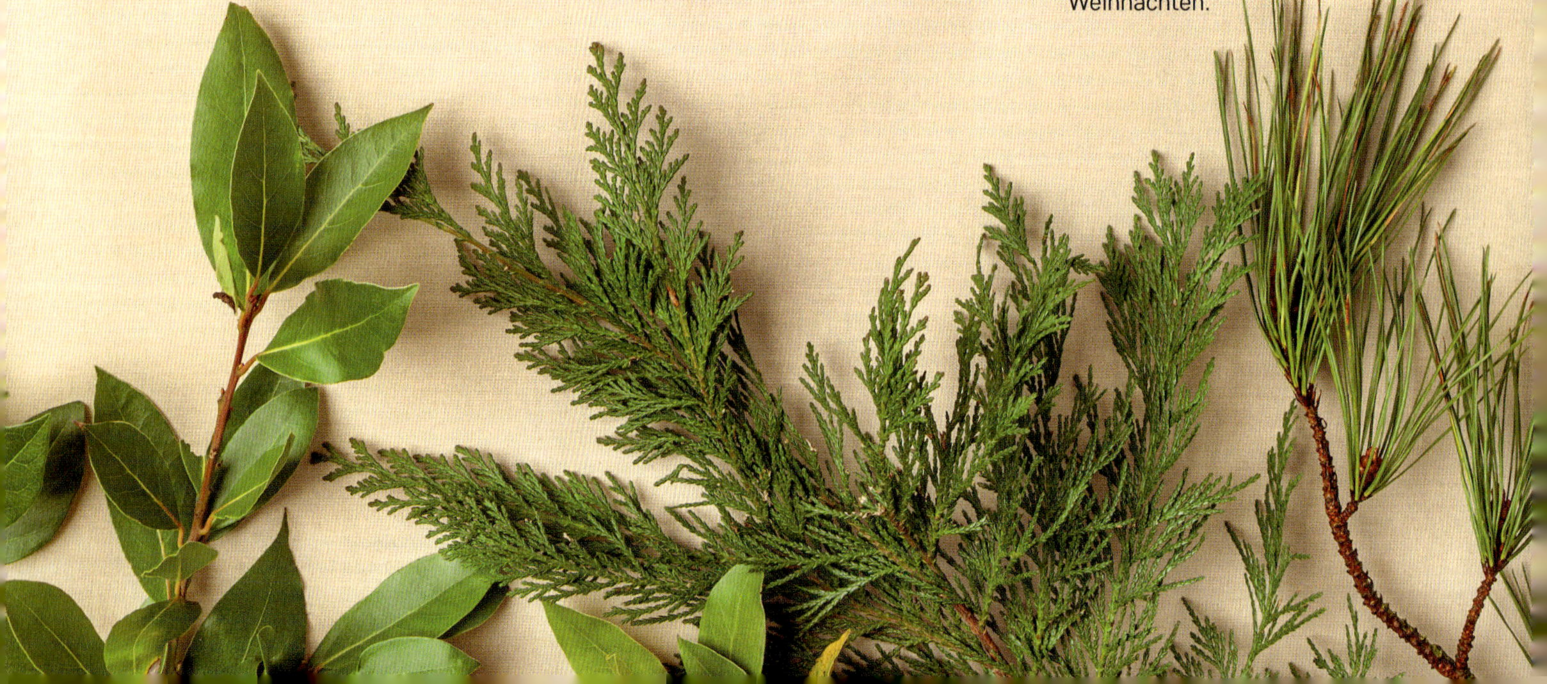

Marrianne Miall

NACHHALTIGE Weihnachtsdeko

30 festliche und umweltschonende Projekte

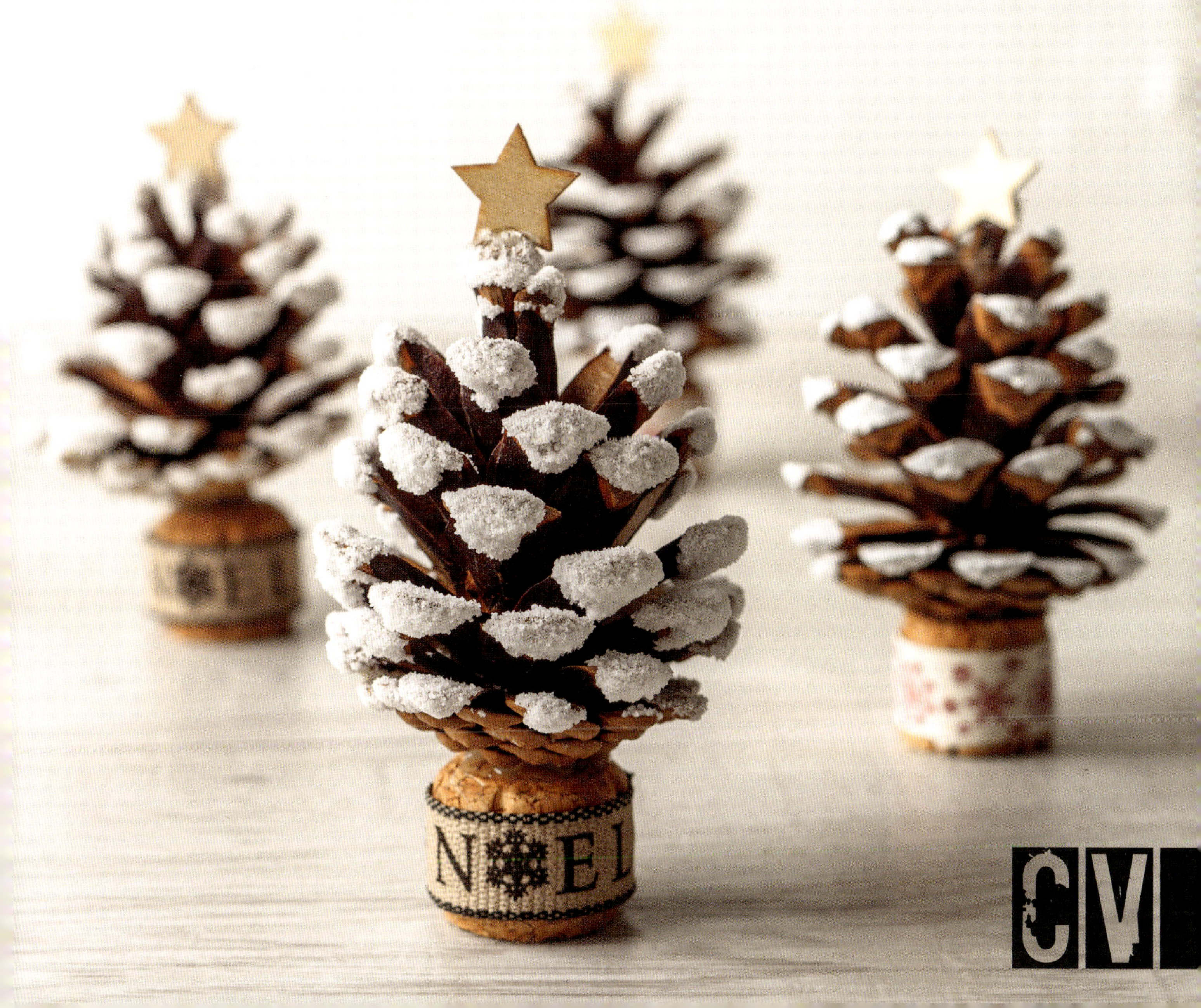

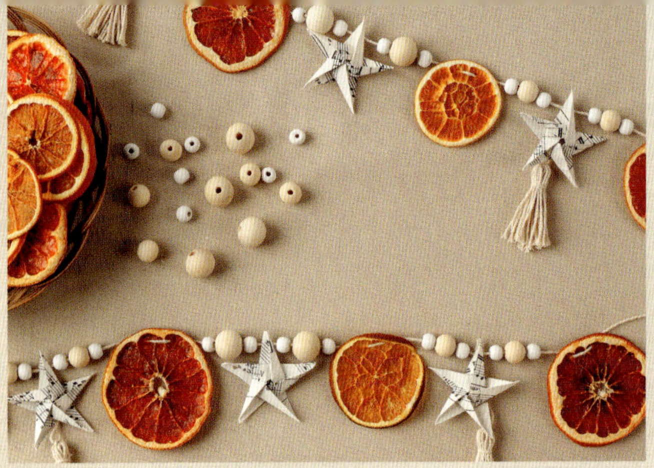

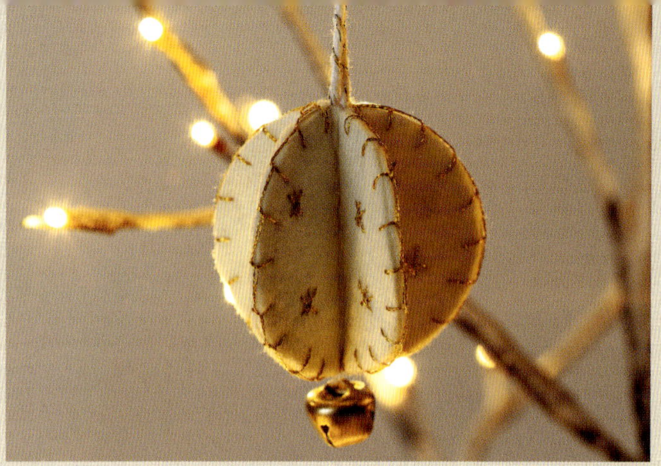

Inhalt

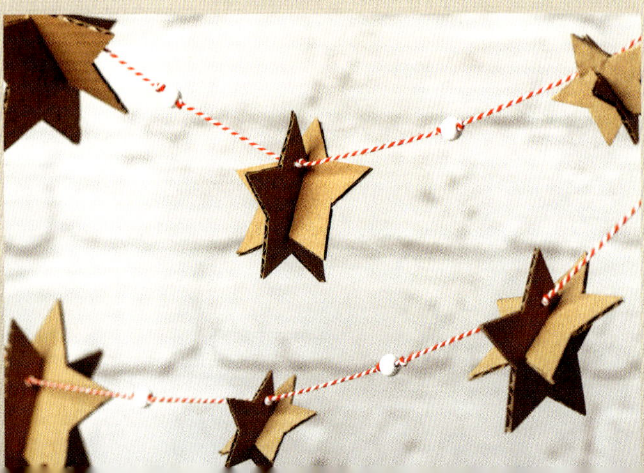

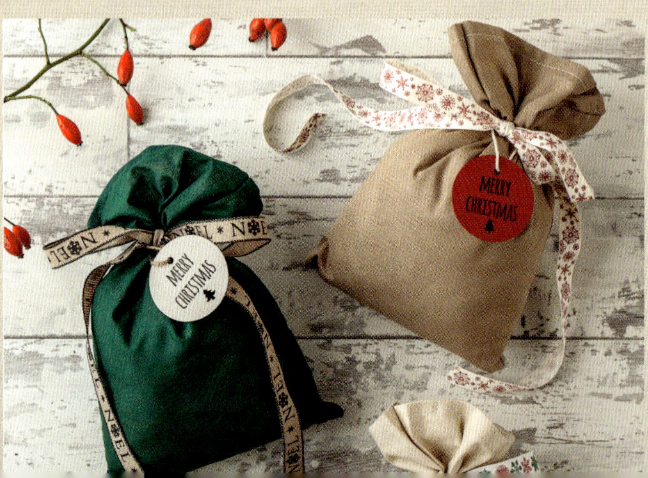

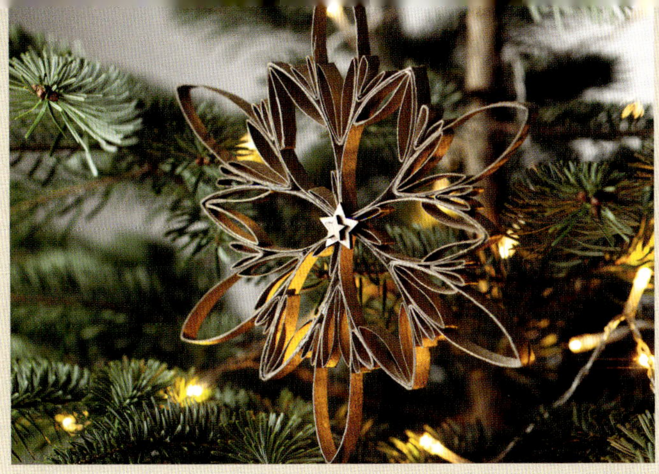

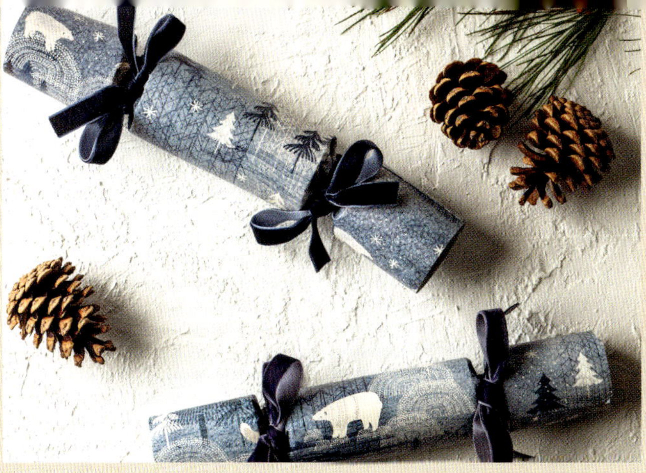

PROJEKTE

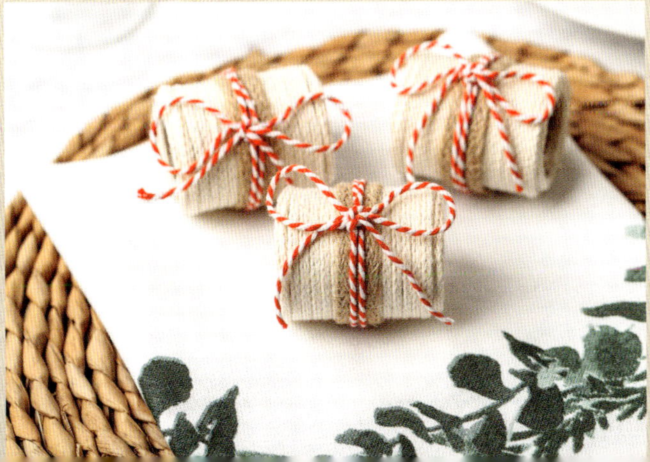

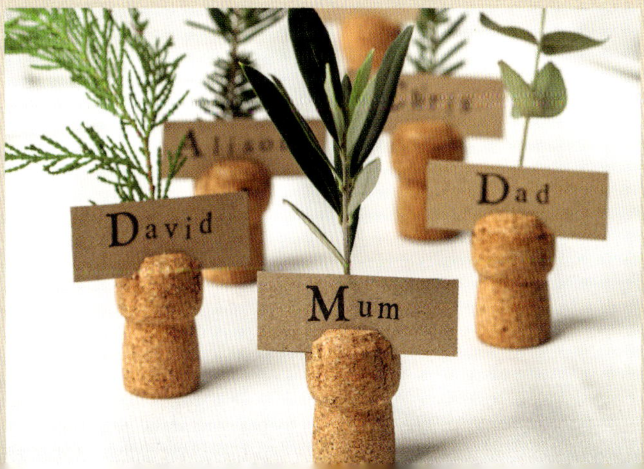

EINLEITUNG

★★★★★★★★★★★★★★★★

Ich liebe Weihnachten. Es ist für mich eine nostalgische Zeit, die mit vielen schönen Erinnerungen verbunden ist. Jedes Jahr verwandle ich mein Zuhause in die Höhle des Weihnachtsmannes. Es gibt für mich nichts Schöneres, als meine Lieblingsfilme anzuschauen, während der Weihnachtsbaum in voller Pracht erstrahlt, geschmackvoll geschmückt und mit Lichterketten behängt. Für mich ist Weihnachten eine fabelhaft kreative Zeit des Jahres, und daran möchte ich andere teilhaben lassen.

Wer dieses Buch in die Hand genommen hat, weiß wahrscheinlich aber auch, welche verheerenden Auswirkungen Weihnachten auf die Umwelt hat. Das »Fest der Feste« ist berüchtigt dafür, eine Menge Abfall zu verursachen. Man schätzt, dass zu Weihnachten etwa dreißig Prozent mehr Müll anfallen als im restlichen Jahr. Allein in Großbritannien werden jährlich etwa 500 Tonnen Lichterketten und 108 Millionen Rollen Geschenkpapier weggeworfen, außerdem 3,5 Müllsäcke voller Papier und anderer Verpackungsmaterialien pro Haushalt. Ein großer Teil davon landet auf der Mülldeponie, weil Materialien wie Glitter- und Kunststoffbeschichtungen nicht recycelt werden können.

Eine Möglichkeit, den Abfall um diese Jahreszeit zu reduzieren, ist die Herstellung umweltfreundlicher Dekorationen, Geschenkverpackungen und Karten. Wir können hierfür altes Recyclingmaterial nutzen, nach natürlichen Materialien suchen und einen Teil der Bastelvorräte auf dem Dachboden aufbrauchen!

Ich will keine Predigt darüber halten, was man verwenden sollte und was nicht – ich möchte lediglich dazu inspirieren, das eigene Weihnachtsfest sparsamer und umweltfreundlicher zu gestalten. Wenn wir alle kleine Schritte unternehmen, um die Abfallmenge zu reduzieren, indem wir recyceln oder upcyceln, was wir sonst wegwerfen, und es mit nachhaltigen und umweltfreundlichen Materialien mischen, können wir wunderschöne, stilvolle Dekorationen herstellen, die unser Zuhause mit Weihnachtsstimmung erfüllen – und wir haben die Genugtuung, zu wissen, dass wir etwas für den Planeten tun!

Dieses Thema begeistert mich sehr. Ich kann es kaum abwarten, meine Ideen zu teilen. Viel Spaß dabei!

Merry Christmas!

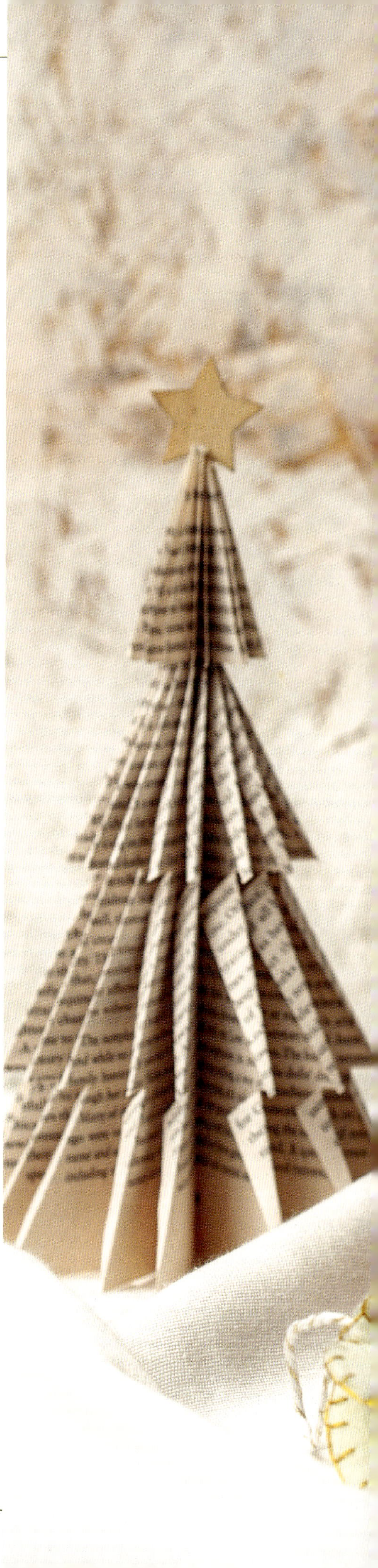

EIN PAAR WICHTIGE BEGRIFFE

WAS BEDEUTET »UMWELTFREUNDLICH«?

Der Definition nach meint »umweltfreundlich« etwas, das so konzipiert ist, dass es keine oder nur sehr geringe schädliche Auswirkungen auf die Umwelt hat. Alle Projekte in diesem Buch wurden aus natürlichen oder wiederverwerteten Materialien hergestelt, die recycelt werden können, was sie »umweltfreundlich« macht.

WAS BEDEUTET »GRÜN«?

Ähnlich wie »umweltfreundlich« bedeutet »grün«, sich so zu verhalten, dass der Planet geschont wird, oft durch einen geringeren CO_2-Fußabdruck. Ein Beispiel für umweltfreundliches Verhalten ist es, das Licht auszuschalten, wenn man einen Raum verlässt. Die Verwendung eines ungiftigen, pflanzlichen oder selbst hergestellten Klebers kann ebenfalls als »grün« angesehen werden.

WAS BEDEUTET »NACHHALTIG«?

Dieser Begriff wird verwendet, um etwas zu beschreiben, das bei seiner Herstellung keine oder nur sehr geringe Umweltschäden verursacht und die Ressourcen für die Zukunft schützt. Die Verwendung von Stoffen aus Naturfasern etwa ist also nachhaltig, weil zum Ausgleich weitere Pflanzen angebaut werden können, um in Zukunft weiterhin diese Stoffe zu produzieren.

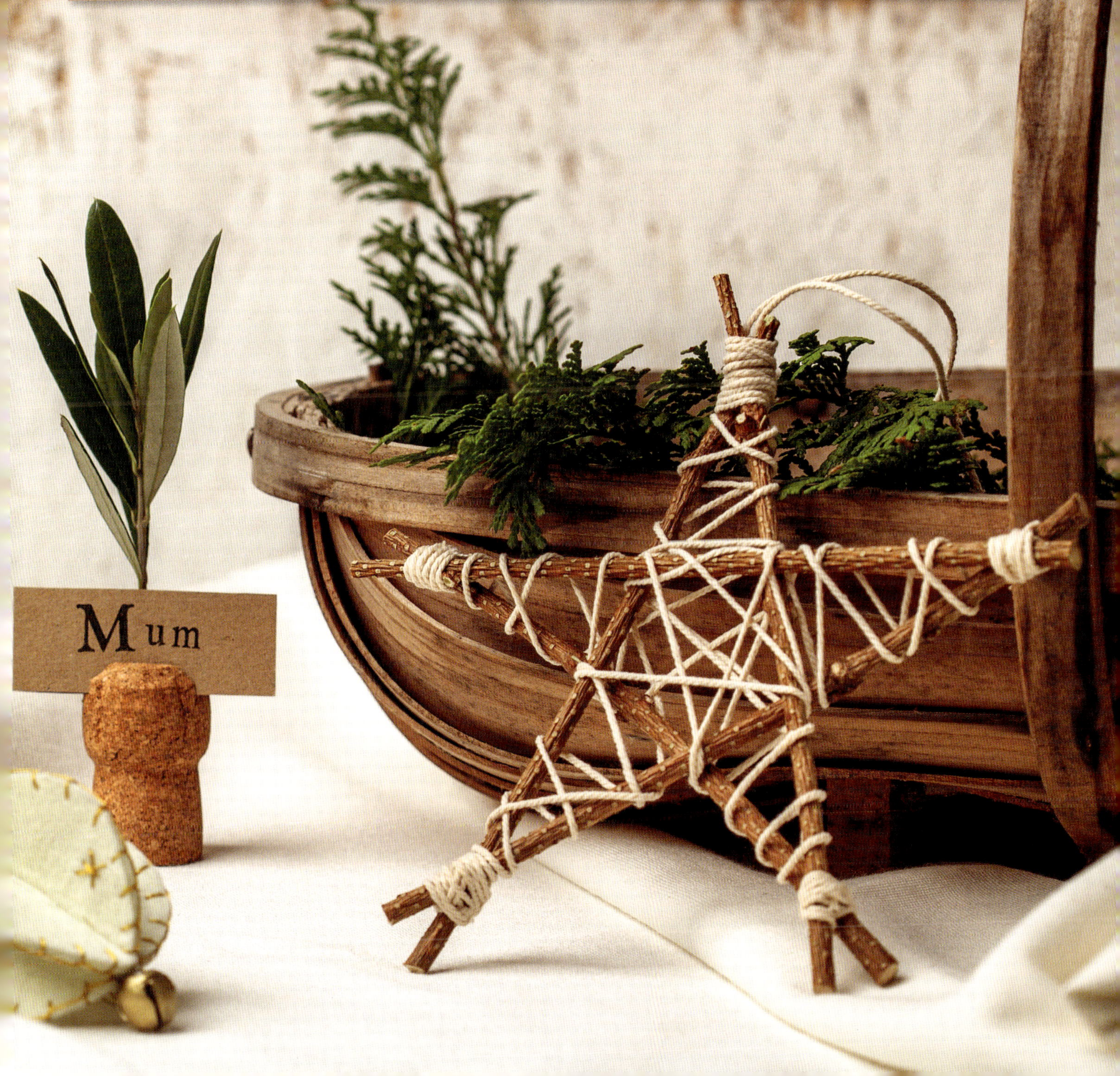

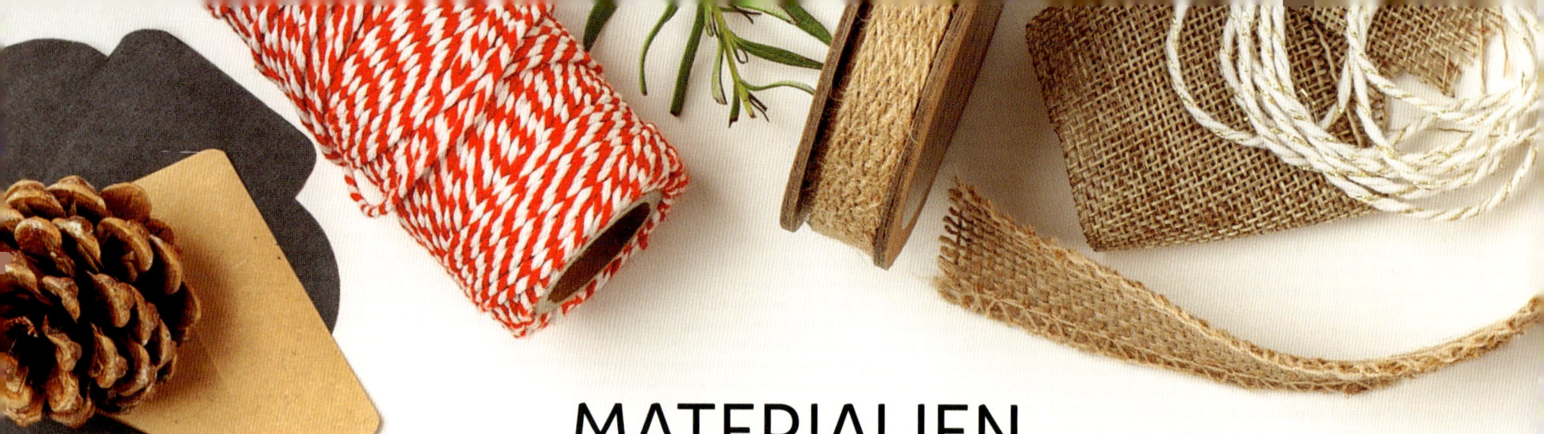

MATERIALIEN

Ich liste hier nicht jeden einzelnen Artikel auf, den ich verwendet habe, denn umweltfreundlich zu sein bedeutet, dass wir uns bewusst sein müssen, was wir verwenden oder kaufen. Es besteht also keine Notwendigkeit, genau die gleichen Materialien einzusetzen wie ich. Ich wünsche mir, dass die Projekte als Inspiration dienen, sodass man Dinge durch Materialien austauschen kann, die man bereits zu Hause hat, die man gebraucht bekommt, oder die man sich an nachhaltigen Produkten neu leisten will. Die Materialien in diesem Buch fallen in drei Hauptkategorien:

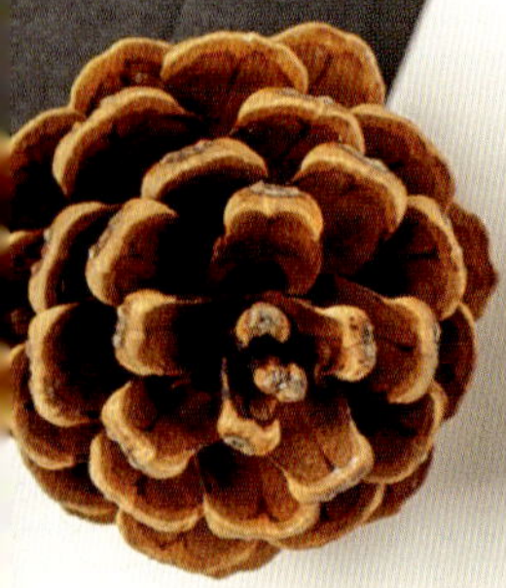

MÜLL ZUM UPCYCELN

Es gibt viele Dinge, die wir normalerweise wegwerfen oder recyceln, aus denen sich die wunderbarsten Deko-Objekte herstellen lassen: **Pappkartons**, **gebrauchtes Geschenkpapier**, **Packpapier**, **Flaschen aus Plastik**, **Wein-, Prosecco- und Sektkorken**, **Toilettenpapier-Papprollen**, **gebrauchte Weihnachtskarten** und alle Arten von **Dosen, Flaschen** oder **Gläsern**. Einige der Materialien sind nachhaltiger als andere, und die meisten können recycelt werden. Es lohnt sich aber, sie für die Herstellung von Dekorationen zu verwenden, denn dann nutzt man sie vor ihrem Recycling noch einmal.

MATERIALIEN AUS DER NATUR

Diese Materialien sind nicht nur kostenlos, sie sind auch zu 100 Prozent umweltfreundlich und nachhaltig. **Nadelholzzapfen** etwa bieten jede Menge kreatives Potenzial, ebenso **Äste** und **Zweige** aus dem Garten. Mithilfe einer **Schnur aus Naturfasern** können daraus wunderschöne Dekorationen für das eigene Zuhause hergestellt werden. Wer wenig Platz hat, kann die Zweige zum Aufhängen von Dekorationen nutzen und nach Weihnachten wieder in die Natur bringen, um Insekten einen Unterschlupf zu bieten.

Verwenden kann man auch **winterliches Grün** und **Beeren**, um Kränze und Deko für den Innenbereich zu gestalten, die anschließend kompostiert oder wieder nach draußen gebracht werden, zur Freude der Vögel.

Es lohnt sich auch, den **Weihnachtsbaum** aufzuheben und ihn als Bastelmaterial in Teile zu sägen. Viele der Zweigprojekte in diesem Buch wurden mit Ästen vom Weihnachtsbaum des letzten Jahres durchgeführt. Der Stamm des Baumes kann zu Holzscheiben verarbeitet werden, die als Sockel für verschiedene Dekorationen dienen. Ein weiterer Pluspunkt ist der wunderbare Duft des Nadelholzes.

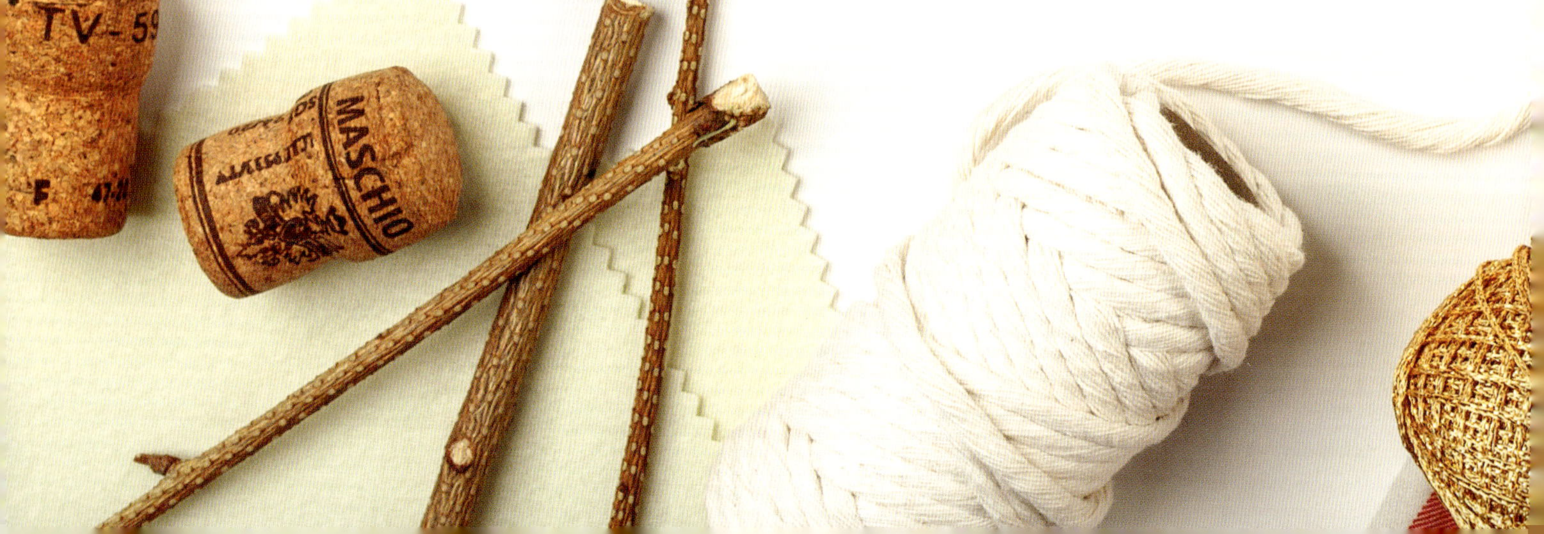

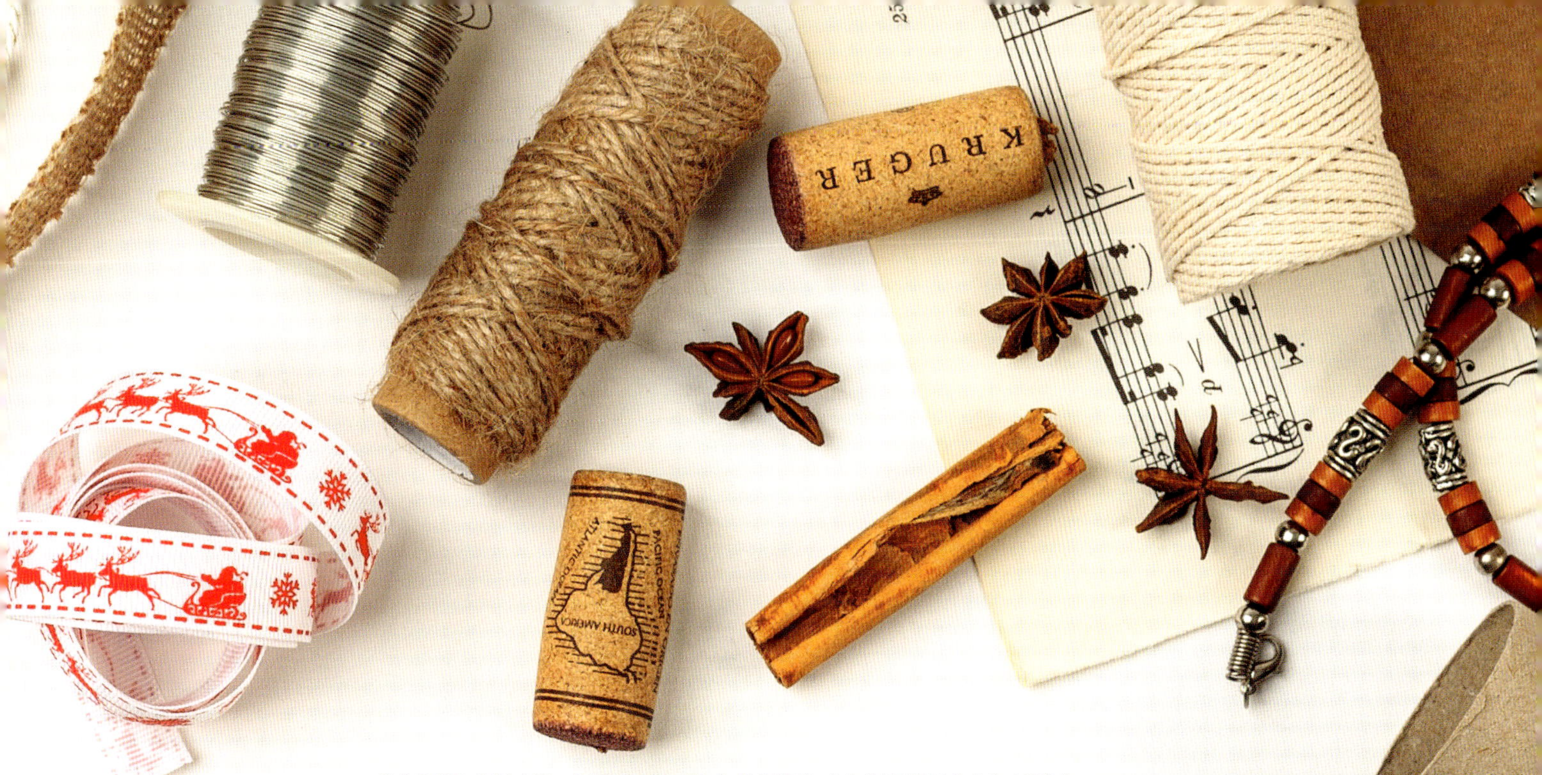

ALTE UND NEUE BASTELMATERIALIEN

Ich besitze das größte Arsenal an Bastelutensilien und Werkzeugen, das man sich vorstellen kann. Ich habe Spaß an den verschiedensten künstlerischen und kunsthandwerklichen Techniken und daher Materialien zu Hause, mit denen ich so ziemlich alles herstellen kann. Wer keine so große Sammlung an Bastelvorräten besitzt, kann Freunde, Verwandte und Nachbarn fragen, ob man vielleicht ihre Nähschatulle plündern und ein paar Garnreste und Perlen abstauben kann. Allein dadurch wird verhindert, dass Material auf der Mülldeponie landet, und es schont außerdem den Geldbeutel.

Stoffe aus Naturfasern wie **Hanf**, **Baumwolle** und **Jute** etwa sind biologisch abbaubar, aber hier sollte man dennoch vorsichtig sein. Beim Anbau und bei der Verarbeitung von Baumwolle fallen große Mengen an Wasser an, und oft werden Pestizide verwendet. Noch besser ist es daher, gebrauchte Textilien zu kaufen. In **Kleidertauschbörsen** oder **Secondhandläden** findet man gebrauchte Kleidung, die man auftrennen und für Deko-Objekte verwenden kann.

Zu vielen Materialien gibt es preiswerte und umweltfreundliche Alternativen. Man kann etwa anstelle von Plastik- und Polyesterbändern **natürliche Jute- und Baumwollschnüre** verwenden sowie **Nähgarn aus Baumwolle** oder **recyceltem Polyester**. Aus recyceltem braunem **Packpapier** lassen sich hübsche Geschenkverpackungen herstellen, sodass man auf kunststoffbeschichtete, glitzernde, gekaufte Rollen sehr gut verzichten kann. Holzperlen sind eine nachhaltige Alternative zu Plastikperlen.

Wer ungiftige **Klebebänder** und **Klebstoffe** auf Pflanzen- oder Wasserbasis verwendet, sorgt dafür, dass die Dekorationen recycelt werden können oder am Ende ihrer Lebensdauer biologisch unbedenklich abbaubar sind. Wer besonders umweltfreundlich sein will, kann Leim oder Kleister selbst herstellen. Die meisten Rezepte verwenden eine Mischung aus Maismehl und Wasser sowie andere unbedenkliche Zutaten aus dem Supermarkt. Für einige Projekte habe ich außerdem wiederverwendbaren **Blumendraht** benutzt, mit dem man Gegenstände ohne Klebstoff verbinden kann. Es lohnt sich, beim Einkauf die Produktinformationen zu studieren, denn oft wird angegeben, ob die Verpackung bereits recycelt wurde. Viele Klebestifte etwa werden mittlerweile aus recyceltem Kunststoff hergestellt – ein echter Gewinn!

Farbe ist im Allgemeinen ziemlich schädlich für den Planeten. Es gibt zwar einige umweltfreundliche Produkte, aber die sind meist sehr teuer. Ratsam ist es, so gut wie möglich **Farben auf Wasserbasis** zu verwenden und alles zu nutzen, was man bereits zu Hause hat. Ich besitze ein paar Sprühfarben, die immer noch gut funktionieren, und ich verwende auch gerne Dispersionsfarbenreste, die beim Streichen von Wänden übrig geblieben sind. So landet zumindest nichts ungenutzt auf dem Müll.

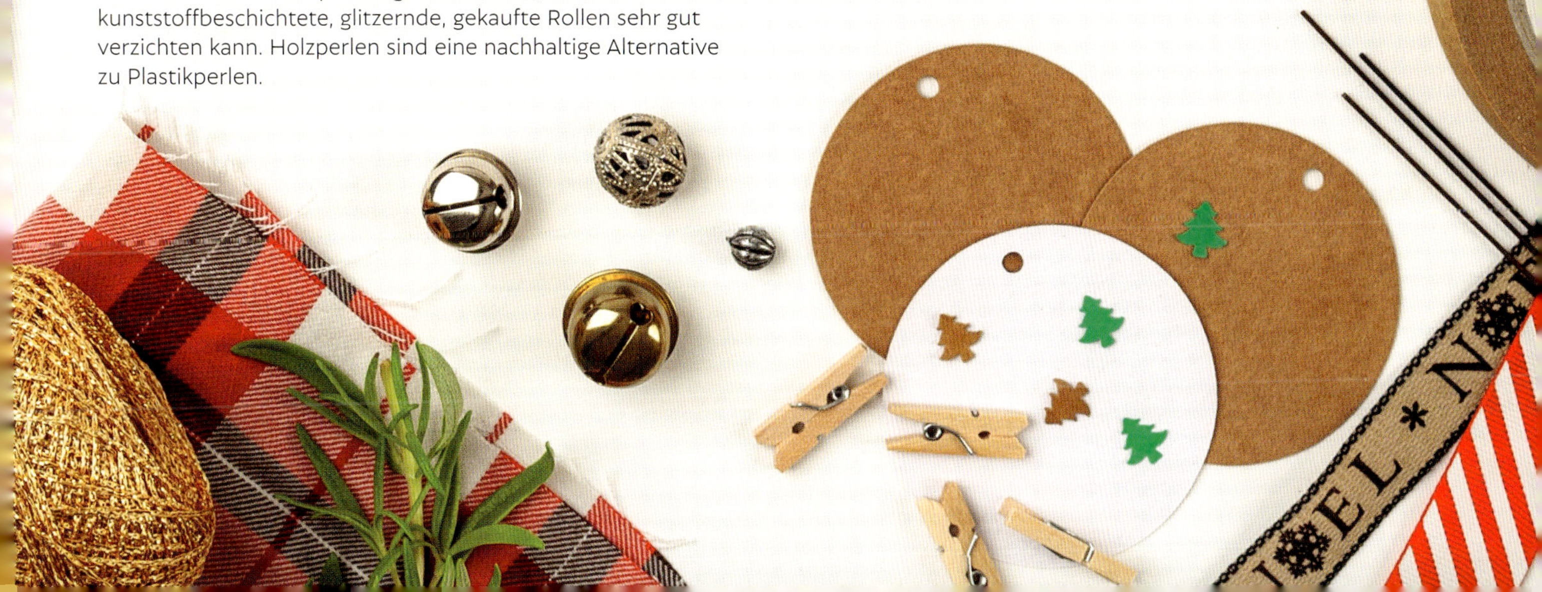

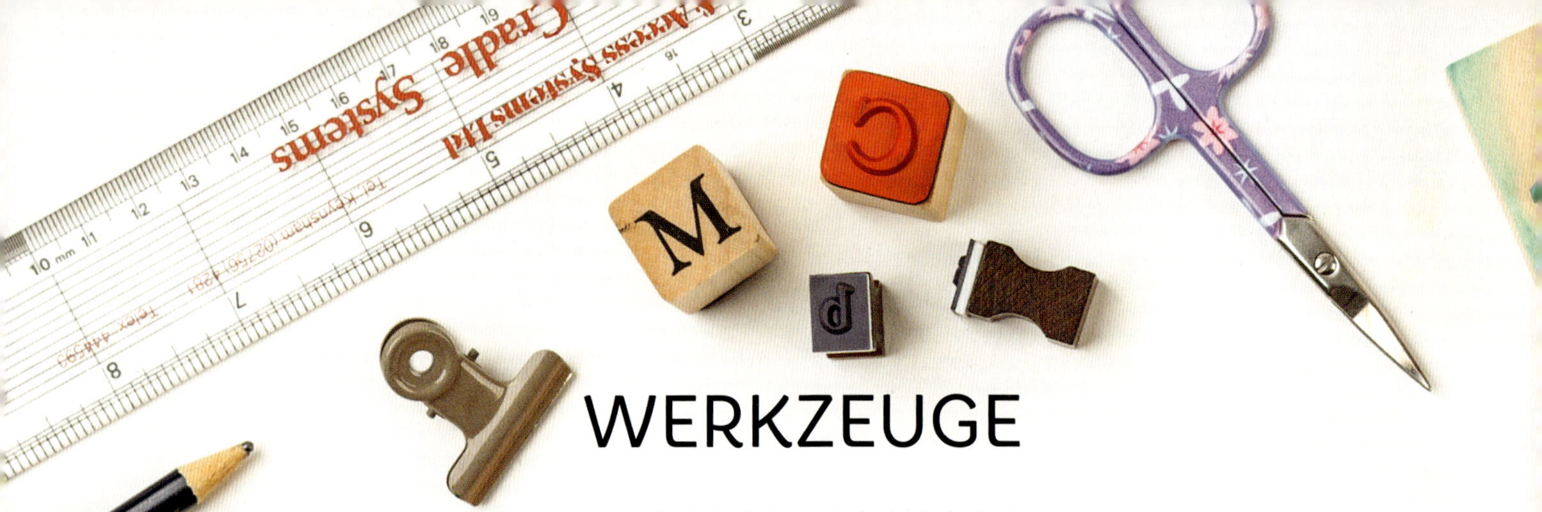

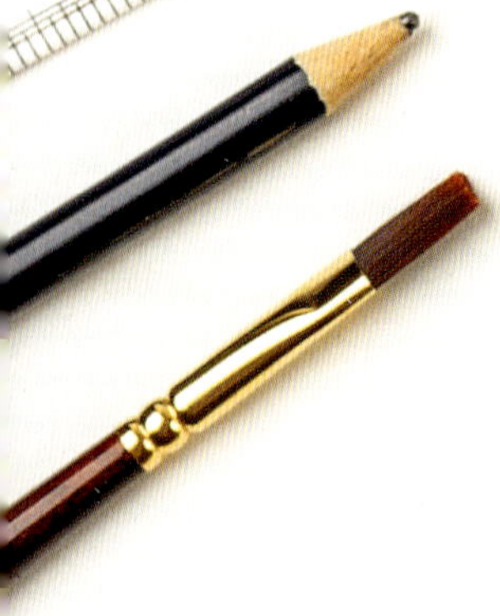

WERKZEUGE

★★★★★★★★★★★★★★★★

Werkzeuge sind unerlässlich, um das Basteln zu erleichtern und ein gutes Ergebnis zu erzielen. Die meisten Werkzeuge, die ich verwende, haben wahrscheinlich alle zu Hause, entweder im Kellerregal oder im Nähkästchen! Bei allen Projekten in diesem Buch ist genau aufgelistet, was man braucht, aber hier kommen ein paar allgemeine Informationen vorab.

BASIS-UTENSILIEN

Dazu gehören unter anderem **Bleistift**, **Radiergummi**, **Lineal**, **Locher** oder **Rotationslochzange**, **Nähnadeln**, **Papier-** und **Stickscheren**. Eine gute, scharfe **Stoffschere** ist eine Investition fürs Leben. Wenn man sie nur zum Schneiden von Stoff verwendet, wird sie viele Jahre lang treue Dienste leisten. Und stumpf gewordende Werkzeuge sollte man keinesfalls wegwerfen, sondern schleifen lassen.

Eine gute **Gartenschere** ist ebenfalls sehr nützlich, für die Ast- und Zweigprojekte in diesem Buch. Auch sie wird bei guter Pflege (wenn man sie sauber und trocken lagert) viele Jahre halten.

Eine **Heißklebepistole** ist beim Basteln sehr praktisch. Mit ihr lassen sich Gegenstände schnell und sicher aneinander befestigen. Es gibt Modelle mit umweltfreundlichen Klebepatronen, die ungiftig und geruchsneutral sind.

NÜTZLICHE HELFER

Dies sind Werkzeuge, die einem helfen, Projekte flüssig zu vollenden, und die man vielleicht kaufen oder ausleihen möchte. Umweltbewusst wäre es, in ein paar gute Geräte zu investieren, die es einem ermöglichen, jetzt und in Zukunft weniger Bastelmaterial und Klebstoffe zu verwenden. Eine gute, scharfe **Kneifzange** etwa hilft beim Abzwicken von Draht, der es ermöglicht, Materialien miteinander zu verbinden, ohne eine Menge Klebstoff zu verschwenden.

Eine **Bügelsäge** und eine **Stechahle** sind ebenfalls sehr hilfreich. Mit ihnen lassen sich dickere Materialien wie Holzspieße, Zweige, Äste oder Korken zerteilen und Löcher bohren, damit Dinge ineinandergesteckt anstatt verklebt werden können.

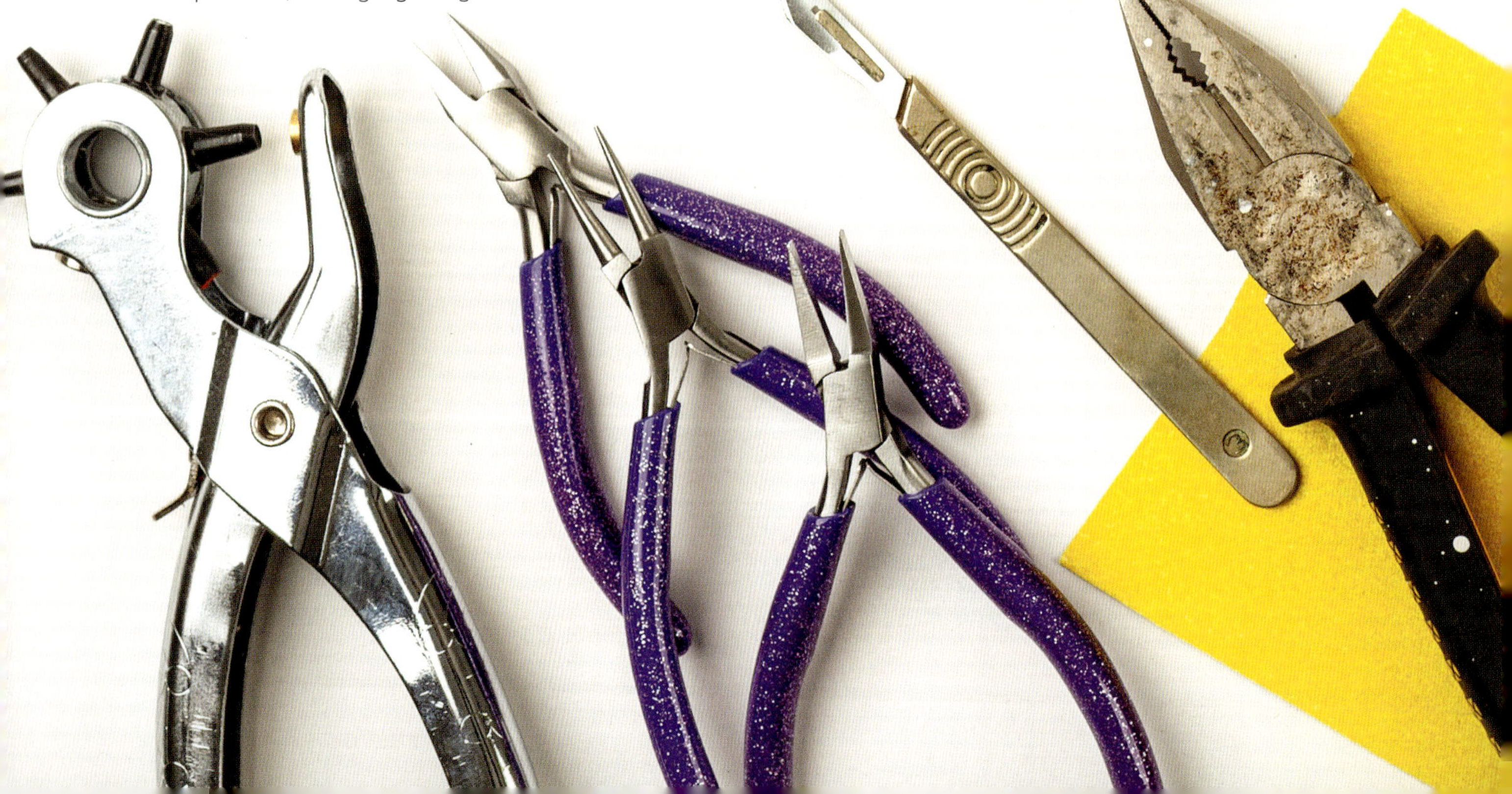

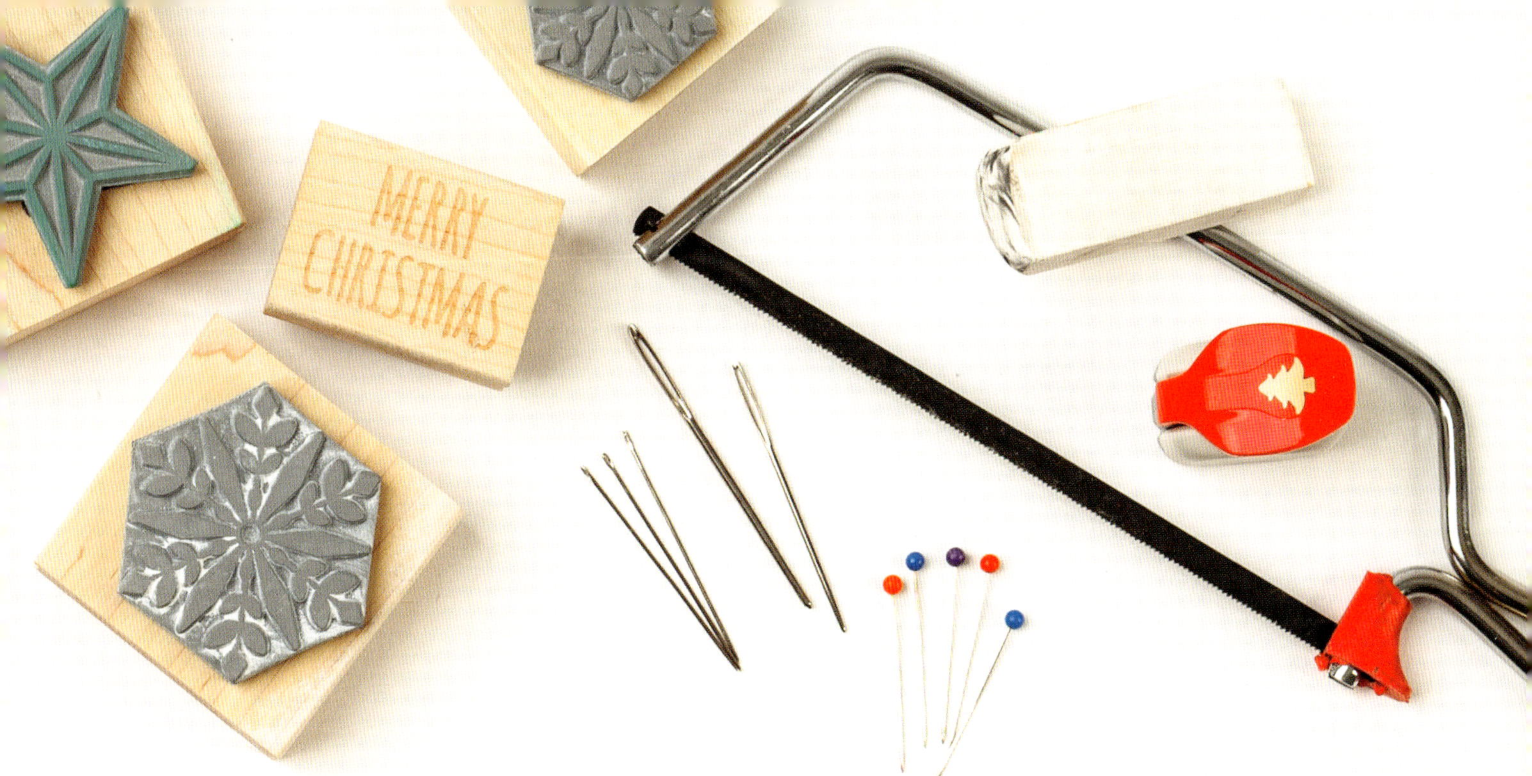

Ein scharfes **Präzisionsmesser** oder ein **Cutter** ist kein unbedingtes Muss, spart aber viel Zeit – und die Qualität der Schnitte verbessert das Ergebnis der Arbeit. Ein Cutter ist beim Schneiden von Pappe toll, um einen sauberen Schnitt zu erzielen. Wenn man mit einer Schere arbeitet, kann sich das Werkstück verbiegen. Man braucht allerdings viele scharfe Klingen, daher heißt es, vorsichtig sein beim Klingenwechsel und beim Gebrauch des Cutters. Wer einen Cutter verwendet, sollte auch ein hochwertiges **Sicherheitslineal aus Metall** und eine **Schneidematte** (auf Korkbasis) benutzen. Man sollte im Stehen arbeiten und immer von sich selbst und dem weg, was man ausschneidet.

Stempel und **Stempelkissen** sind für alle Arten von Weihnachtsbasteleien praktisch. Es lohnt sich, in ein hochwertiges Stempelset zu investieren, das man mit Seifenwasser reinigt. Stempelkissen gibt es in vielen Farben, und oft können sie mit einem kleinen Spritzer Wasser wiederbelebt werden, wenn sie anfangen auszutrocknen. Sie sind in der Regel auf Wasserbasis und ungiftig.

Weitere nützliche Utensilien sind **Schleifmaschine**, **Handsäge**, **Gehrungssäge**, **Akkubohrer** und **Nähmaschine**. Einige dieser Werkzeuge/Geräte sind sehr teuer und werden vielleicht so selten benutzt, dass sich ein Kauf nicht lohnt. Vielleicht Freunde, Verwandte oder Nachbarn fragen, ob man sie ausleihen kann.

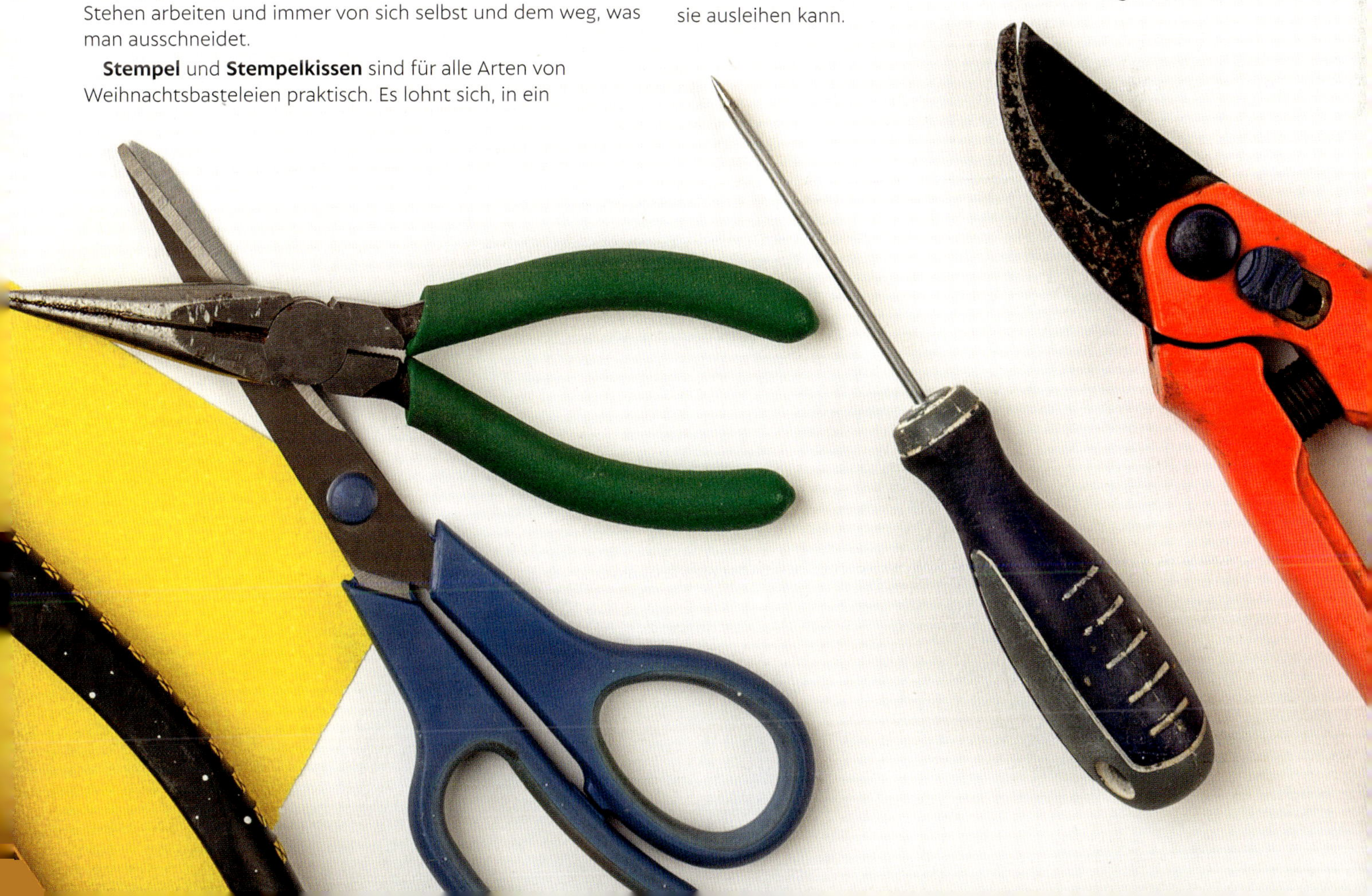

TECHNIKEN

★★★★★★★★★★★★★★★★

Die Techniken auf den folgenden Seiten kommen bei einigen Weihnachtsbasteleien in diesem Buch zum Einsatz. Manche sind vielleicht ohnehin allseits bekannt, aber ich habe mich entschieden, diese Auswahl vorzustellen, damit auch wirklich alles reibungslos klappt.

Origami-Sterne falten

Dies ist eine meiner Lieblingstechniken, weil die Sterne so vielseitig einsetzbar sind. Wenn man einmal den Dreh raus hat, sind sie super einfach zu falten, und man kann alle Arten von Papier verwenden, um verschiedene Effekte zu erzielen. Ich benutze gerne alte Zeitungen und Notenblätter. Man kann die Sterne in verschiedenen Größen für viele unterschiedliche Projekte herstellen, wie etwa für Baumschmuck, Geschenkanhänger, Girlanden und Kranzverzierungen.

DAS BRAUCHT MAN:

MATERIALIEN

- ★ Notenpapier (optional weißes Papier)

WERKZEUGE & HILFSMITTEL

- ★ Fünfeck-Vorlage (siehe Vorlage auf Seite 142)
- ★ Bleistift
- ★ Schere
- ★ Lineal

Tipp

Wer einen Stern erstellen möchte, der größer ist als die Vorlagen auf Seite 142 es ermöglichen, sollte zuerst das Fünfeck beherrschen. Damit lassen sich alle Größen nach Wunsch herstellen.

Hinweis

Ich empfehle, dieses Projekt zunächst mit weißem Papier zu üben. Ich persönlich habe ein paar Versuche gebraucht, um es richtig hinzubekommen, und bei gemustertem Papier wie Zeitungspapier waren die Falze nur schwer zu erkennen.

Hinweis: Wer eine Fünfeck-Vorlage verwendet, geht direkt zum Falten des Sterns auf Seite 14 über.

EIN FÜNFECK FALTEN

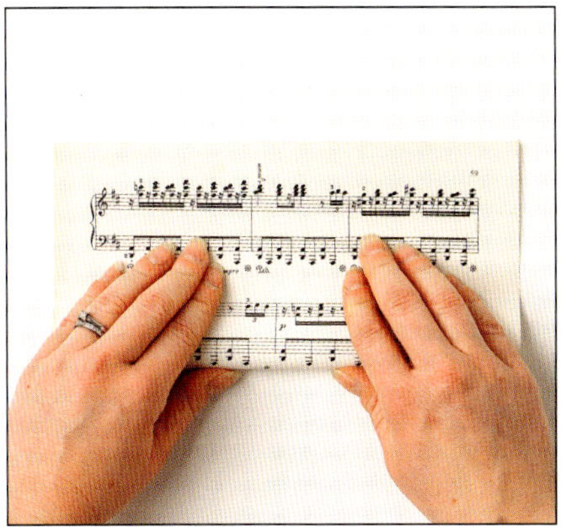

SCHRITT 1
Ein quadratisches Stück Papier ausschneiden und mittig falten, wobei die gefaltete Kante unten liegt.

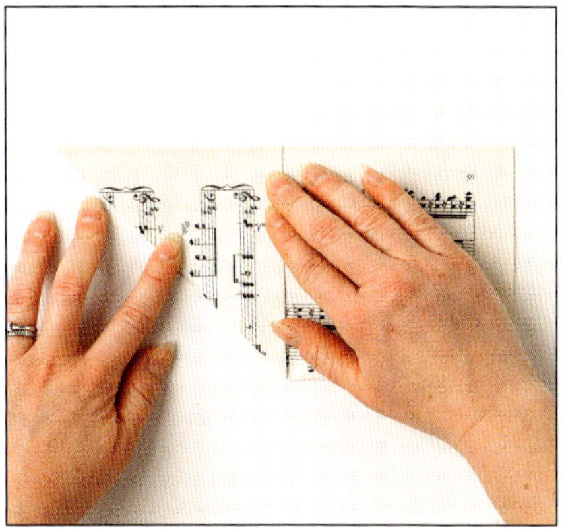

SCHRITT 2
Die linke untere Ecke mittig auf die Oberkante falten, sodass ein Dreieck entsteht.

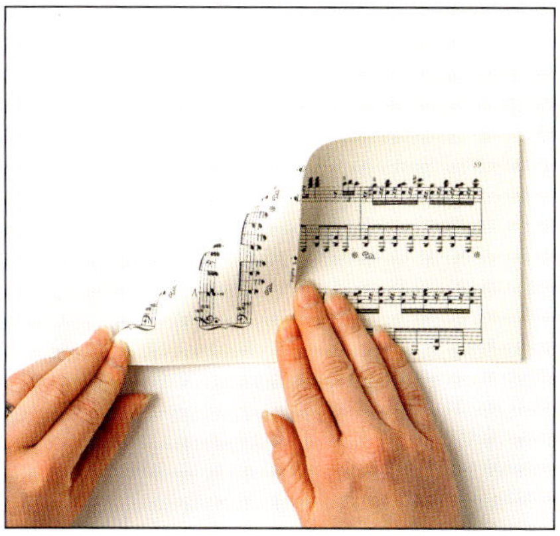

SCHRITT 3
Die linke Ecke auffalten und das Werkstück um 180 Grad drehen, sodass der Falz oben liegt.

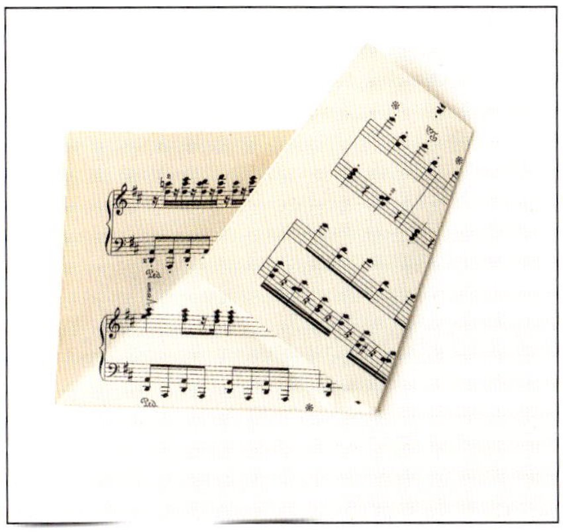

SCHRITT 4
Die untere rechte Ecke falten und an das Kreuz führen, das durch die beiden vorherigen Faltungen entstanden ist.

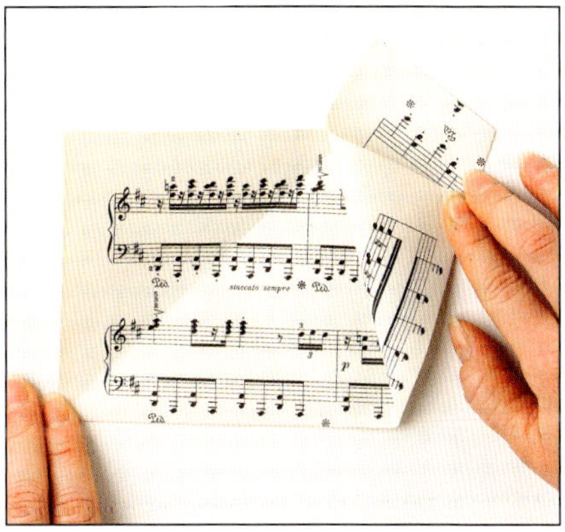

SCHRITT 5
Diese Ecke nach hinten falten, sodass die untere Kante an der Falte auf der rechten Seite anliegt.

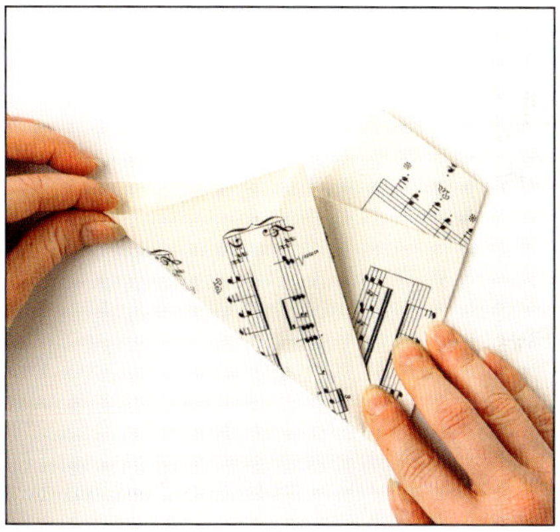

SCHRITT 6
Nun die linke untere Ecke nach oben falten, sodass die untere Kante an der letzten Falte anliegt.

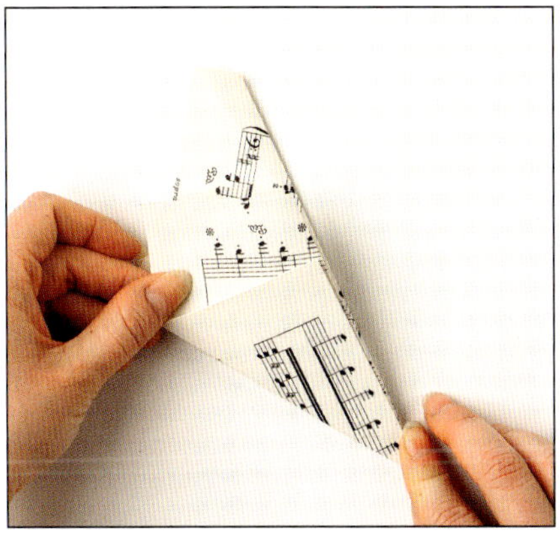

SCHRITT 7
Das Werkstück wenden und entlang der gleichen Kante mittig falten.

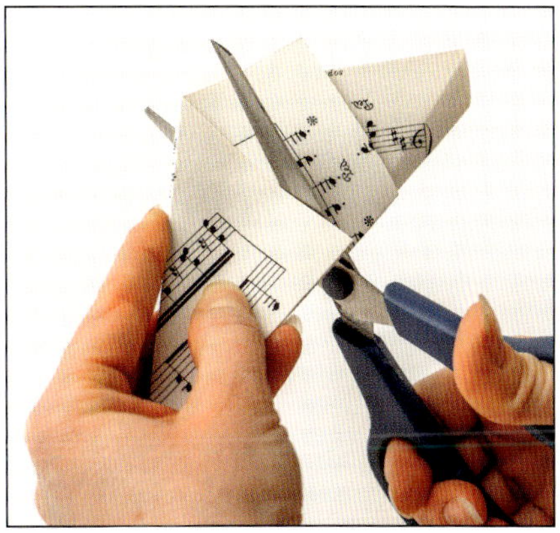

SCHRITT 8
Wie im Bild gezeigt, entlang der Kante einschneiden.

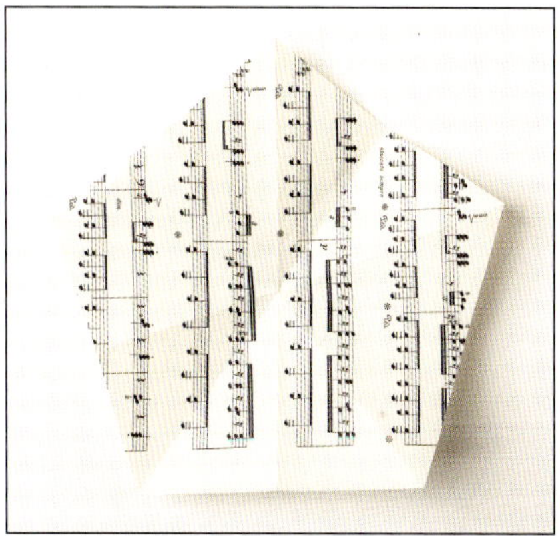

SCHRITT 9
Aufklappen, um ein Fünfeck zu erhalten.

EINEN STERN FALTEN

Wer sich mit dem Falten sicher fühlt, kann mit einem gemusterten Papier arbeiten. Hierfür mit der bedruckten Seite nach unten beginnen.

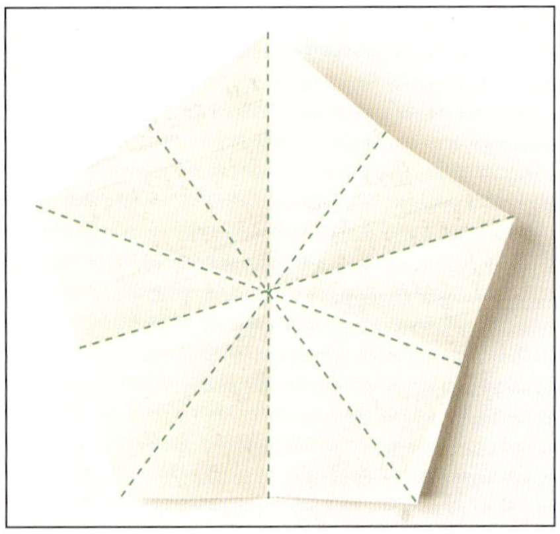

SCHRITT 1
Das Fünfeck durch jede Spitze (und den Mittelpunkt) falten.

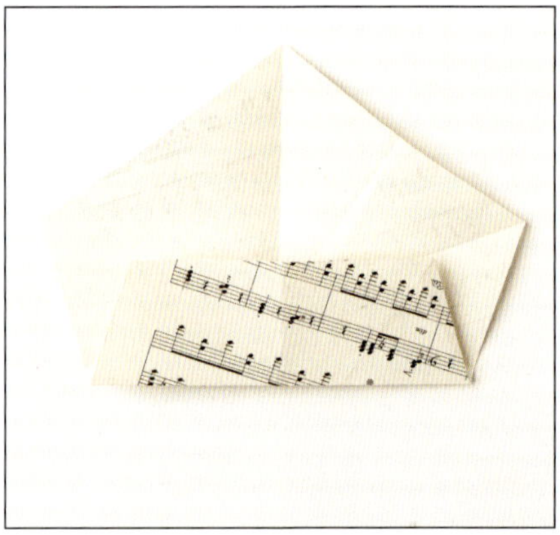

SCHRITT 2
Die untere Kante so umfalten, dass sich die Ecken der beiden Falten direkt in der Mitte berühren. Dies ist eine hilfreiche Markierung, damit nichts schiefgeht!

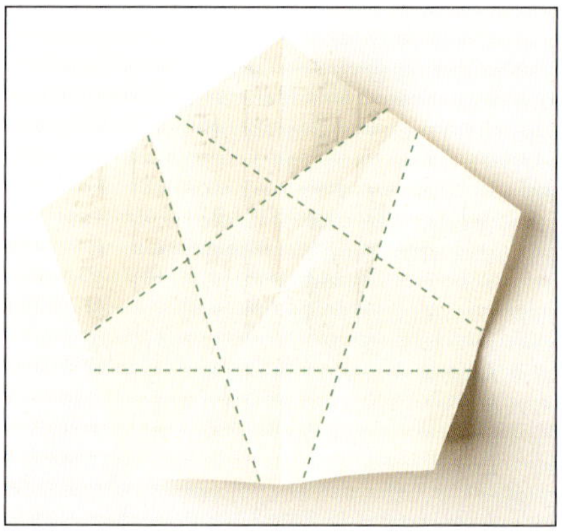

SCHRITT 3
Auffalten und auf allen fünf Seiten wiederholen. Nun sind die im Bild gezeigten Falzlinien zu sehen.

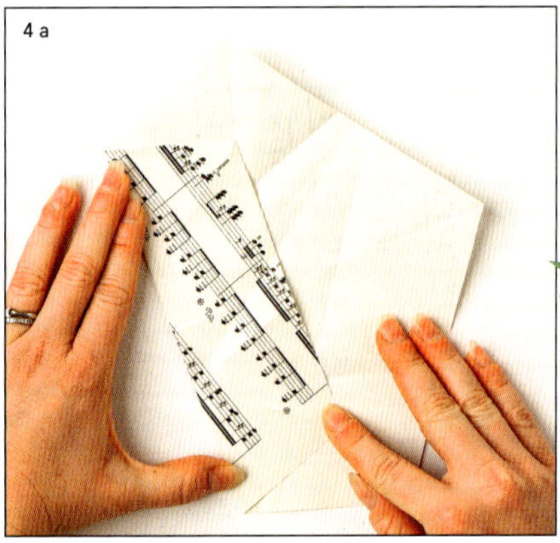

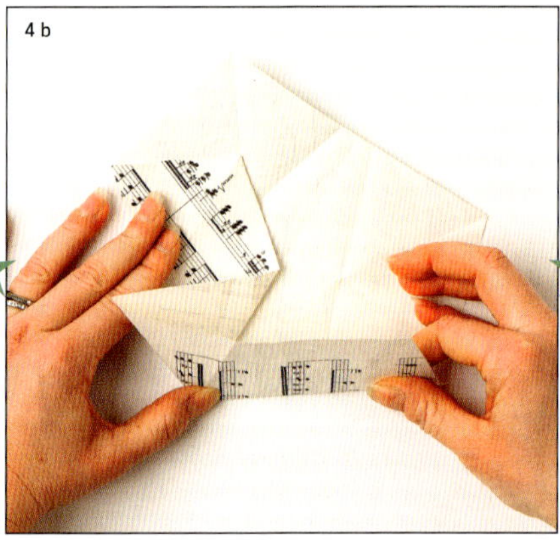

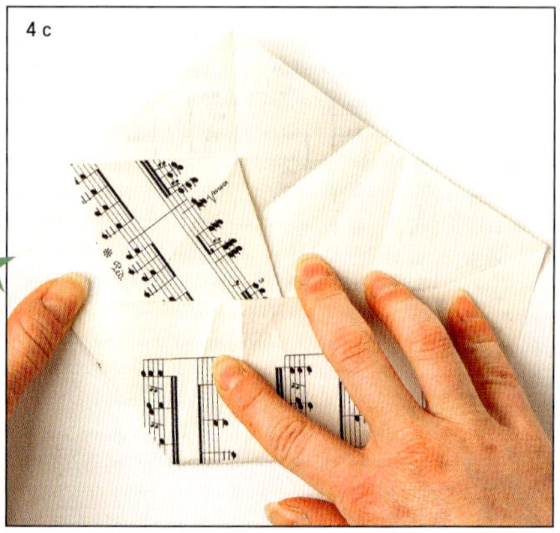

SCHRITT 4
Die linke Kante entlang des rechten, soeben gemachten Falzes umfalten (a), dabei auch die untere Falte nach oben falten (b) und die Ecke nach außen umschlagen (c).

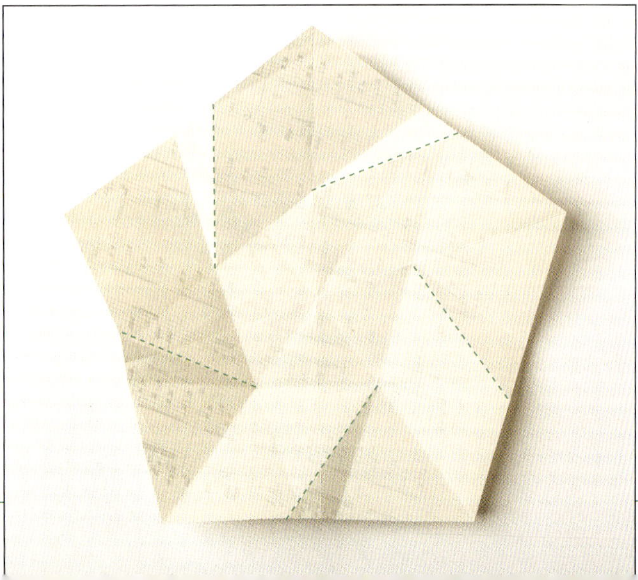

SCHRITT 5
Auffalten und an den anderen vier Seiten wiederholen, sodass neue Falze wie im Bild gezeigt entstehen.

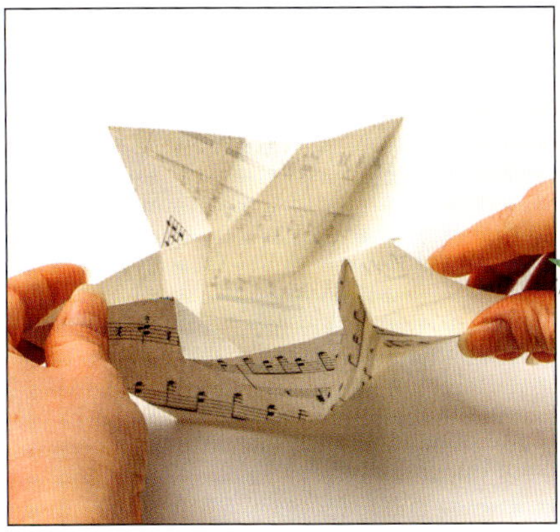

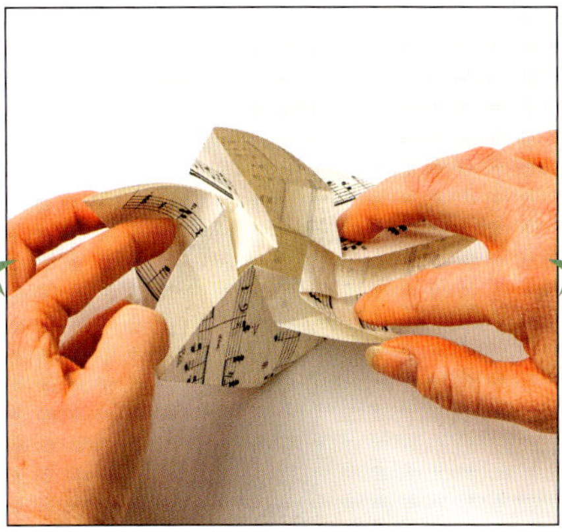

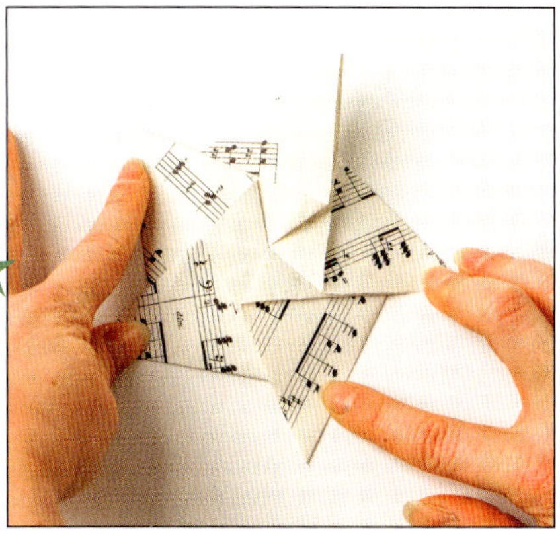

SCHRITT 6

Jede der Ecken in die Mitte drücken. Das ist etwas knifflig, und das Papier wird sich wahrscheinlich etwas wehren, aber jede der Spitzen sollte sich eindrehen und nach innen falten lassen.

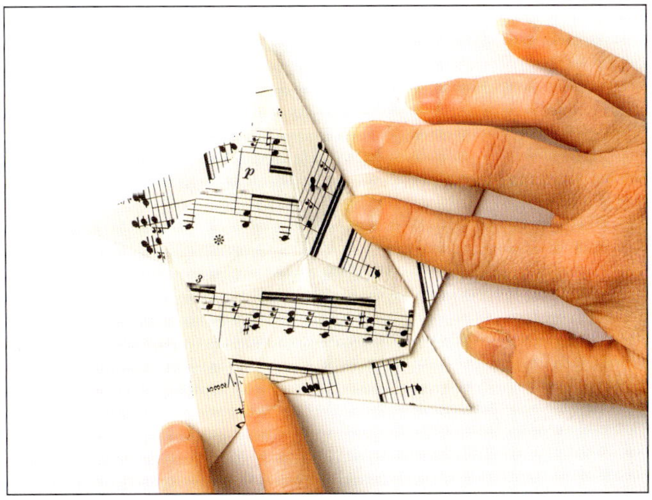

SCHRITT 7

Das Werkstück wenden und jede der Fünfeck-Spitzen zur Mitte hin falten. Dabei das Werkstück drehen. Die letzte Ecke ist etwas knifflig, sie muss vielleicht etwas umgebogen werden, um sie zu formen.

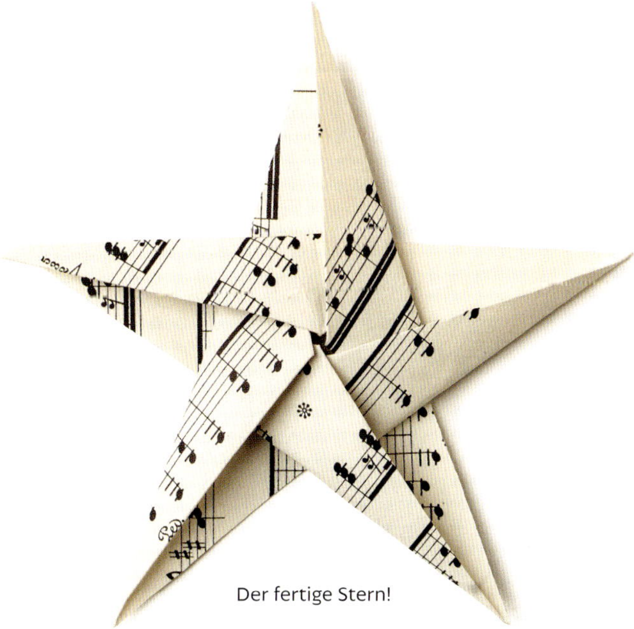

Der fertige Stern!

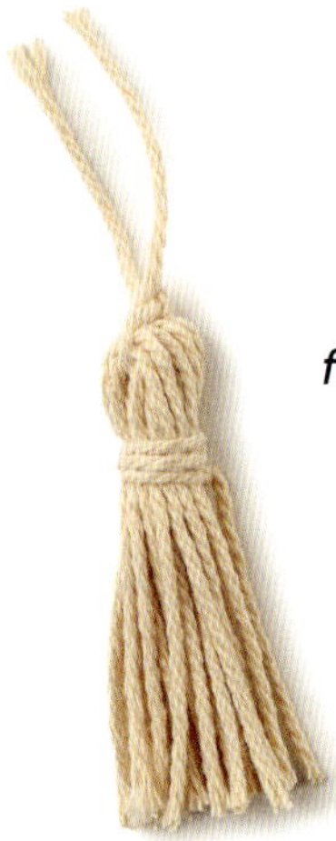

Quasten anfertigen

Quasten sind sehr einfach herzustellen, und sie vervollständigen eine festliche Dekoration. Man kann Wolle, Schnur oder Stickgarn verwenden.

DAS BRAUCHT MAN:

MATERIALIEN

★ Garn/Wolle/Schnur

WERKZEUGE & HILFSMITTEL

★ Papp-Rechteck (Format 5 × 5 cm)

★ Schere

★ Lineal

Tipp

Alternativ einen Sprengring durch die obere Schlaufe der Quaste ziehen. Dies ist hilfreich, wenn man Quasten mit Draht anbringt (wie auf Seite 70).

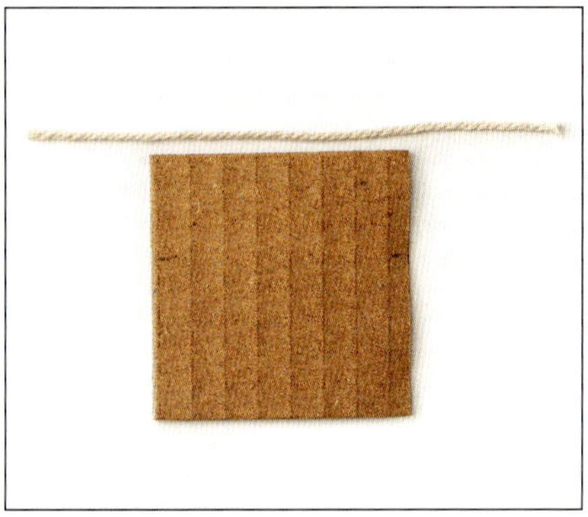

SCHRITT 1

Vom Garn einen kurzen Faden (10 cm) abschneiden und entlang der oberen Kante des Papp-Quadrats positionieren.

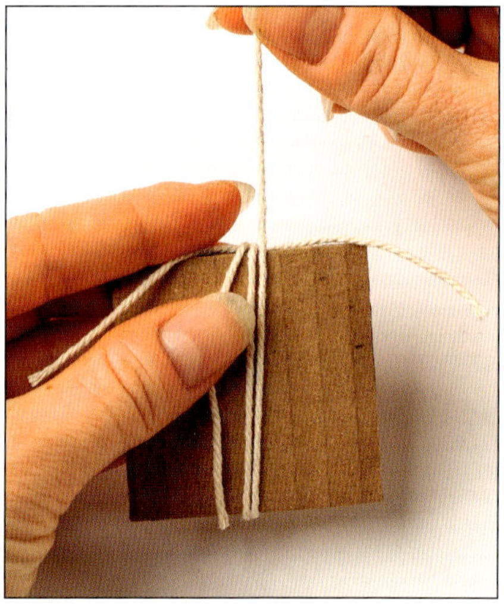

SCHRITT 2

Nun vom Knäuel ausgehend Faden um das Papp-Quadrat und den oberen kurzen Faden wickeln. Hierfür die Pappe mit einer Hand festhalten und mit dem Daumen das Ende des langen Fadens fixieren. Die Anzahl der Umwicklungen hängt davon ab, wie dick die Quaste werden soll. Wer mehrere gleich große Quasten anfertigen will, sollte sich die Anzahl der Umwicklungen notieren. Den Faden vom Knäuel abschneiden.

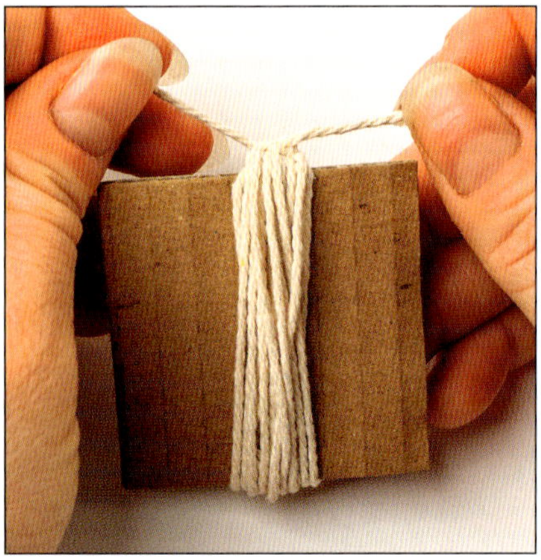

SCHRITT 3

Das kurze Stück Faden oben greifen und mit Doppelknoten fixieren. Mit einer Stoffschere durch die Schlaufen am unteren Ende des Papp-Quadrats schneiden.

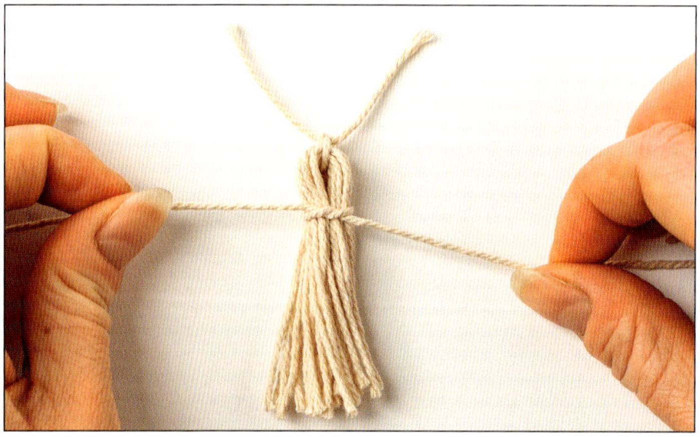

SCHRITT 4

Vom Knäuel ein 20 cm langes Stück Faden abschneiden. Unter der Quaste hindurchführen – etwa 1 cm von der Spitze entfernt und so, dass beide Enden gleich lang sind. Den Faden mit Doppelknoten sichern, ein paar Mal um die Quaste wickeln, um ihr eine kleine »Taille« zu geben, und erneut mit Doppelknoten sichern. Die Fadenenden so abschneiden, dass sie mit der restlichen Quaste zusammenpassen. Die Fransen alle so abschneiden, dass die Quaste gleichmäßig und ordentlich aussieht.

Schleifen nähen

Es kann schwierig sein, Schleifen akurat zu binden, besonders, wenn sie sehr groß sind oder aus einem steifen Stoff bestehen. Die hier vorgestellte Nähtechnik habe ich für einige Projekte in diesem Buch verwendet. Besonders praktisch ist sie bei dem rot-grünen Kranz auf Seite 89.

DAS BRAUCHT MAN:

MATERIALIEN

- Band
- Nähgarn

WERKZEUGE & HILFSMITTEL

- Nähnadel
- Stoffschere

Hinweis

Wer ein besonders großes Band zusammennäht, wie das auf dem rot-grünen Kranz auf Seite 89, kann es mit Stickgarn und Sticknadel fixieren. Dann ist die Sache stabiler als bei der Verwendung von dünnem Nähgarn.

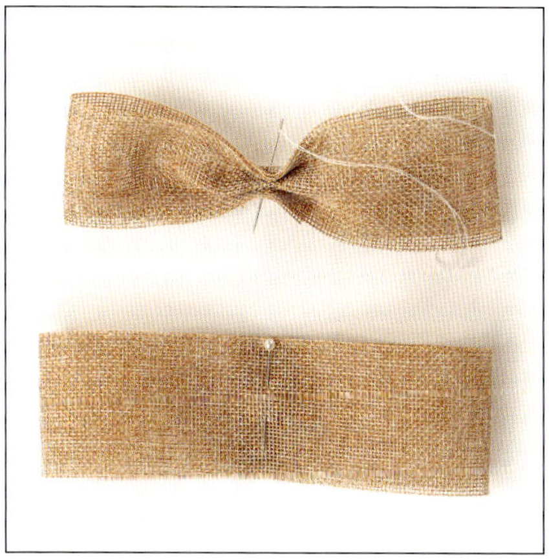

SCHRITT 1
Eine Schlaufe aus dem Band formen. Die beiden Enden an ihrer Berührungsstelle in der Mitte leicht überlappen lassen und das Band zusammendrücken, um die Taille der Schleife zu bilden. Die Raffung mit Garn und Nadel mit einigen Stichen sichern.

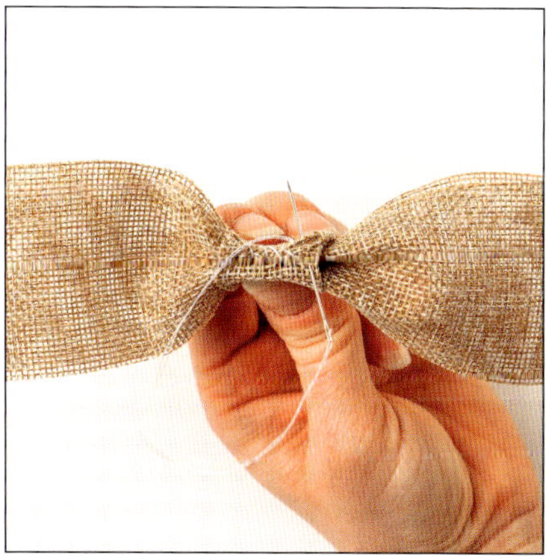

SCHRITT 2
Ein Stück passendes oder kontrastierendes Band um den Knick in der Schlaufe wickeln und auf der Rückseite zusammennähen. Wenn gewünscht, das Band in der Breite halbieren, um es optisch noch ansprechender zu gestalten.

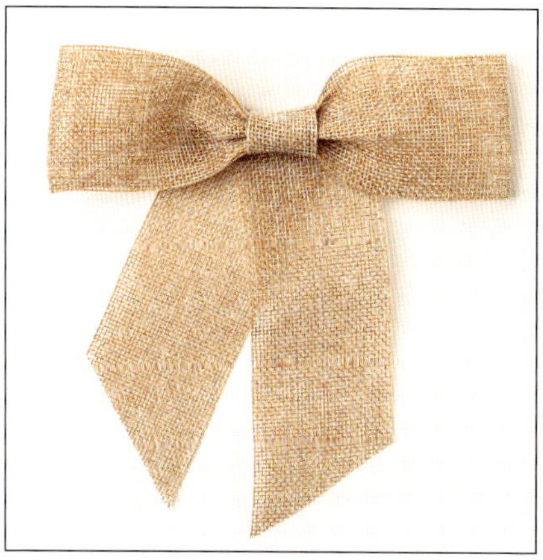

SCHRITT 3
Als Nächstes zwei Streifen desselben Bandes auf die gleiche Länge zuschneiden. So unter die Schleife legen, dass sie wie Schleifenenden aussehen. Hier kann man das Aussehen anpassen, indem man sie schräg oder gerade nach unten hängend ausrichtet. Auf der Rückseite der Schleife an der Stelle festnähen, wo sie am besten sitzen, und darauf achten, dass sie nicht oberhalb der Schleife überstehen.

Weihnachtliche KNALLBONBONS

Knallbonbons sind ein toller Gag auf jeder weihnachtlichen Tafel. Für Kinder ist es ein großer Spaß, zu sehen, was aus diesen »Krachern« herauspurzelt. Ich habe meine mit Schokolinsen gefüllt, was bei den Beschenkten sehr gut ankam. Für Erwachsene sind Lebensweisheiten und Sprüche eine feine Sache. Diese kann man in den meisten Bastelgeschäften kaufen, selbst schreiben oder ausdrucken.

DAS BRAUCHT MAN:
(PRO KNALLBONBON)

MATERIALIEN

- doppelseitiges Klebeband (Breite 10 mm)
- Geschenkpapier (Format 19 × 30,5 cm)
- 2 Toilettenpapier-Papprollen
- 1 kompostierbares Knallstäbchen
- 2 Geschenkbänder (Länge je 50 cm)
- kleine Geschenke oder Süßigkeiten
- 1 Papier-Krone (siehe Seite 21)
- Zettel mit Sprüchen oder Lebensweisheiten

WERKZEUGE & HILFSMITTEL

- Lineal
- Bleistift
- Schere

Tipp

Für die Knallbonbons kein Metallic- oder Plastikpapier verwenden, denn diese Papiersorten lassen sich nicht gut zerreißen. Das habe ich auf die harte Tour gelernt! Am besten eignet sich dünnes Geschenkpapier.

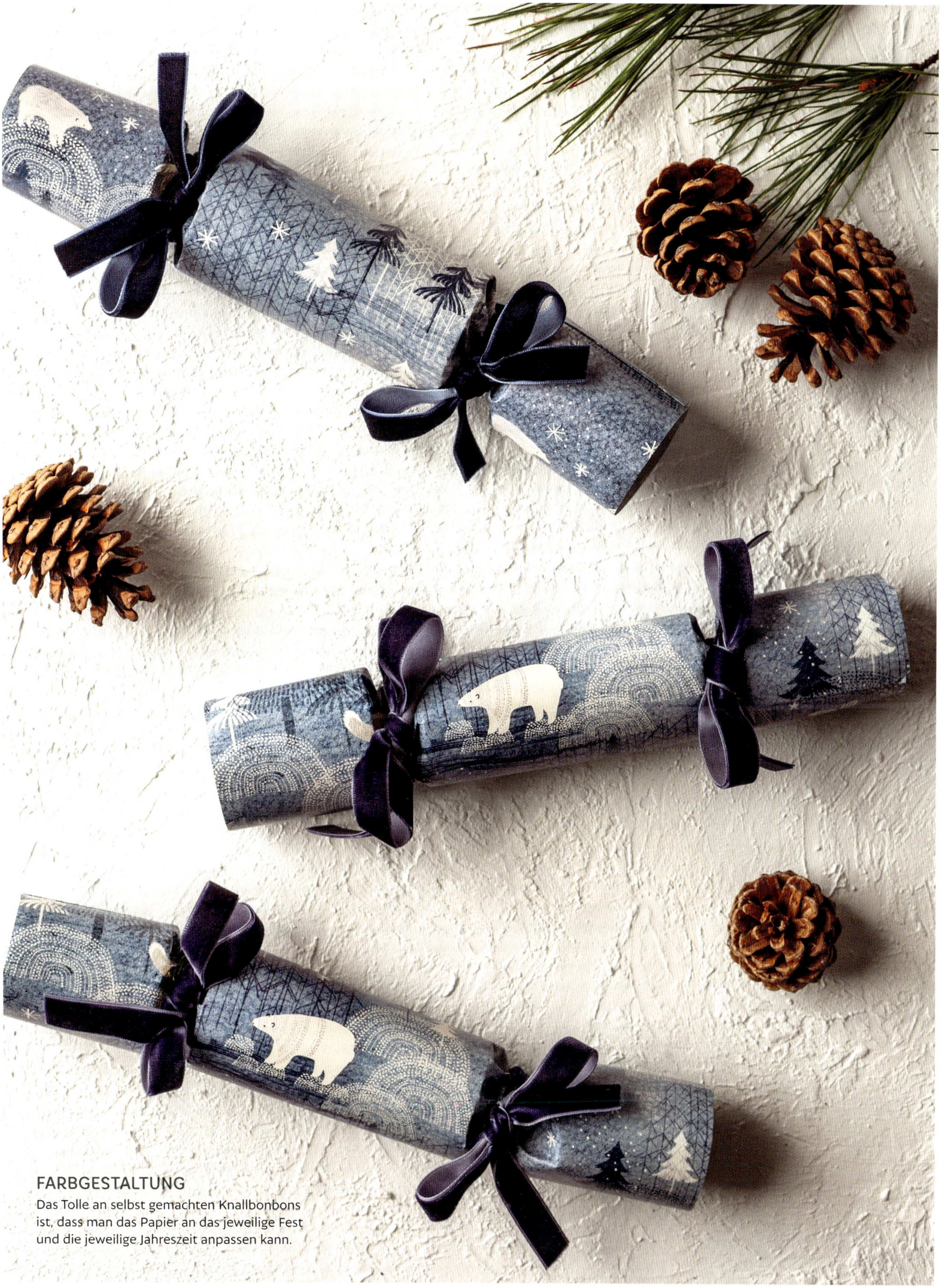

FARBGESTALTUNG

Das Tolle an selbst gemachten Knallbonbons ist, dass man das Papier an das jeweilige Fest und die jeweilige Jahreszeit anpassen kann.

ANLEITUNG

SCHRITT 1
Ein Rechteck aus Geschenkpapier mit den Maßen 19 × 30,5 cm zuschneiden und an der oberen Kante umschlagen. Ein etwa 5 cm langes Stück doppelseitiges Klebeband oben mittig auf die umgeschlagene Kante des Papier-Rechtecks kleben (das Schutzpapier noch nicht abziehen). Den Mittelpunkt des Papier-Rechtecks unten an der ungefalteten Kante markieren.

SCHRITT 2
Einen weiteren Streifen Klebeband über die gesamte Länge einer Papprolle kleben, eventuelle Überstände an den Rändern ins Innere der Papprolle umfalten. Einen weiteren Streifen Klebeband auf die andere Papprolle kleben (das Schutzpapier noch nicht abziehen).

SCHRITT 3
Eine der Papprollen quer in der Mitte durchschneiden, sodass zwei kleinere Rollenstücke entstehen.

SCHRITT 4
Den Mittelpunkt der unbeschnittenen Papprolle in der Nähe des Klebebandes markieren. Das Schutzpapier vom Klebeband abziehen und die Rolle von der Länge her zentriert im unteren Drittel des Papier-Rechtecks aufkleben. Dann die beiden kleinen Rollenstücke jeweils 5 mm vom Rand entfernt daneben aufkleben.

SCHRITT 5
Das Schutzpapier vom 5-cm-Klebeband an der oberen, umgeschlagenen Papierkante abziehen. Nun alle drei Röhrenteile möglichst gerade darauf zurollen und die mittlere Röhre ankleben (die anderen beiden Röhrenstücke halten dadurch automatisch).

SCHRITT 6
Das Knallstäbchen mittig durch alle Röhren schieben. Das rechte Ende des Knallbonbons eindrehen und mit Band abbinden.

SCHRITT 7
Papier-Krone (siehe Seite 21), Süßigkeiten (oder Zettel) in die mittlere Röhre füllen.

SCHRITT 8
Das linke Ende des Knallbonbons eindrehen und mit Band umwickeln. Falls es herausragt, das Ende des Knallstäbchens bündig abschneiden.

SCHRITT 9
Nun das Knallbonbon nach Belieben verzieren. Optional ein Namensschild anbringen, sodass das Knallbonbon auch als Platzkarte dienen kann. Oder es mit winterlichem Grün oder mit allem Möglichen schmücken, was in der Bastelkiste zu finden ist.

Tipp

Die Schnittkanten der kleineren Papprröhren-Stücke in Richtung Innenseite des Knallbonbons legen. Auf diese Weise sind sie von außen nicht zu sehen, falls sie ein wenig rau oder schief geraten.

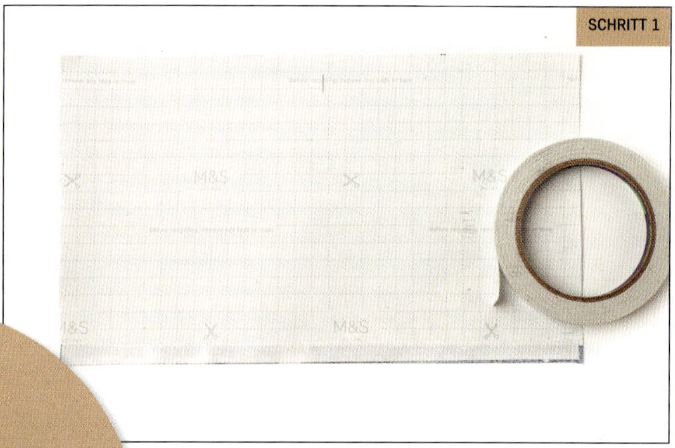
SCHRITT 1

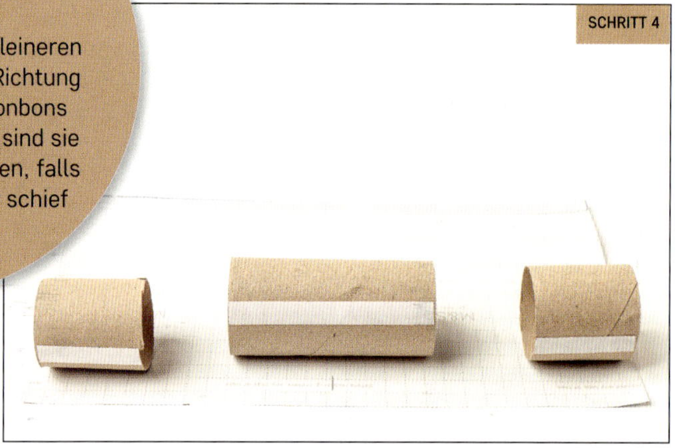
SCHRITT 4

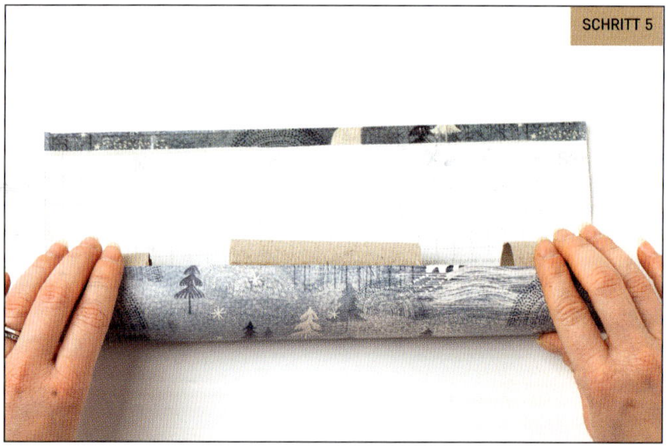
SCHRITT 5

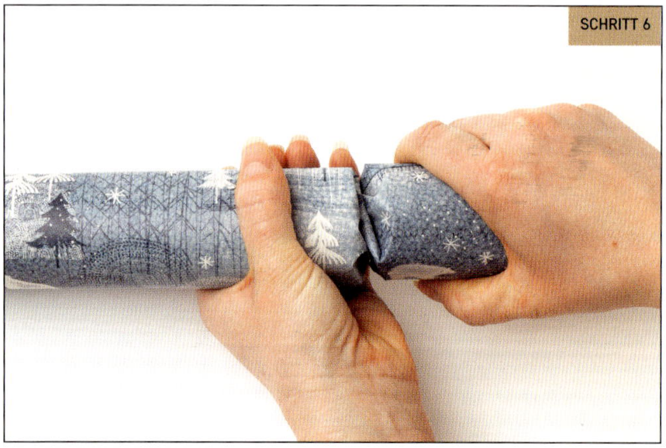
SCHRITT 6

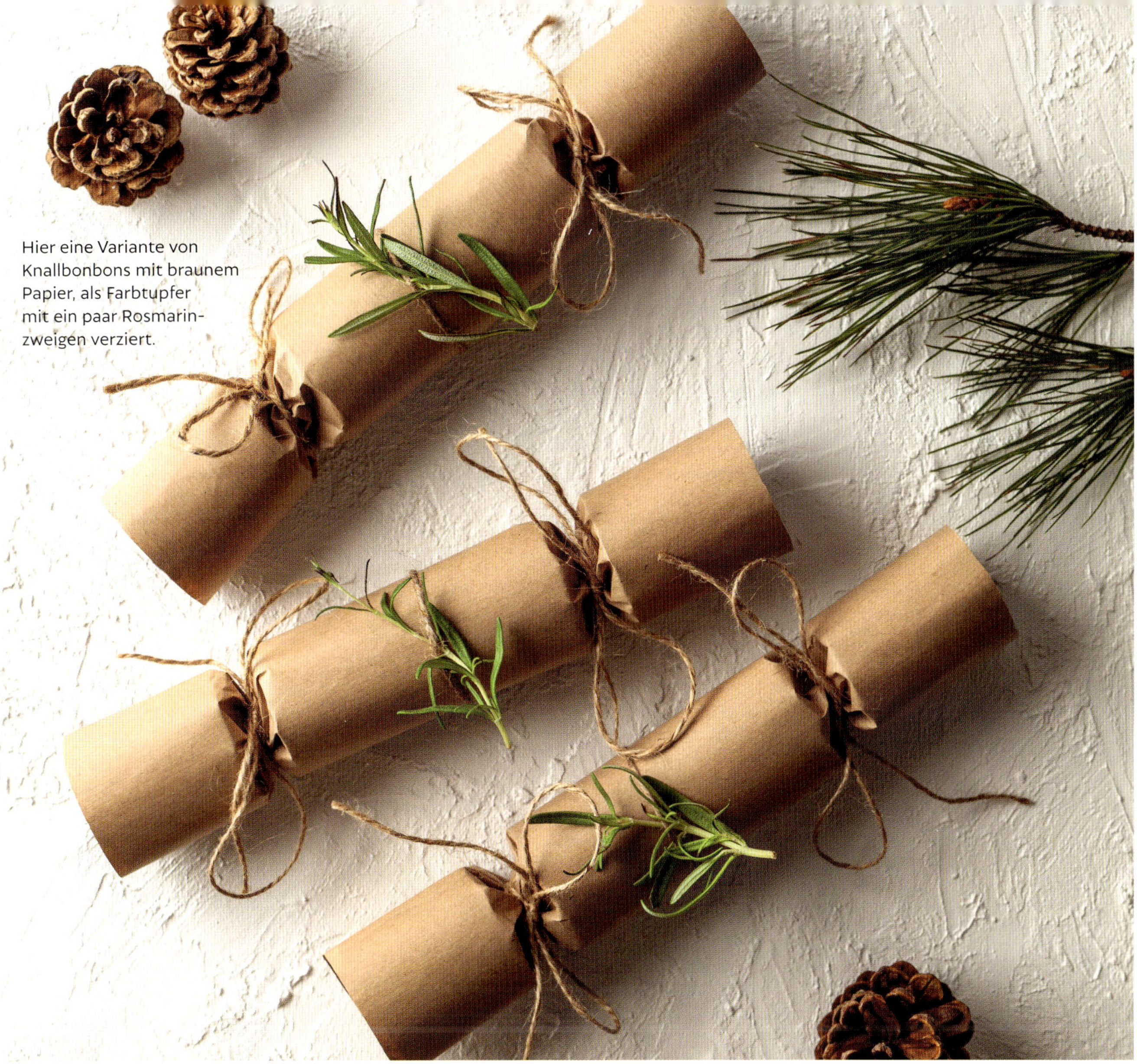

Hier eine Variante von Knallbonbons mit braunem Papier, als Farbtupfer mit ein paar Rosmarinzweigen verziert.

PAPIER-KRONE

DAS BRAUCHT MAN:

MATERIALIEN

★ farbiges Seidenpapier

WERKZEUGE & HILFSMITTEL

★ Schere
★ Kleber oder Klebeband

SCHRITT 1

Einen Streifen Seidenpapier von 10 × 60 cm Länge zuschneiden.

SCHRITT 2

Mittig falten, sodass die beiden Enden aufeinandertreffen und 1 cm überlappend zusammenkleben.

SCHRITT 3

In Abständen von etwa 6 cm zu einer Ziehharmonika falten.

SCHRITT 4

An einer Kante 4 cm abmessen und markieren. Diagonal von dieser Markierung zur gegenüberliegenden Ecke schneiden. Auseinanderfalten, um zu prüfen, ob alles geklappt hat, dann die Papier-Krone wieder zusammenfalten, um sie in das Knallbonbon zu füllen.

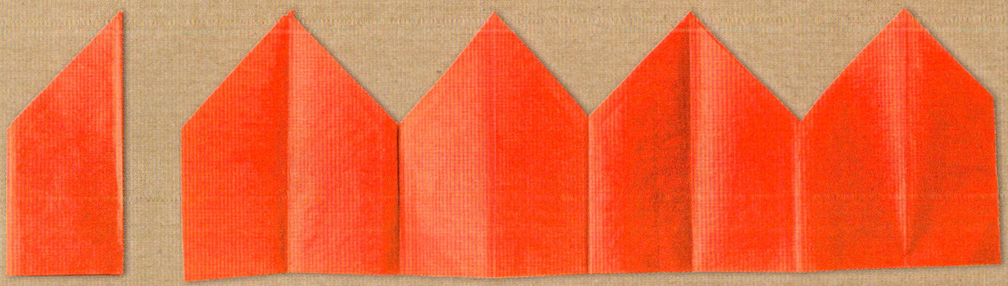

BÄNDER-TANNENBAUM

Dieses Projekt ist super einfach und kann mit jeder Art von Band und allen möglichen Verzierungen gemacht werden. Man kann alten Weihnachtsschmuck oder anderen Zierrat verwenden, den man nicht mehr nutzt, und das Gürtelband eines alten Schlafanzuges. Dies ist eine tolle Möglichkeit, um Materialreste zu verwerten.

DAS BRAUCHT MAN:

MATERIALIEN

- Textilband (Länge 65 cm)
- Stickgarn (Länge 16 cm)
- Baumwoll-Nähgarn
- 10 kleine Perlen (darauf achten, dass das Loch in der Mitte groß genug ist, um Nadel und Faden hindurchzuführen)
- 1 kleine Glocke, Perle oder Quaste
- 1 große Perle
- 1 Baumkronenperle (oder Holzstern mit Löchern)

WERKZEUGE & HILFSMITTEL

- Maßband oder Lineal
- Schere
- Nähnadel
- Briefklemmer

Tipp

Dieses Projekt funktioniert am besten, wenn das Band auf beiden Seiten die gleiche Farbe hat.

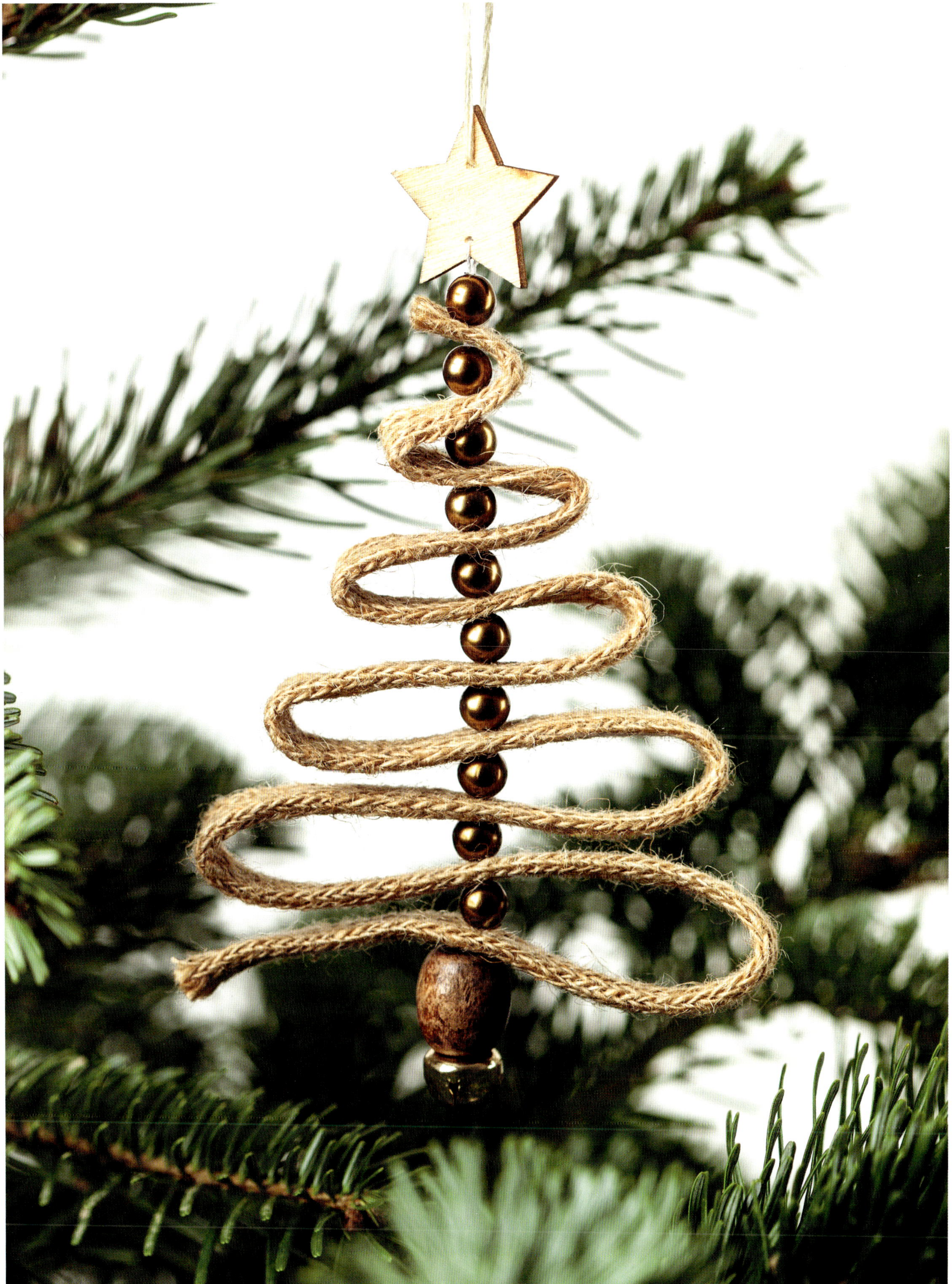

ANLEITUNG

SCHRITT 1
Das Band grob zu einer Tannenbaum-Form in Schlaufen legen. Ich habe die unteren beiden »Äste« 10 cm breit gemacht und sie dann für jeden weiteren Ast um 1 cm gekürzt. Mit einem Briefklemmer fixieren.

SCHRITT 2
Das Nähgarn in das Nadelöhr einfädeln, doppelt nehmen und an den Enden verknoten. In den untersten Ast des Baumbandes stechen nach unten durchziehen, um den Faden unsichtbar zu befestigen.

SCHRITT 3
Nun die große Perle auf die Nadel auffädeln, gefolgt von der Glocke, dann den Faden durchziehen. Dann wieder nach oben durch die große Perle und den unteren Zweig des Baumbandes stechen – in der Nähe der Stelle, durch die der erste Faden gezogen wurde.

SCHRITT 4
Eine kleine Perle auffädeln und den Faden durch die Mitte des nächsten Astes ziehen. Den Vorgang wiederholen, bis man oben angekommen ist. Dabei das Band nach und nach von dem Briefklemmer lösen.

SCHRITT 5
Die Nadel durch den obersten Ast führen, die letzte Perle auffädeln und die Baumkronenperle (oder den Holzstern) befestigen. Dann den Faden durch die letzte Perle und den oberen Ast wieder nach unten führen.

SCHRITT 6
Den Faden mit einem Doppelknoten an der Unterseite des oberen Astes sichern. Er sollte unterhalb der letzten Perle sitzen, sodass er nicht sichtbar ist.

SCHRITT 7
Das 16-cm-Stück Stickgarn durch das obere Loch der Baumkronenperle ziehen und verknoten. Die Enden bündig abschneiden.

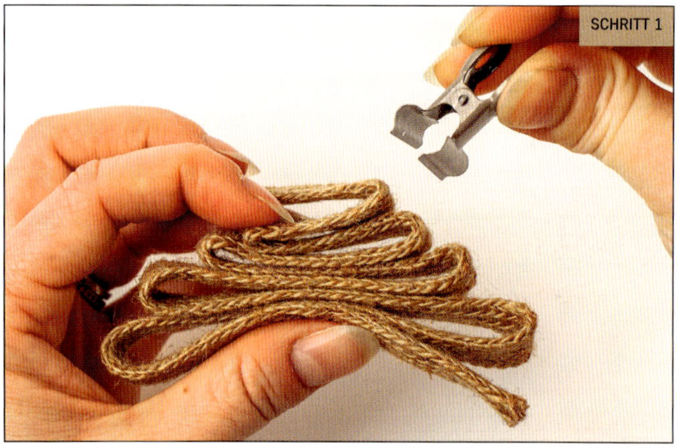

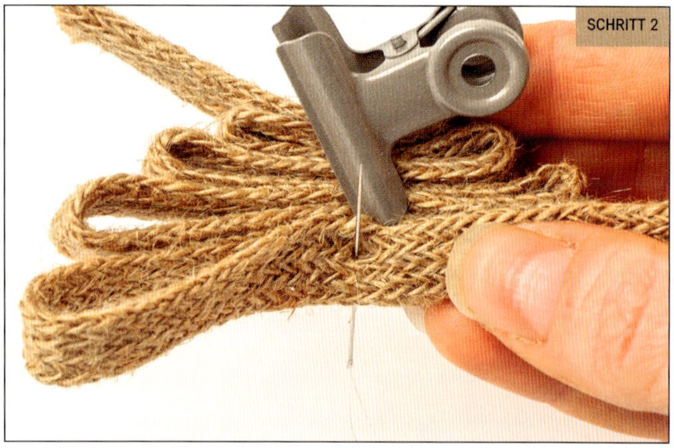

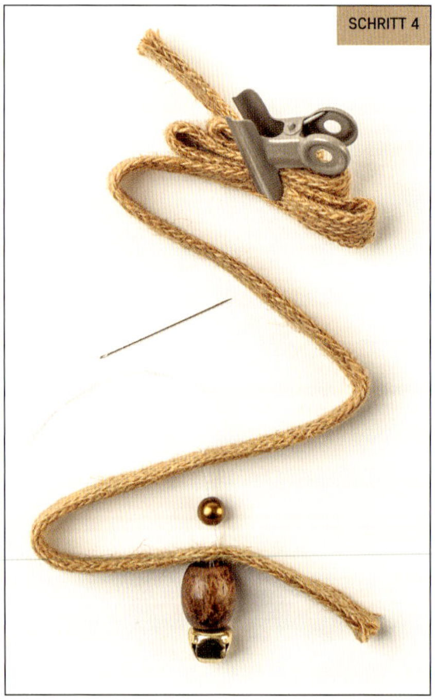

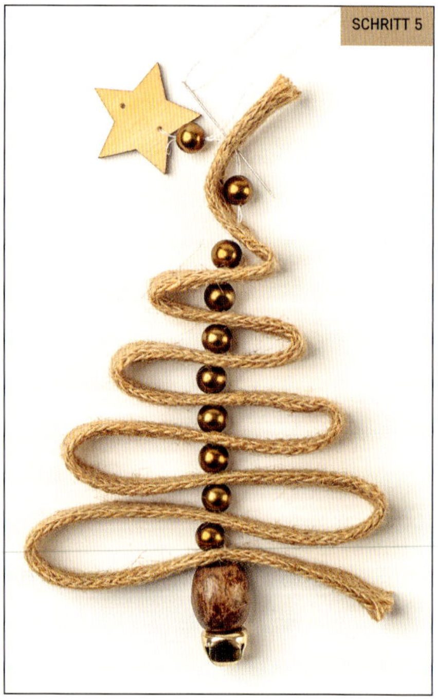

Hinweis

Wenn nötig, mit einer Stechahle zwei Löcher in den Holzstern bohren – eines oben und eines unten.

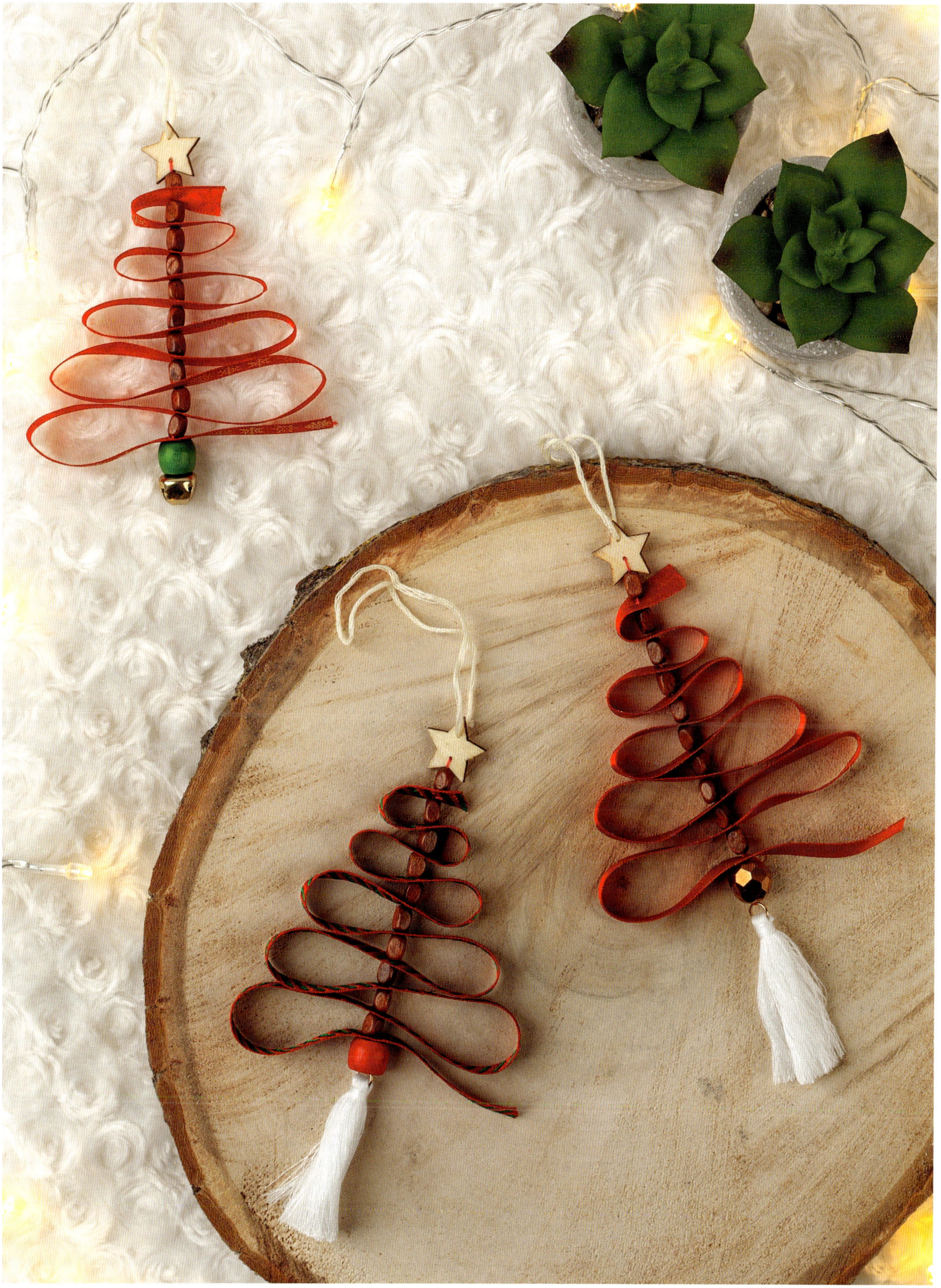

Christbaumkugel AUS FILZ

Dies ist ein tolles Projekt, dem man sich gut beim Fernsehen widmen kann (oder in Bus oder Bahn auf dem Weg zur Arbeit). Hier kann man kreativ werden und Filzreste verwenden, die man in der Stoffkiste findet – jeder Kreis kann eine andere Farbe haben. Es besteht auch die Möglichkeit, Stickgarne zu kombinieren oder mit verschiedenen Stichmustern zu experimentieren. Es gibt so viele Varianten für die individuelle Gestaltung!

DAS BRAUCHT MAN:

MATERIALIEN

- cremefarbener Filz (Format 24 × 16 cm, Stärke 2–3 mm)
- Baumwoll-Nähgarn (in ähnlicher Farbe)
- Goldstickgarn, in zwei Stränge geteilt
- kleine Glöckchen (oder Quaste)
- gold-weißes Bäckergarn (Länge 15 cm)

WERKZEUGE & HILFSMITTEL

- Schere
- Nähnadel
- Kreis-Vorlage (Durchmesser 8 cm, siehe Seite 142)

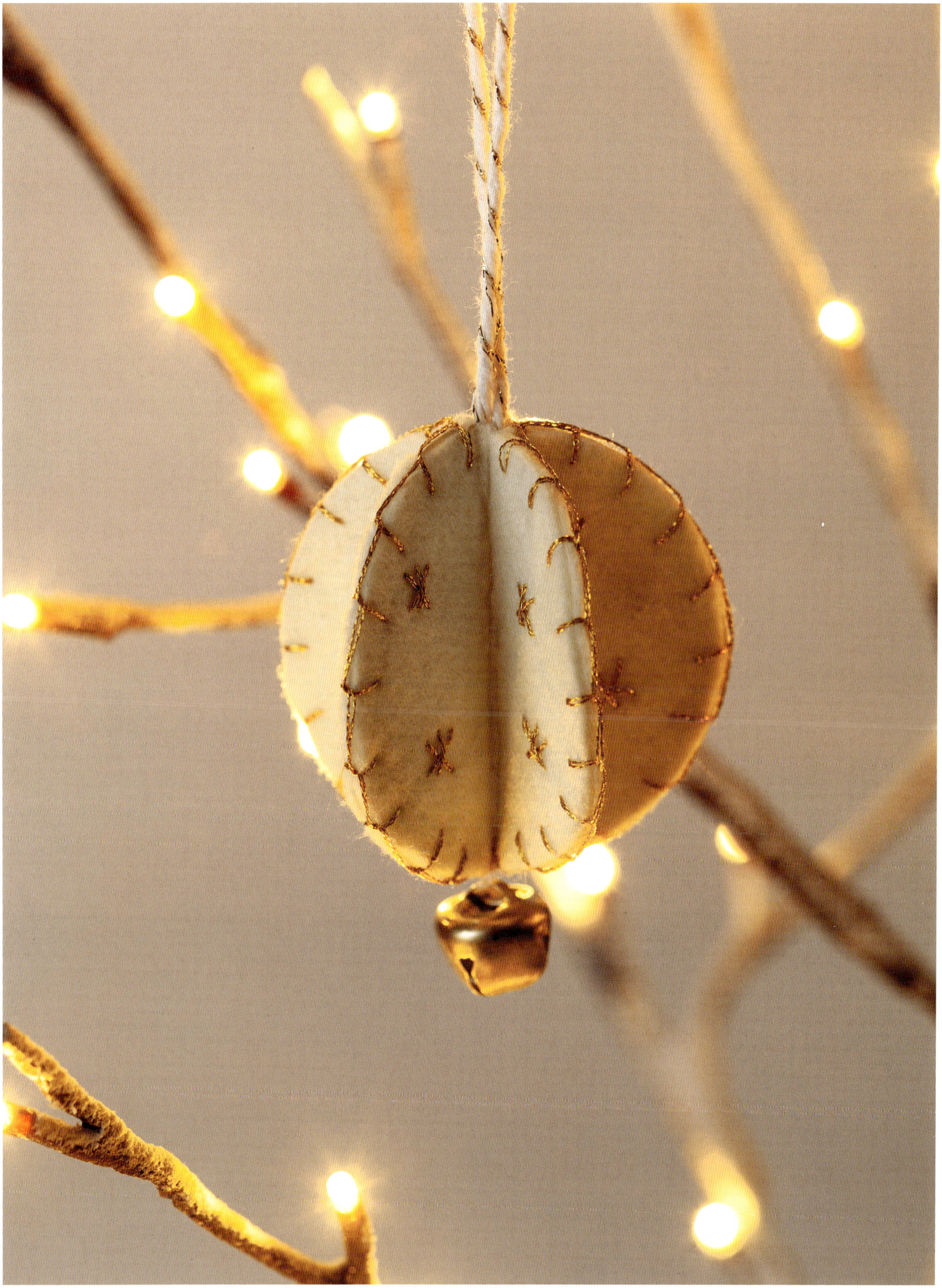

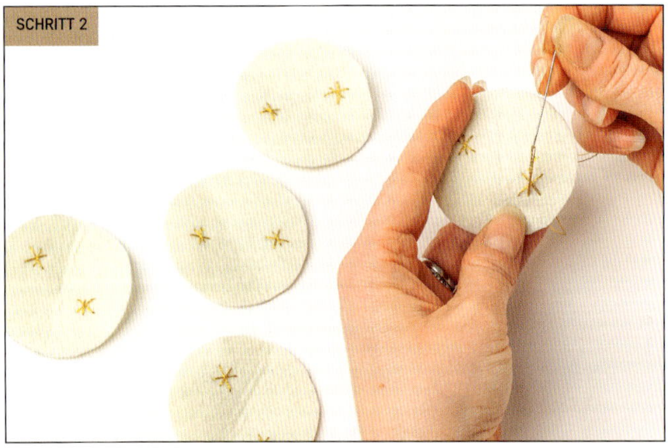

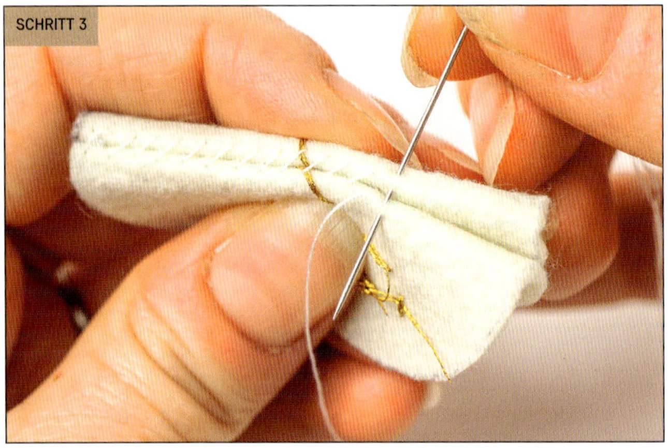

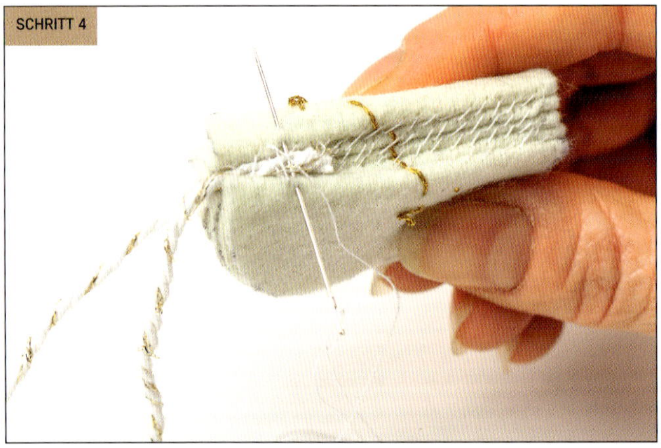

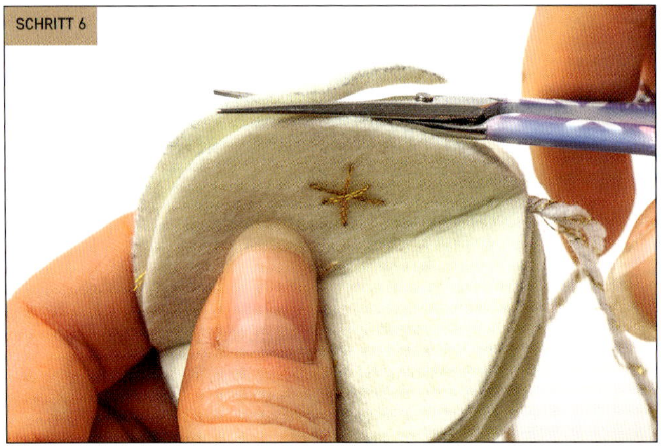

ANLEITUNG

SCHRITT 1
Fünf Kreise aus Filz ausschneiden, indem man die Kreis-Vorlage mit einem Durchmesser von 8 cm verwendet.

SCHRITT 2
Jeden Kreis mittig falten, um eine Falzlinie zu erzeugen. Auffalten und mit Goldgarn zwei einfache Sterne auf die Innenseite sticken (je einen auf einer Seite des Falzes). Darauf achten, nicht zu nah am Falz oder Rand des Filzes zu sticken.

SCHRITT 3
Zwei Kreise falten und sie an der Rückseite des Falzes mittels Peitschenstichen mit dem Baumwoll-Nähgarn zusammenheften. Dann nach und nach einen dritten, vierten und fünften Kreis annähen.

SCHRITT 4
Bevor der fünfte und erste Kreis zusammengenäht werden (um die Kugel zu bilden), das Bäckergarn in der Hälfte falten und mit den losen Enden ins Innere der Filzkreise legen. Dies wird der Aufhänger sein. Beim Nähen durch Bäckergarn und Filz stechen, um das Bäckergarn zu fixieren.

SCHRITT 5
Unten angekommen, das Glöckchen annähen und den Faden verknoten. Die Fadenenden abschneiden.

SCHRITT 6
Prüfen, ob die Außenkurven der Kreise gut übereinstimmen, gegebenenfalls überschüssiges Material abschneiden.

SCHRITT 7
Zum Schluss mittels Plattstich mit Goldgarn um die Kanten sticken, um einen hübschen, dekorativen Saum zu bilden.

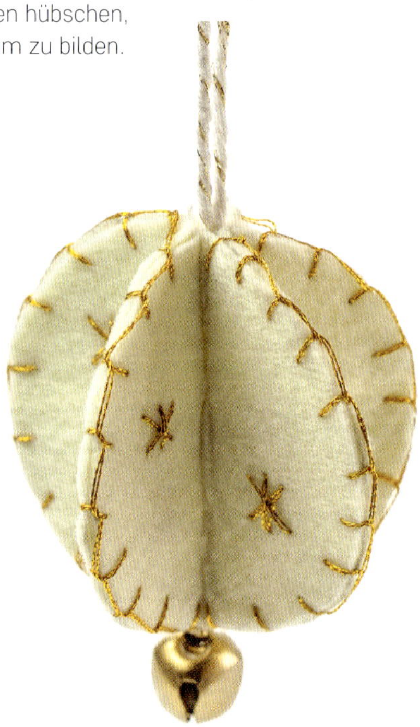

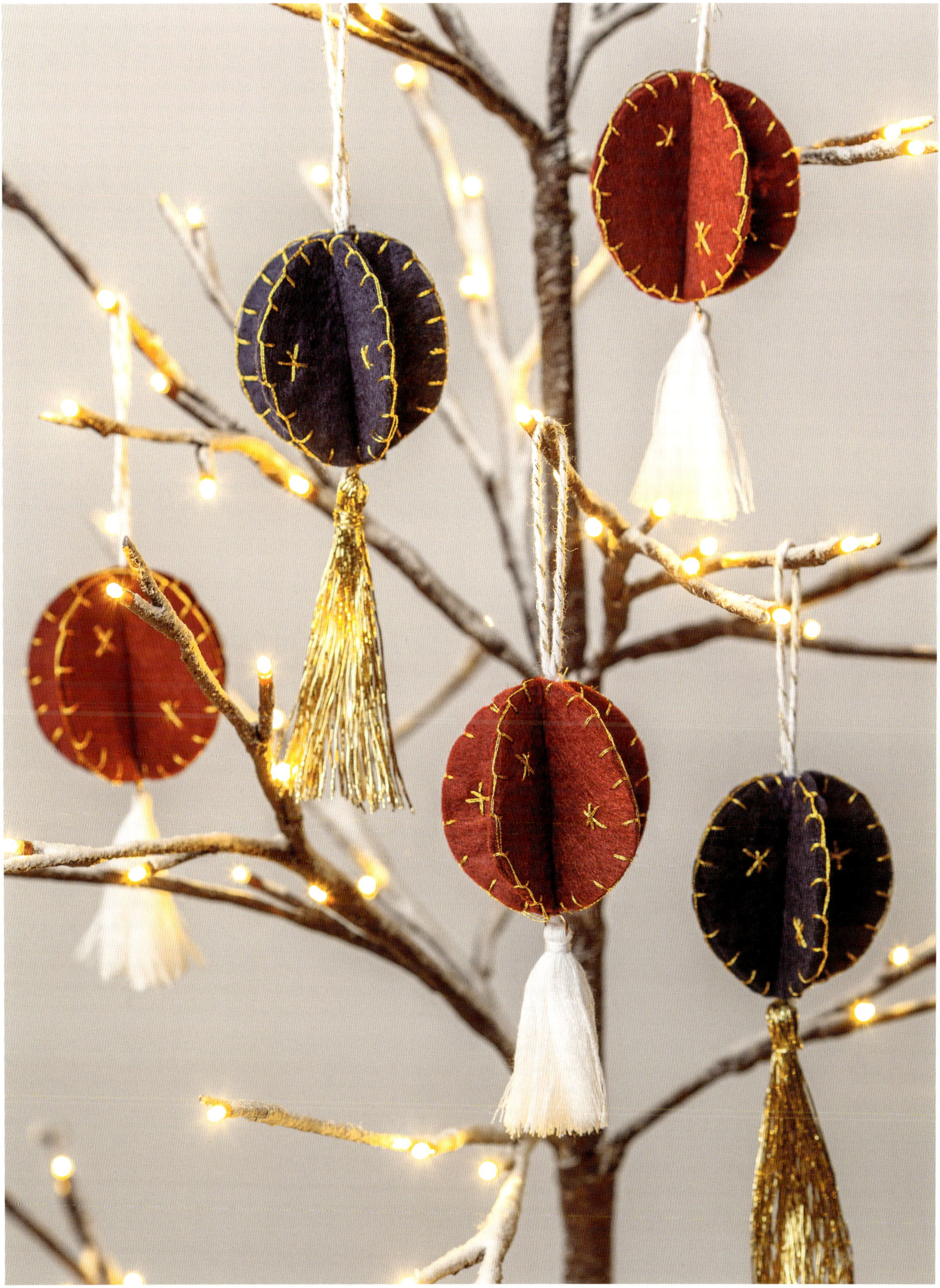

Milchflaschen-FEE

Bei diesem Projekt wird Einwegplastik verwendet, und obwohl in meiner Gegend dieses Material recycelt wird, fühle ich mich gut, wenn ich es weiterverwende. Später kann ich das Plastik der Fee ja immer noch recyceln und die anderen Materialien wiederverwenden, wenn ich einen anderen Weihnachtsschmuck herstellen möchte.

DAS BRAUCHT MAN:

MATERIALIEN

- leere Milch-Plastikflasche, gut ausgewaschen
- Juteschnur (Länge 55 cm)
- 2 goldene Musterbeutelklammern
- 1 große Perle (für den Kopf)
- 2 kleinere Perlen (für die Füße)

WERKZEUGE & HILFSMITTEL

- Kreis-Vorlage (Durchmesser 8 cm, siehe Seite 142)
- Schere
- Stechahle oder spitze Nadel
- Stift oder Bleistift

Optional:

- Fingerhut

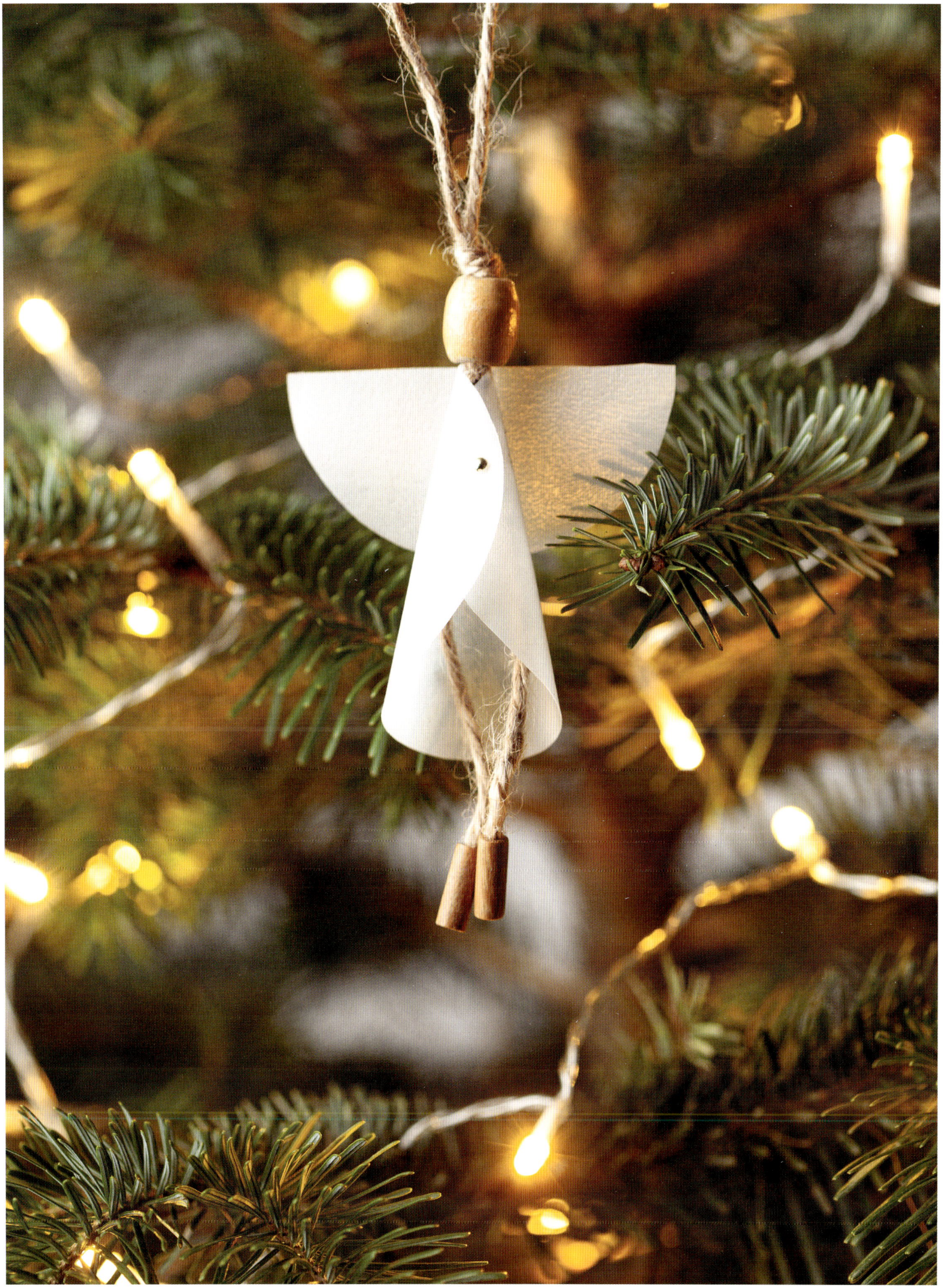

ANLEITUNG

SCHRITT 1
Mithilfe der 8 cm großen Kreis-Vorlage zwei Kreise auf die Flasche zeichnen und ausschneiden. Einen davon in der Mitte durchschneiden.

SCHRITT 2
Den vollen Kreis zu einer Kegelform aufrollen, dabei oben eine kleine Öffnung für die Schnur frei lassen. Dies wird der Körper der Fee sein. Die Ränder leicht überlappen lassen und mit der Stechahle oder Nadel vorsichtig ein Loch in die Mitte stechen (durch beide überlappenden Lagen).

Hinweis: Darauf achten, dass man sich nicht in den Finger sticht. Optional einen Fingerhut tragen, wenn er in den Kegel passt.

SCHRITT 3
Eine Musterbeutelklammer durch das Loch stecken und die Stifte zur Sicherung umbiegen.

SCHRITT 4
Nun einen Halbkreis mit der Krümmung nach unten mittig auf der Rückseite des Kegels platzieren. Das werden die Flügel der Fee. Die Oberseite der Flügel sollte mit der Oberseite des Kegels bündig abschließen. Von hinten die Flügel und den Körper durchstechen und mit einer weiteren Musterbeutelklammer sichern.

SCHRITT 5
Die Schnur in zwei Stücke schneiden (eines mit einer Länge von 30 cm und das andere mit einer Länge von 25 cm).

SCHRITT 6
Beide Stücke in der Hälfte falten und in der Mitte mit einem Doppelknoten zusammenbinden.

SCHRITT 7
Je eine der beiden kleinen Perlen auf die kürzeren Stücke auffädeln, um die Füße der Fee zu bilden. Ich habe die Schnur mithilfe einer Drahtklammer durchgezogen.

SCHRITT 8
Nun die längeren Schnurenden nehmen und durch den Körper und den Hals der Fee führen. Die große Perle auffädeln, die den Kopf der Fee bilden soll, und sie mit einem Knoten an der Spitze sichern.

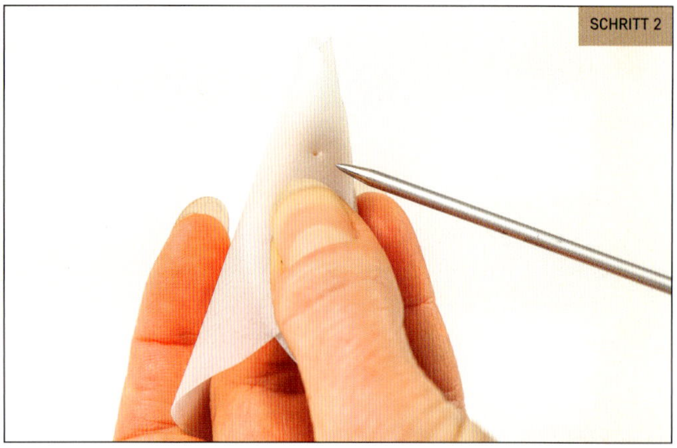

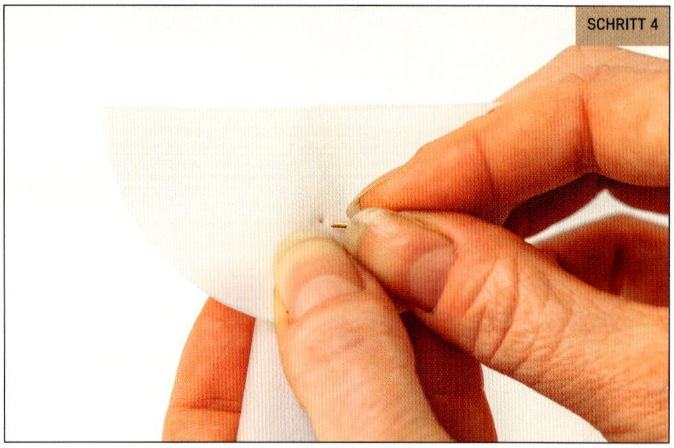

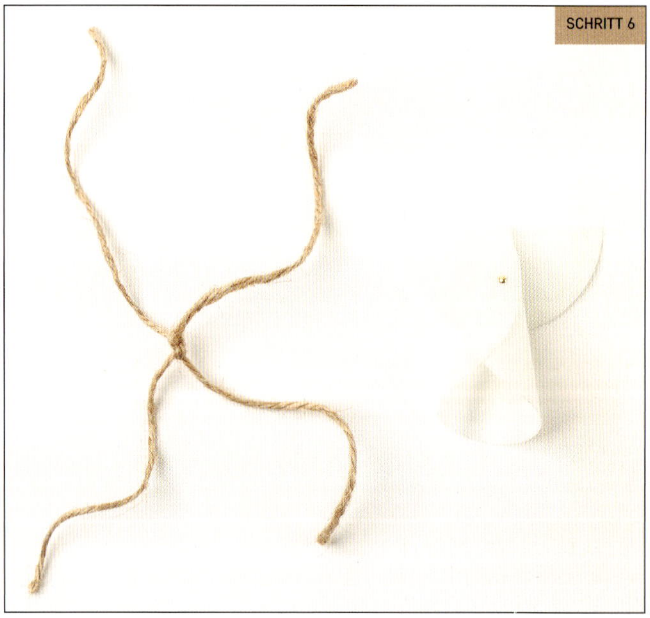

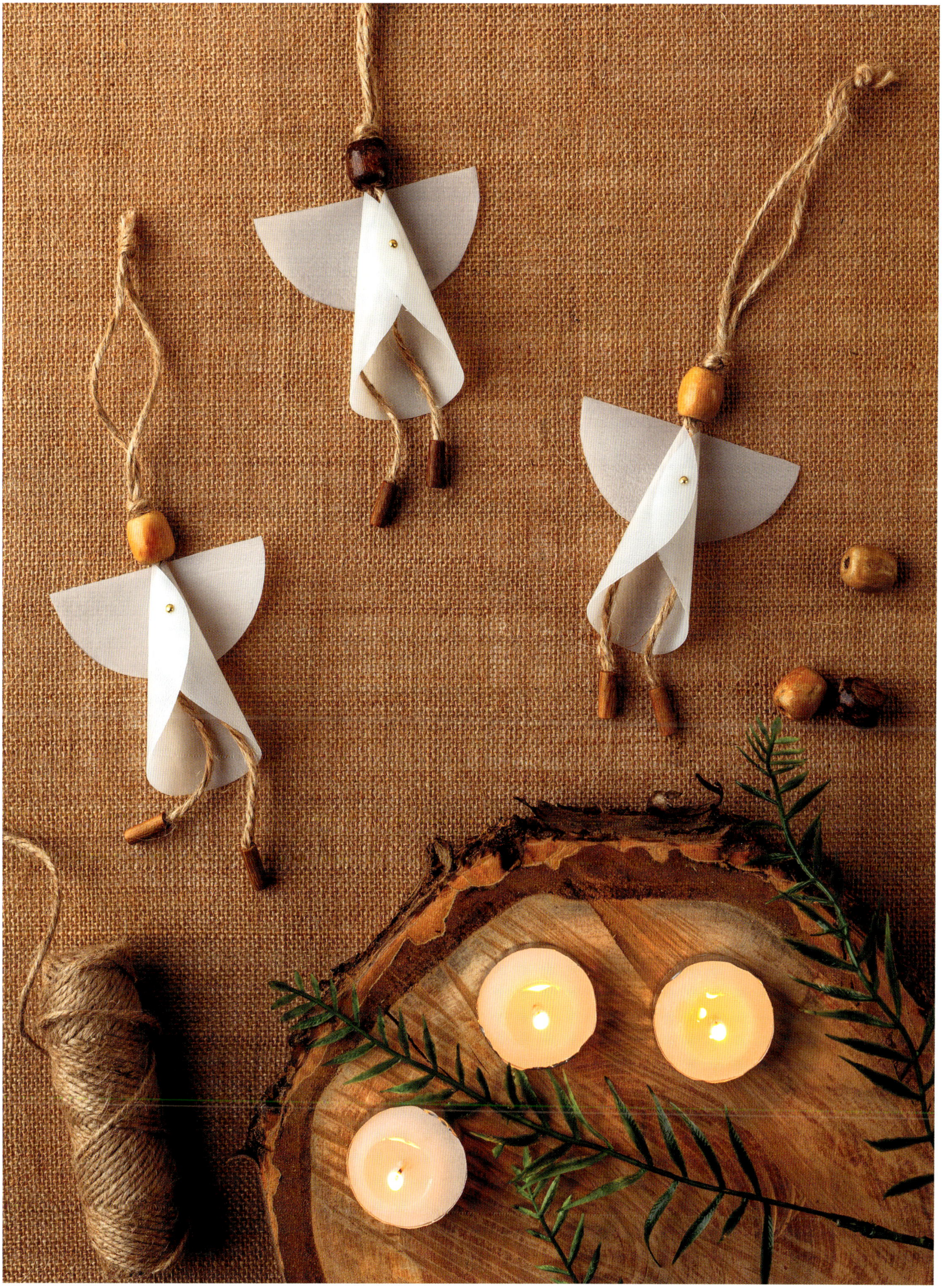

Mit Garn umwickelter KARTONBAUM

Ich finde es toll, wie effektiv dieses Projekt ist, und es eignet sich hervorragend, um Kinder miteinzubeziehen. Dieses Weihnachtsbäumchen ist super einfach herzustellen, indem man Garnreste, Knöpfe und Perlen sowie Karton und alte Korken verwendet. Man kann mehrere Bäumchen in verschiedenen Größen und Farben anfertigen und mit Materialien verzieren, die man zu Hause hat.

DAS BRAUCHT MAN:

MATERIALIEN

- Holzspieß
- Sektkorken
- Karton (Format etwa 15 × 7,5 cm)
- 2-strängiges Garn
- kleiner Holzstern
- 5 grüne Knöpfe
- 5 Holzknöpfe

WERKZEUGE & HILFSMITTEL

- Stift oder Bleistift
- Schere
- doppelseitiges Klebeband
- Heißklebepistole
- Stechahle
- Dreieck-Vorlage (siehe Seite 143)

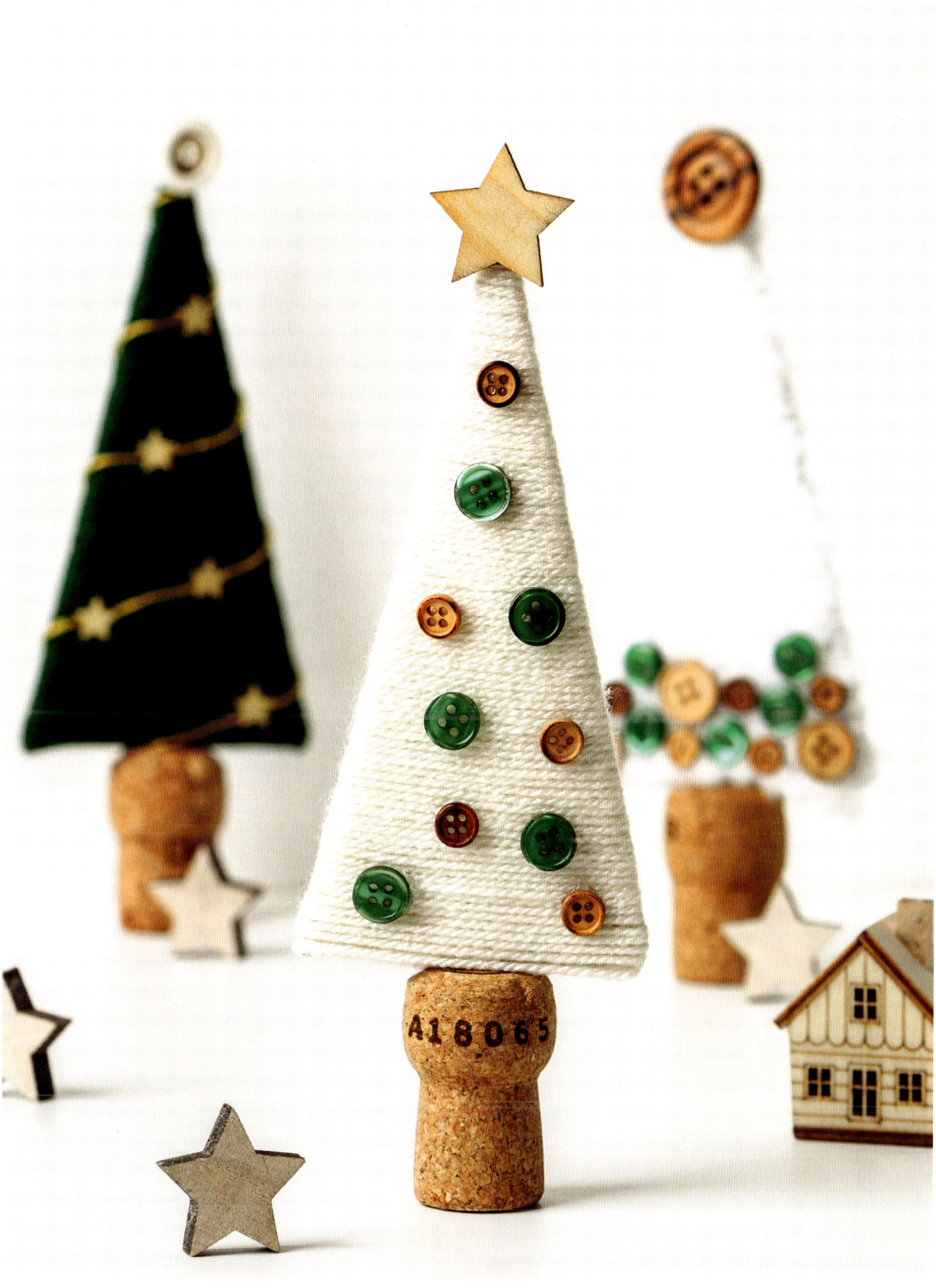
A18065

ANLEITUNG

SCHRITT 1
Eine Karton-Weihnachtsbaum-Form mithilfe der Dreieck-Vorlage ausschneiden.

SCHRITT 2
Mit der Ahle ein möglichst tiefes Loch in die Oberseite des Korkens stechen und den Holzspieß bis zum Anschlag in das Loch stecken.

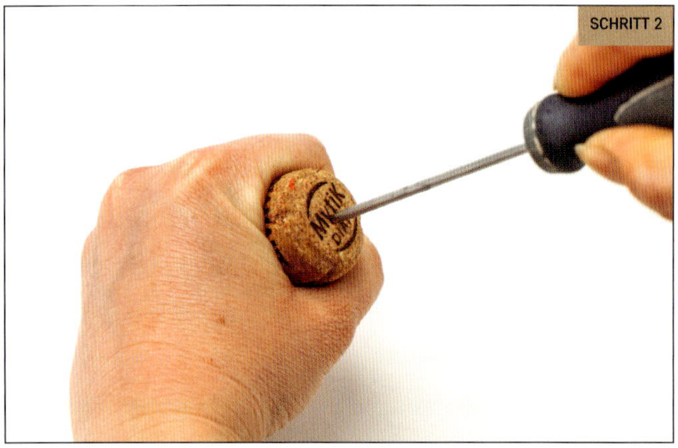

SCHRITT 3
Etwas doppelseitiges Klebeband um die untere Kante des Dreiecks kleben, vorne und hinten, und einen Streifen senkrecht in der Mitte. Das Schutzpapier vom Mittelstreifen abziehen und den Holzspieß daraufkleben.

SCHRITT 4
Das Schutzpapier vom anderen Stück Klebeband abziehen und das Garn vorsichtig um die Basis des Dreiecks wickeln. Eventuell einen Tupfer Heißkleber verwenden, damit es in Position bleibt.

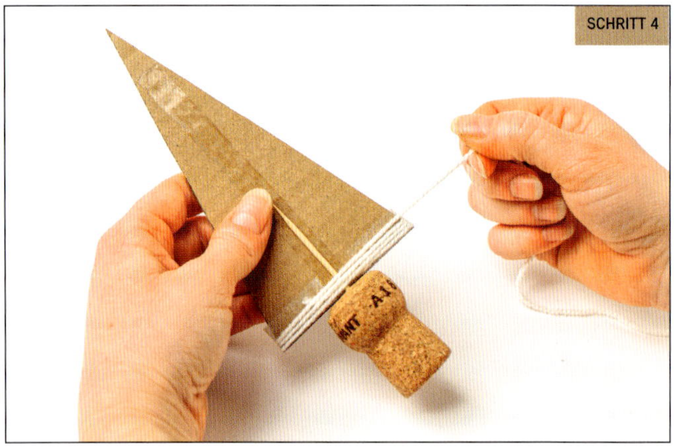

SCHRITT 5
Auf beiden Seiten mehr Klebeband auf die Kanten des Dreiecks kleben und das Garn weiter nach oben wickeln. Es nicht zu straff wickeln, sonst verbiegt sich der Karton und der Baum krümmt sich. Die Umwicklungen sehen zunächst vielleicht etwas lückenhaft aus, aber oben angekommen arbeitet man sich wieder nach unten vor, um den Baum zu füllen.

SCHRITT 6
Unten angekommen das Garn abschneiden und das Ende mit einem Klecks Heißkleber fixieren. Auf der Rückseite den Korken ebenfalls festkleben.

SCHRITT 7
Mit Heißkleber die Knöpfe auf den Baum kleben, um ihn zu verzieren. Zum Abschluss den Holzstern auf der Spitze anbringen.

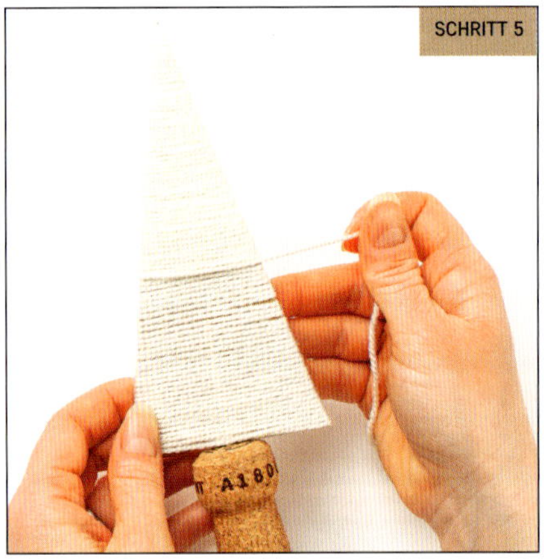

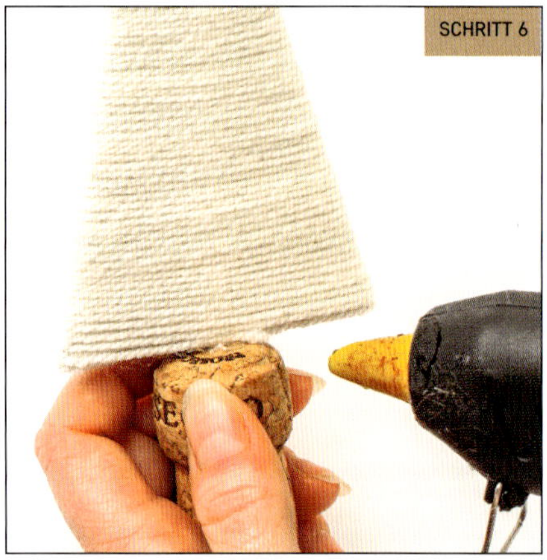

Tipp

Bei der Verwendung von Perlen und Knöpfen kann es hübscher aussehen, die gleichen Farben in ungerader Anzahl zu gruppieren.

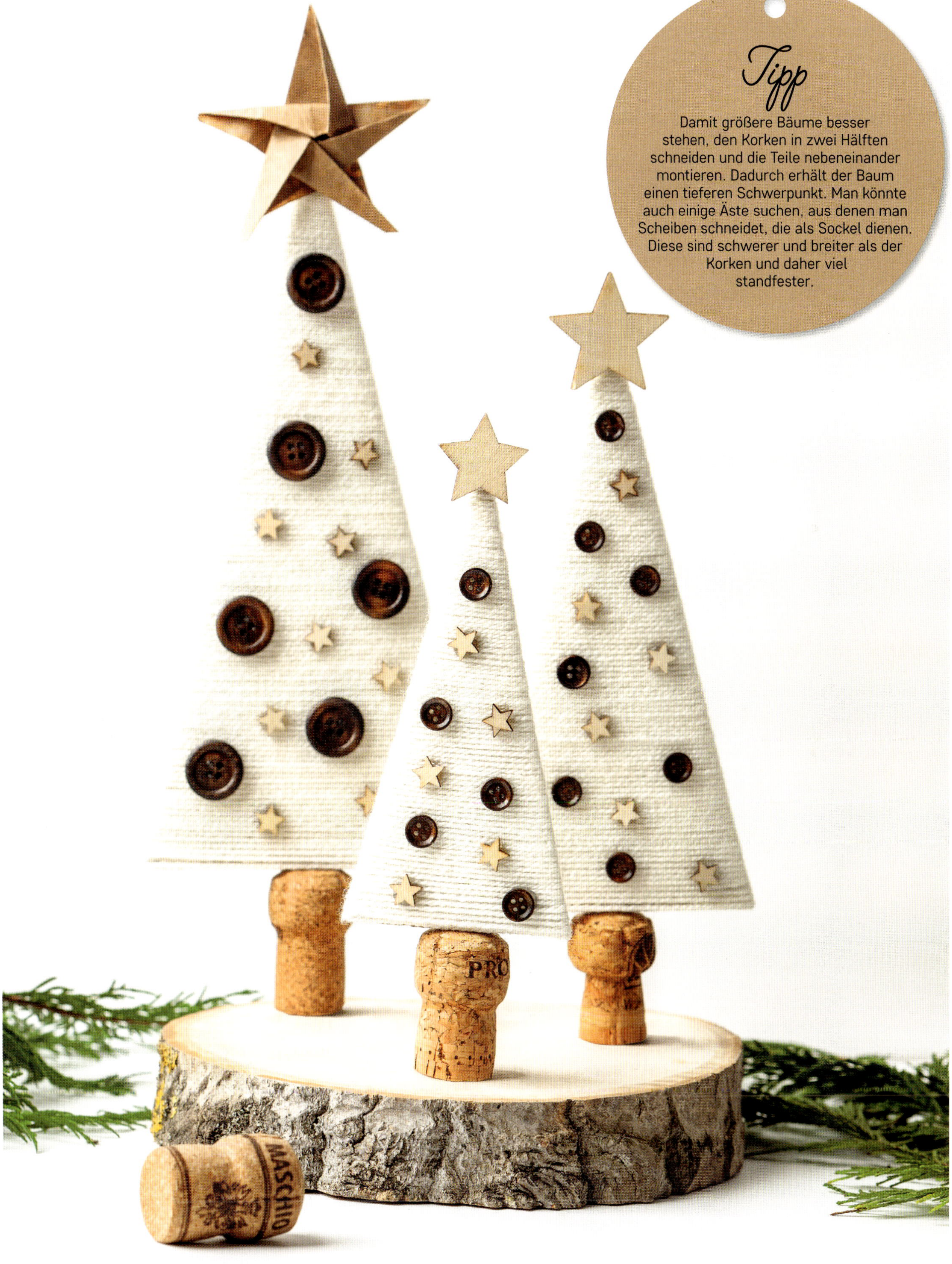

Tipp

Damit größere Bäume besser stehen, den Korken in zwei Hälften schneiden und die Teile nebeneinander montieren. Dadurch erhält der Baum einen tieferen Schwerpunkt. Man könnte auch einige Äste suchen, aus denen man Scheiben schneidet, die als Sockel dienen. Diese sind schwerer und breiter als der Korken und daher viel standfester.

FLASCHEN-Kerzenständer

*Gin ist meine Lieblingsspirituose, und da ich Grafikdesignerin bin, schätze ich die hübschen Flaschen und Etiketten sehr, die einige Hersteller verwenden. Und wie könnte man diesen Glasobjekten besser neues Leben einhauchen, als sie auf dem festlichen Tisch in Form von Kerzenständern in Szene zu setzen? Das Schöne an diesem Projekt ist, dass es mit jeder Glasflasche funktioniert. Man muss also nicht unbedingt Ginliebhaber*in sein, um Freude an dieser festlichen Dekoration zu haben. Und statt Efeu kann man auch Tannenzweige verwenden.*

DAS BRAUCHT MAN:

MATERIALIEN

- Gin-Flasche
- Goldgarn
- 2 Origami-Sterne (siehe Seite 12)
- Efeu oder anderes winterliches Grün
- Kerze

WERKZEUGE & HILFSMITTEL

- Schere
- Rotationslochzange oder Locher

Optional:

- Feuerzeugbenzin

Tipp

Man kann die Flasche mit beliebigen Verzierungen schmücken. Hübsche Knöpfe, Schleifen oder Glöckchen sorgen für eine noch festlichere Atmosphäre.

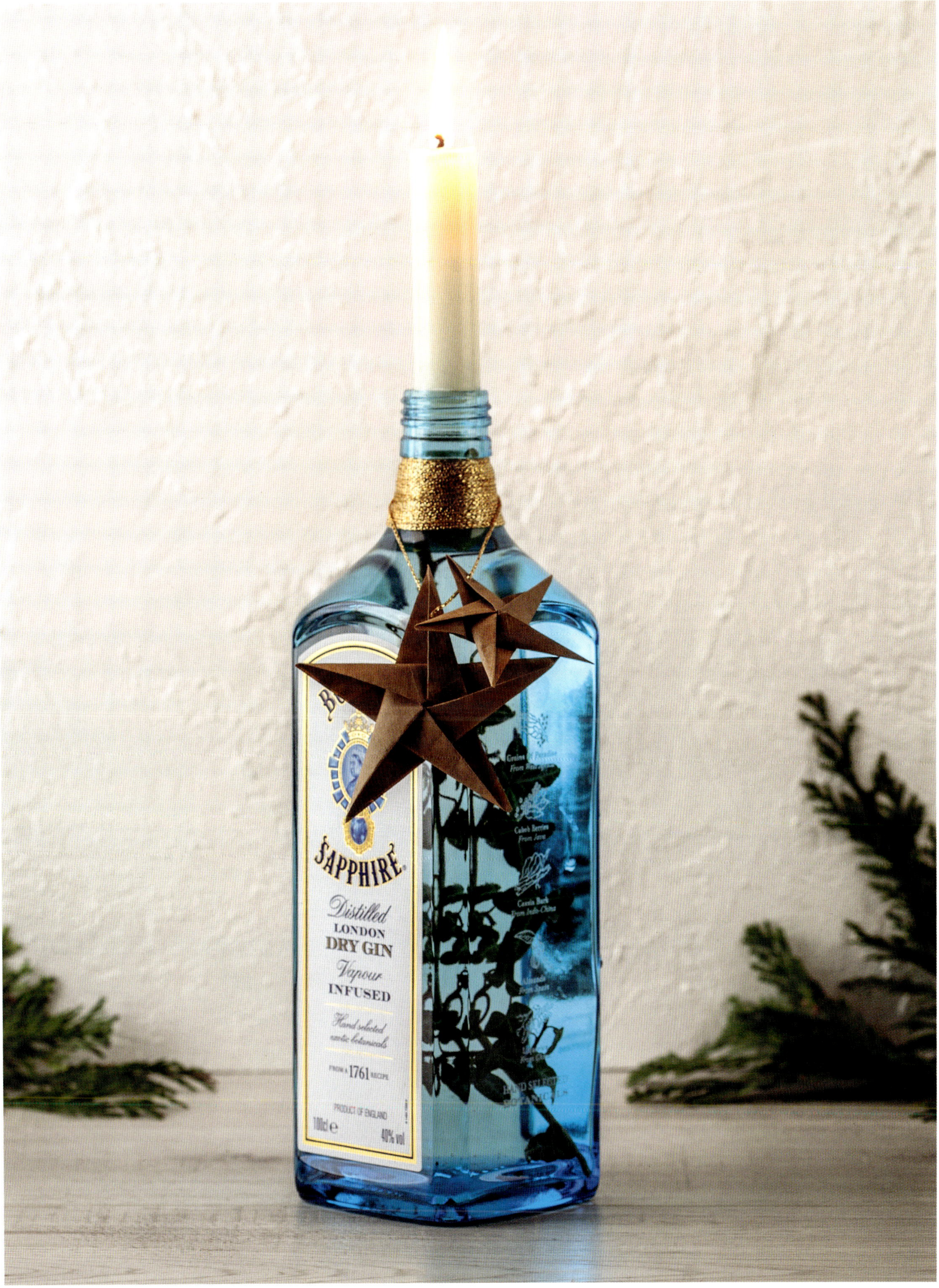
SAPPHIRE
Distilled
LONDON
DRY GIN
Vapour
INFUSED
Hand selected
exotic botanicals
FROM A 1761 RECIPE
PRODUCT OF ENGLAND
100cl e
40% vol

ANLEITUNG

SCHRITT 1
Zunächst alle Etiketten entfernen, die man nicht auf der Flasche haben möchte. Hierfür die Flasche in lauwarmes Wasser legen und dann die aufgeweichten Etiketten abziehen. Optional Kleberreste mit Feuerzeugbenzin entfernen.

SCHRITT 2
Am oberen Ende des Flaschenhalses Goldgarn mit einem einfachen Knoten so anbinden, dass ein etwa 15 cm langes Garnende herabbaumelt (mit diesem wird am Ende ein Knoten gebunden).

SCHRITT 3
Das Garn so um den Flaschenhals wickeln, dass jede Umwicklung unter der vorherigen liegt, dabei das herabhängende Fadenende mit umwickeln. Es ist vielleicht einfacher, die Flasche zu drehen, anstatt den Faden zu wickeln. Dadurch wird außerdem verhindert, dass sich Umwicklungen überlappen.

SCHRITT 4
Sobald der Flaschenhals etwa 2 cm hoch umwickelt ist, mit beiden Fadenenden einen Doppelknoten binden und die Enden abschneiden.

SCHRITT 5
Mit der Lochzange oder dem Locher jeweils ein Loch in eine Spitze der Origami-Sterne stanzen. Ein weiteres Stück Garn abschneiden, durch die Origami-Sterne fädeln und um den Flaschenhals binden. Die im Bild gezeigten Sterne wurden mithilfe einer 14 cm und einer 10,5 cm großen Fünfeck-Vorlage aus braunem Recyclingpapier hergestellt (siehe Seite 12).

SCHRITT 6
Efeu oder andere immergrüne Pflanzen in die Flasche stecken. Darauf achten, dass das Grün hoch genug im Flaschenhals sitzt, um es am Ende wieder herausziehen zu können. Die Flasche mit Wasser füllen und eine Kerze in die Flaschenöffnung stecken.

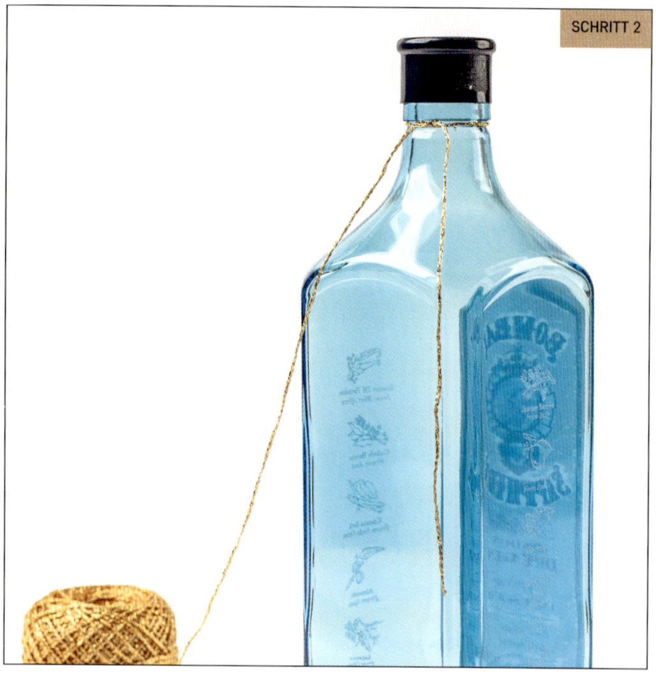
SCHRITT 2

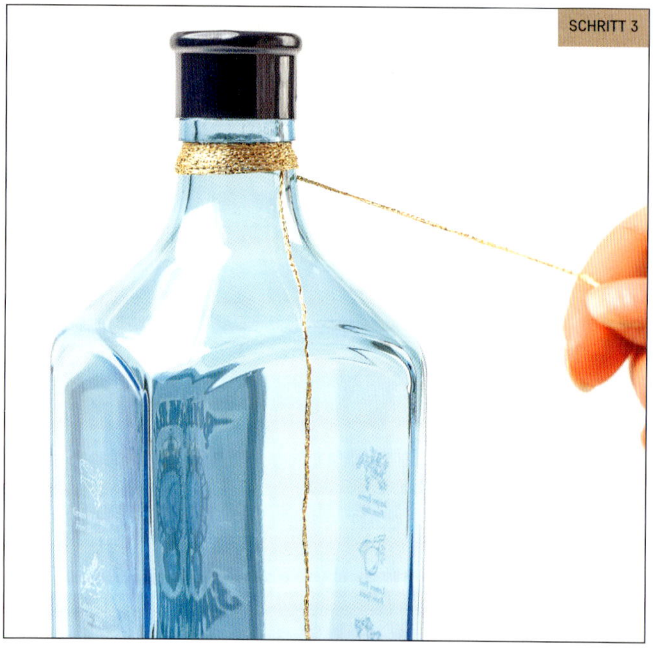
SCHRITT 3

Tipp

Wenn das Garn oder die Schnur am Flaschenhals herunterrutscht, ein Stück doppelseitiges Klebeband am Glas befestigen und das Garn darüberwickeln. So bleibt es gesichert an seinem Platz.

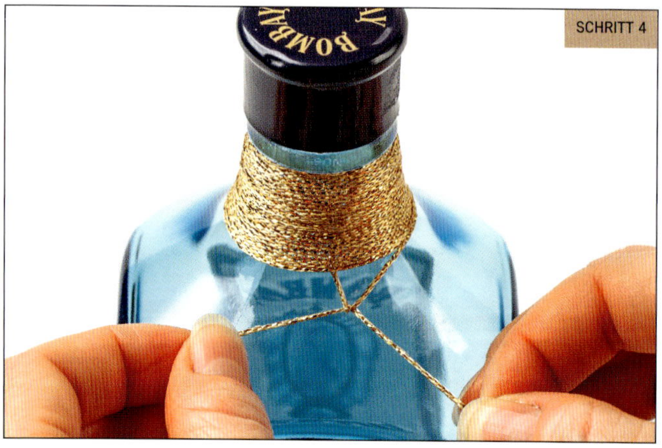
SCHRITT 4

Hinweis

Am besten wartet man mit dem Befüllen der Flasche bis kurz vor Weihnachten, sonst wird das Wasser ein wenig trüb. Den Verschluss aufbewahren für die Zeit, in der die Flasche nicht in Gebrauch ist.

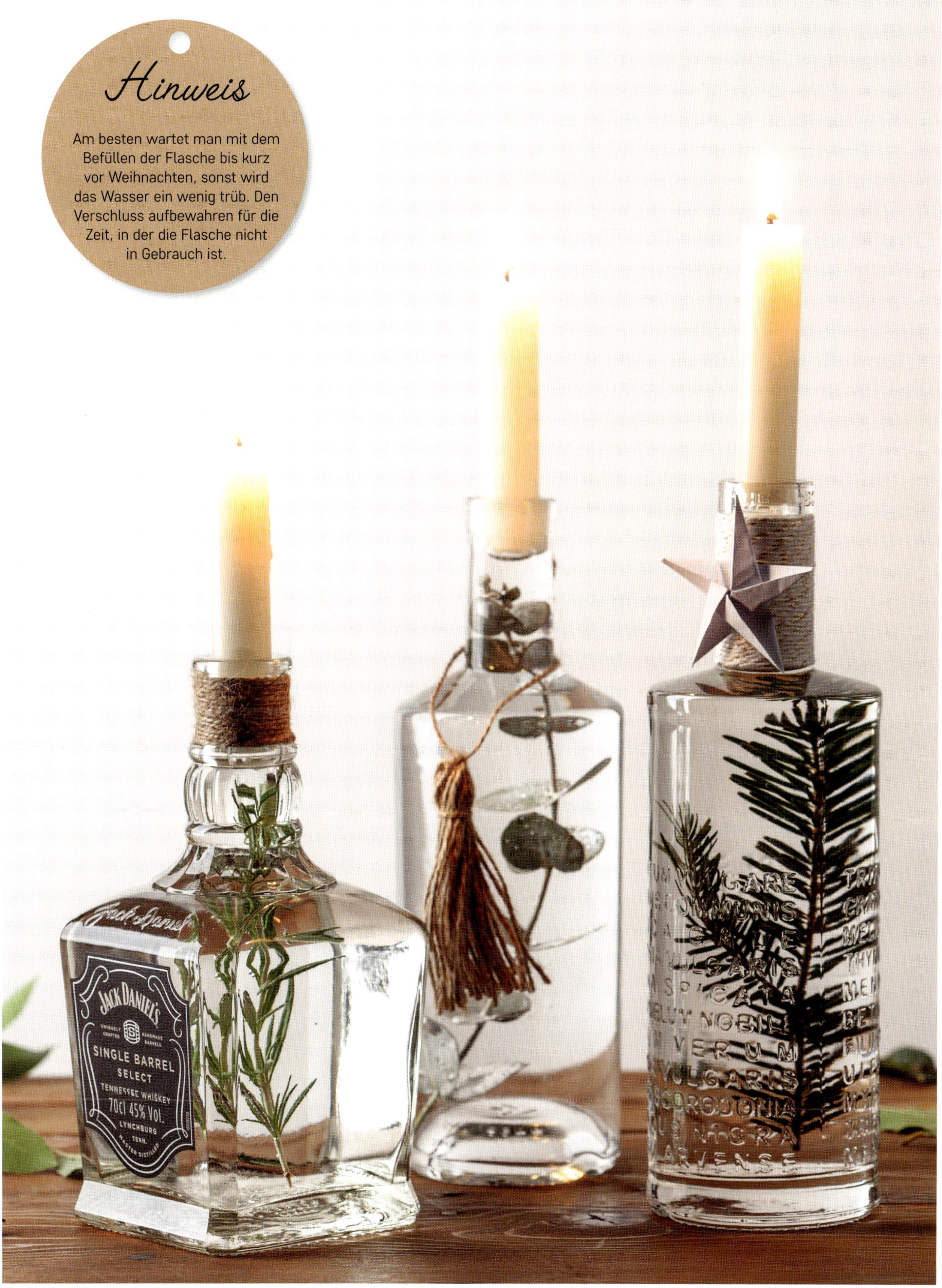

Kork- und Rosmarin-PLATZKARTEN

Platzkarten machen eine festliche Tafel noch feierlicher. Diese Exemplare mit Kork und Rosmarin verleihen dem Tsch nicht nur eine tolle Optik, sondern sorgen auch für einen würzigen Kräuterduft – ideal für eine stilvolle Dinnerparty.

DAS BRAUCHT MAN PRO KARTE:

MATERIALIEN

- 1 Zweig frischer Rosmarin
- 1 Sekt-, Prosecco- oder Champagnerkorken
- recycelter brauner Bastelkarton
- Buchstaben-Stempel
- schwarzes Stempelkissen

WERKZEUGE & HILFSMITTEL

- Schere
- Stechahle
- kleine Bügelsäge
- Lineal
- Bleistift

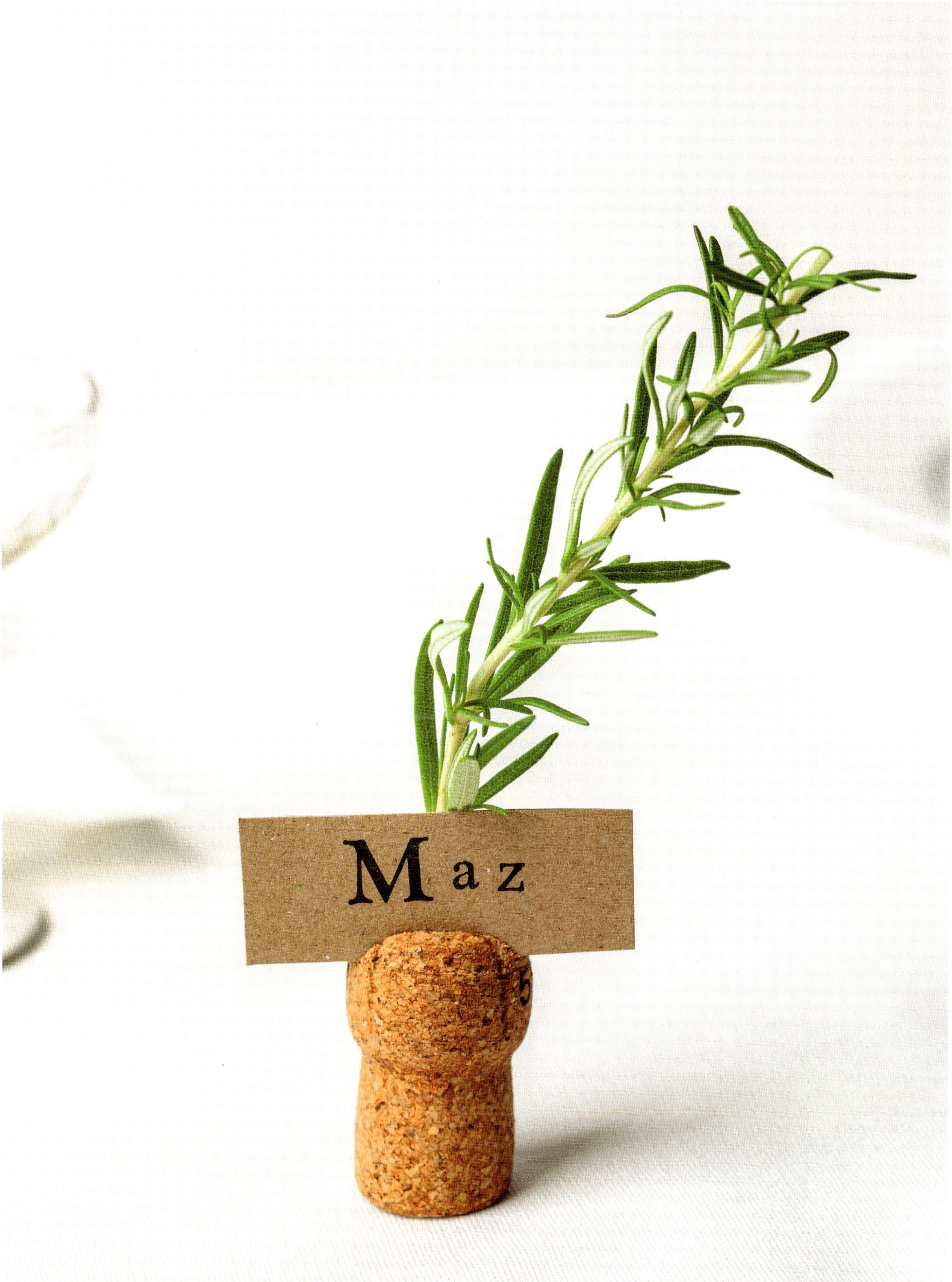
Maz

ANLEITUNG

SCHRITT 1

Ein Stück Karton mit den Maßen 2,5 × 6,6 cm ausschneiden (oder länger, für längere Namen). Mit dem Stempelkissen und den Buchstaben-Stempeln den Namen des Gastes aufdrucken.

SCHRITT 2

Mit der Bügelsäge einen Schlitz von 5 mm Tiefe (etwa so tief wie das Sägeblatt) vorne in die obere Kante des Korkens sägen (leicht schräg geneigt). Als Orientierungshilfe ist es sinnvoll, zwischen zwei der durch den Drahtbügel entstandenen Rillen auf dem Korken zu schneiden.

SCHRITT 3

Mit der Stechahle ein Loch in die Oberseite des Korkens bohren und den Rosmarinzweig hineinstecken. Die Namenskarte in den Schlitz stecken.

Tipp

Die Kräuter, die man für dieses Projekt verwendet, keinesfalls wegwerfen! Man kann sie nach dem Start des Abends aus den Korken lösen und als Garnierung für einen Gin & Tonic verwenden, den man nach dem Essen serviert!

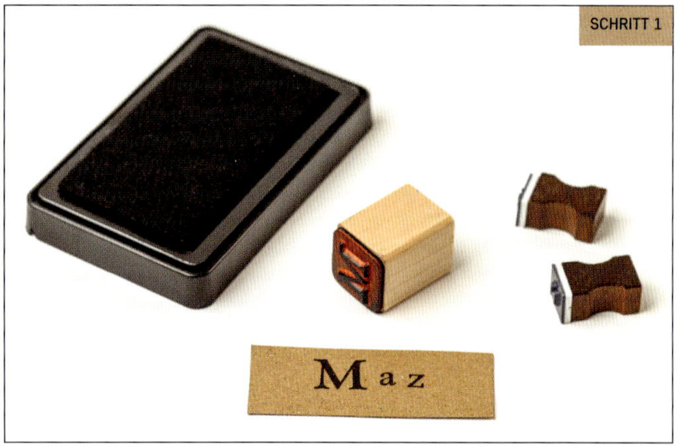

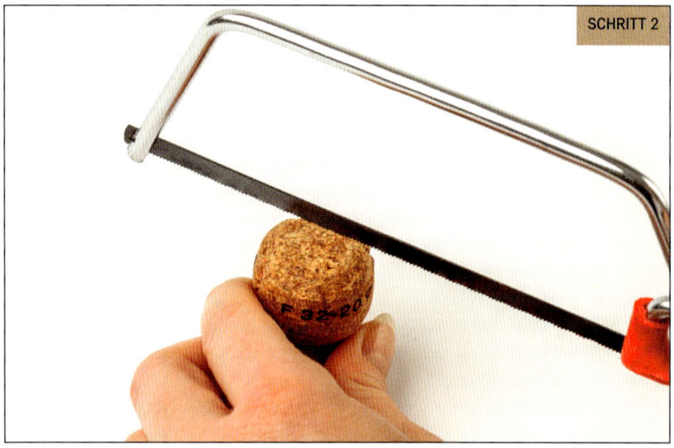

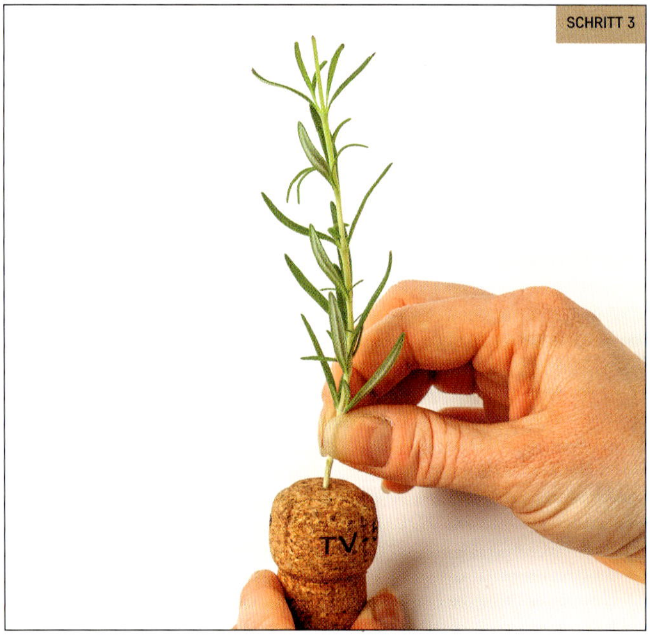

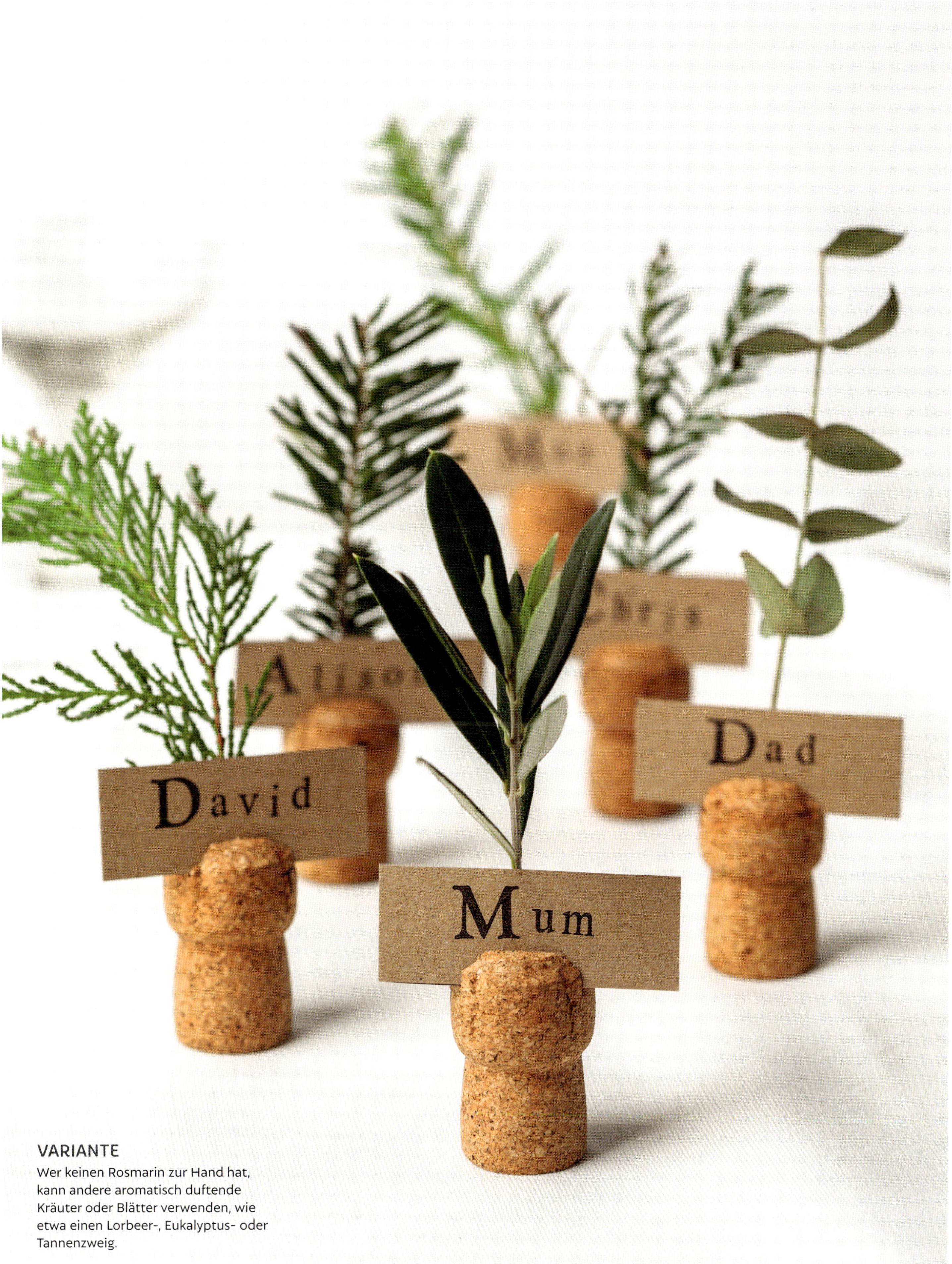

VARIANTE

Wer keinen Rosmarin zur Hand hat, kann andere aromatisch duftende Kräuter oder Blätter verwenden, wie etwa einen Lorbeer-, Eukalyptus- oder Tannenzweig.

Karton-STERNEN-GIRLANDE

Diese Sterne sehen nicht nur als Baumschmuck toll aus! Ich hänge sie auch gerne in verschiedenen Größen an einem Zweig an die Wand, mit Lichterketten umwickelt – oder als hübsche Girlande in einem Regal oder an einer kahlen Wand. Man kann sie in allen möglichen Farben anmalen und mit Perlen und Quasten verzieren, um einen Bohème-Look zu erzielen.

DAS BRAUCHT MAN:

MATERIALIEN

- Karton
- rot-weißes Bäckergarn (Länge 3 m)
- 16 weiße Holzperlen (Durchmesser 10 mm)

WERKZEUGE & HILFSMITTEL

- je 1 große, mittlere und kleine Stern-Vorlage (siehe Seite 143)
- Schere
- Stechahle oder Nadel

Optional:

- Cutter
- Sicherheitslineal aus Metall
- Schneidematte

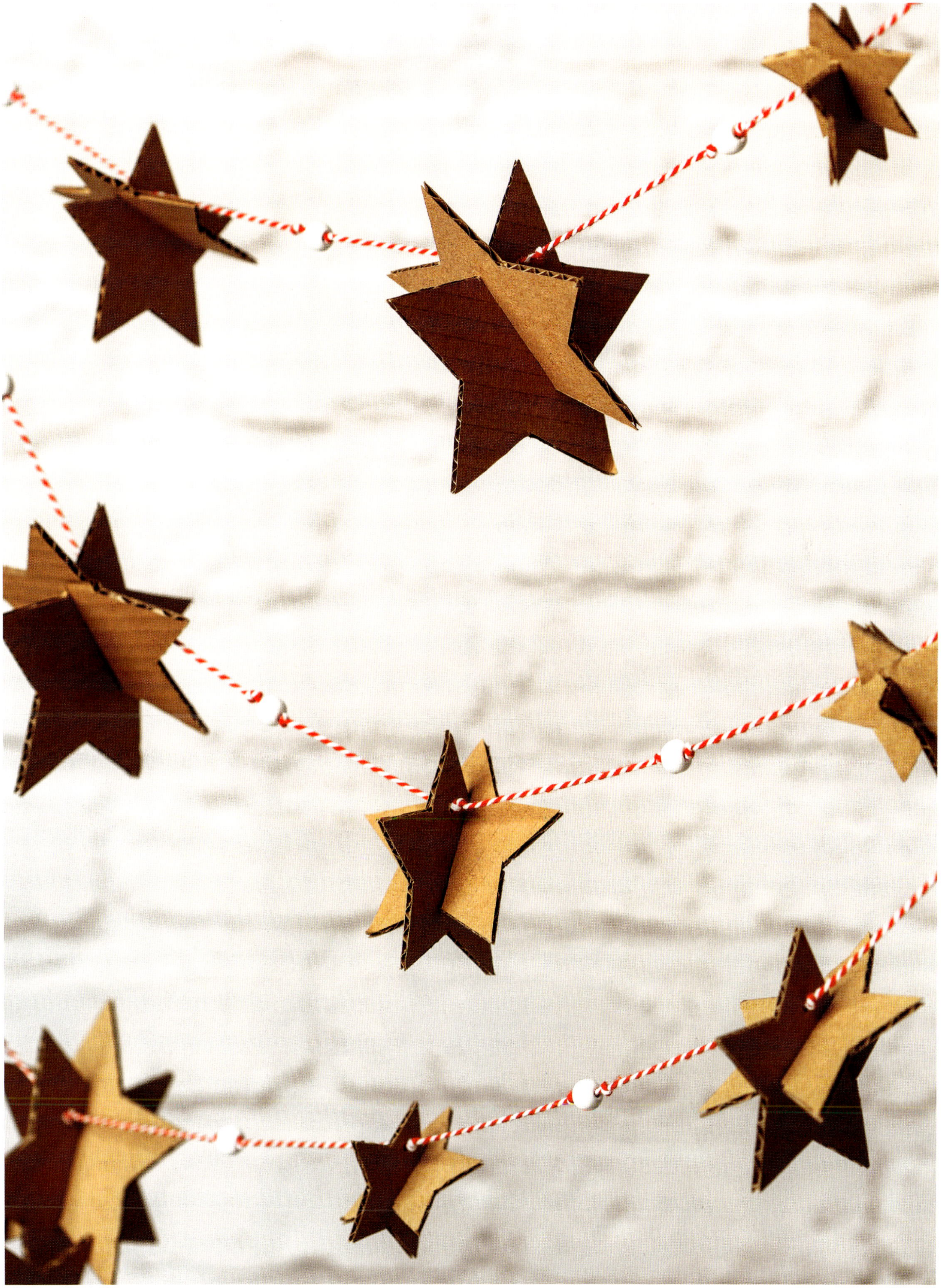

ANLEITUNG

SCHRITT 1

Mithilfe der Vorlagen im Anhang (Seite 143) zehn Sterne in den unterschiedlichen Größen ausschneiden (mit der Schere oder idealerweise mit Cutter, Sicherheitslineal und Schneidematte).

SCHRITT 2

Jeweils einen der mittelgroßen Sterne eines Paares nehmen und anhand der Vorlage einen Schlitz entlang der gestrichelten Linie einschneiden. Der Schlitz sollte etwa 2–3 mm breit sein oder die gleiche Dicke haben wie der verwendete Karton. In jeden jeweils gleich großen Stern (also in dessen »Zwilling« ohne Schlitz) mit der Stechahle ein Loch bohren, wie in der Abbildung gezeigt. Am besten auf einer planen Unterlage, damit man den Karton nicht verbiegt.

SCHRITT 3

Die Stern-Paare ineinanderstecken (mit dem Loch an der Spitze).

SCHRITT 4

Wenn alle Sterne fertig (also dreidimensional) sind, sie auffädeln. Hierfür 15 cm von einem Ende des Garnfadens abmessen und einen einfachen Knoten knüpfen. Am gegenüberliegenden Ende eine Perle auffädeln und einen weiteren einfachen Knoten binden, um sie zu fixieren. Etwa 8 cm entlang ders Fadens abmessen und einen weiteren Knoten binden, dann einen Stern auffädeln und auf der anderen Seite einen Knoten binden. Weitere 8 cm abmessen, einen Knoten binden und eine Perle auffädeln. Den Vorgang wiederholen, bis man am Ende des Fadens angelangt ist, dabei eine Perle als Abschluss auffädeln. Ich habe die Größen meiner Sterne gemischt, um optisch für Abwechslung zu sorgen.

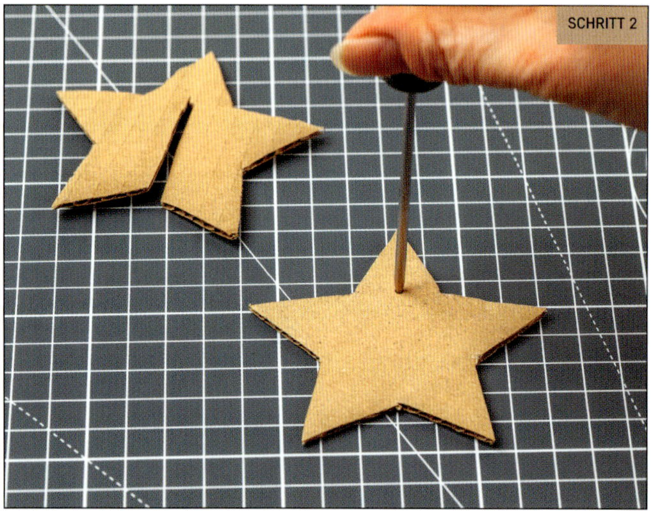

SCHRITT 2

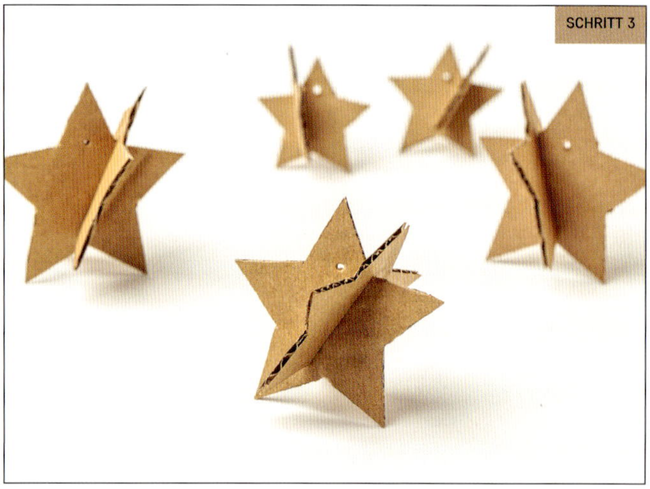

SCHRITT 3

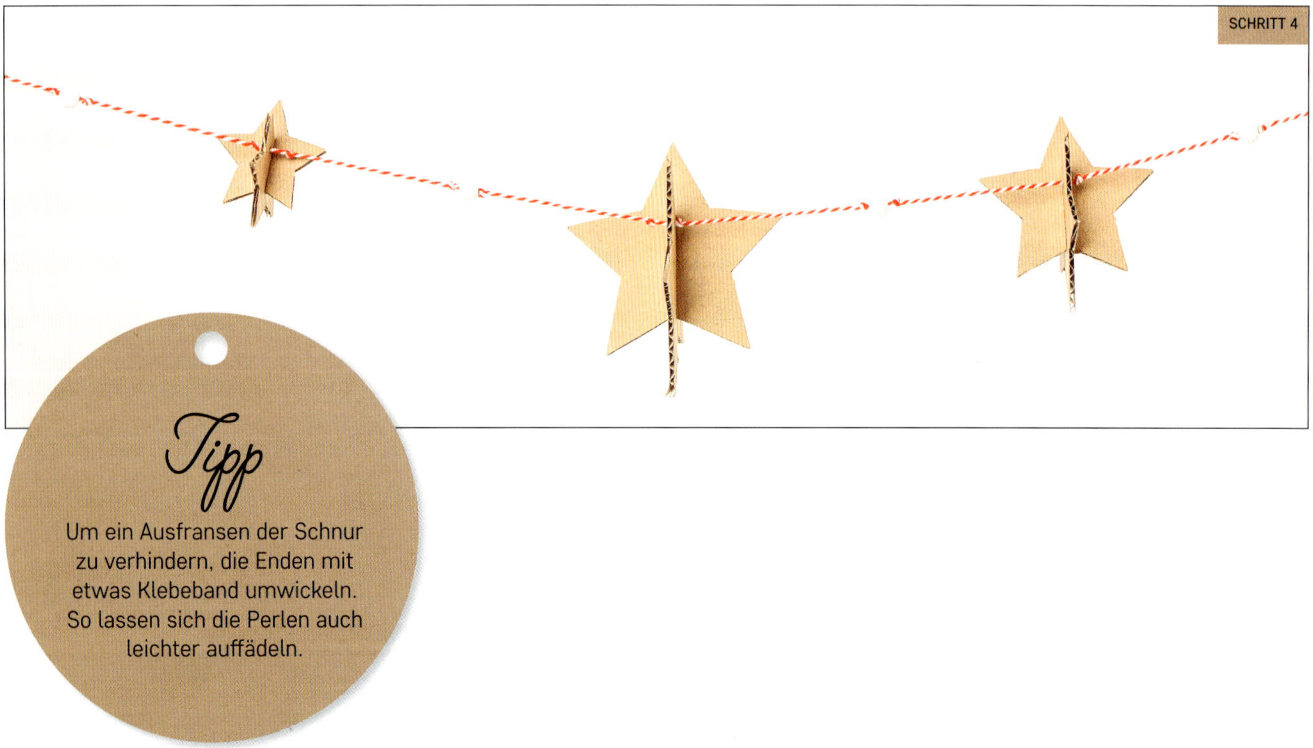

SCHRITT 4

Tipp

Um ein Ausfransen der Schnur zu verhindern, die Enden mit etwas Klebeband umwickeln. So lassen sich die Perlen auch leichter auffädeln.

STERNEN-WANDSCHMUCK

Diese Sterne sehen auch als Wandschmuck an einen Ast gebunden toll aus. Hierfür schlichte Baumwollschnur, Holzperlen und einige Quasten aus derselben Schnur verwenden.

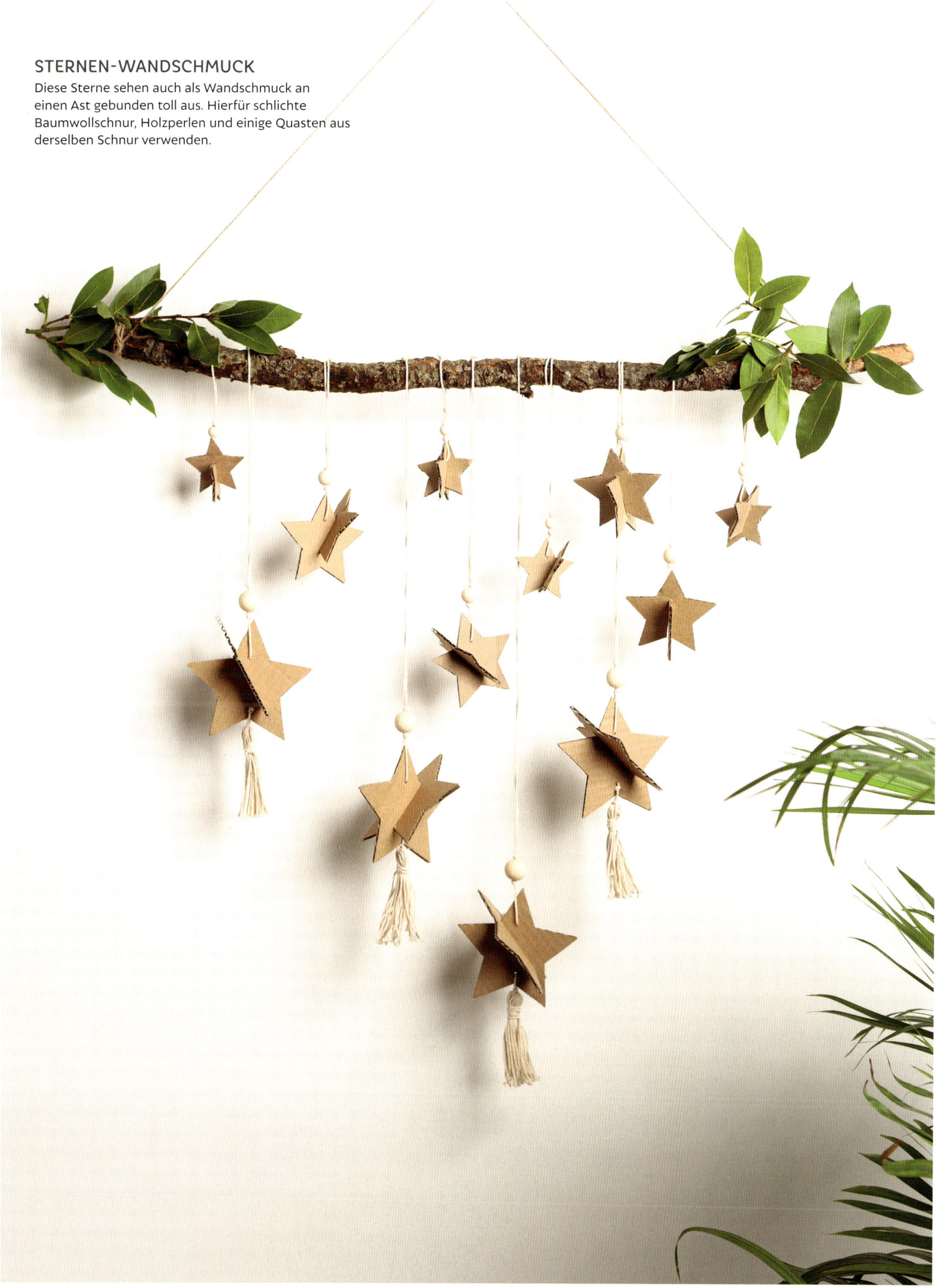

Papprollen-SCHNEEFLOCKE

Diese Schneeflocken stelle ich immer besonders gerne her. Es gibt so viele Muster, die man nutzen kann, vor allem, wenn man die Größen der Papprollen, die man verwendet, variiert. Man kann außerdem die Schneeflocken naturbelassen oder sie in verschiedenen Farben bemalen, um sie dem festlichen Thema anzupassen. Bei diesem Projekt habe ich Sprühfarbe verwendet, die ich nach einem Upcycling-Projekt übrig hatte. Das ist besser für die Umwelt, als neue Farben zu kaufen.

★★★★★★★★★★★★★★★★

DAS BRAUCHT MAN:

MATERIALIEN

- 1 leere Küchenkrepp-Papprolle
- 2 leere Toilettenpapier-Papprollen
- doppelseitiges Klebeband
- Goldsprühfarbe
- gold-weißes Bäckergarn
- 1 große Perle
- 2 kleine Holzsterne in verschiedenen Größen

Optional:

- Quaste (siehe Seite 16)

WERKZEUGE & HILFSMITTEL

- Schere
- Lineal
- Bleistift
- Heißklebepistole

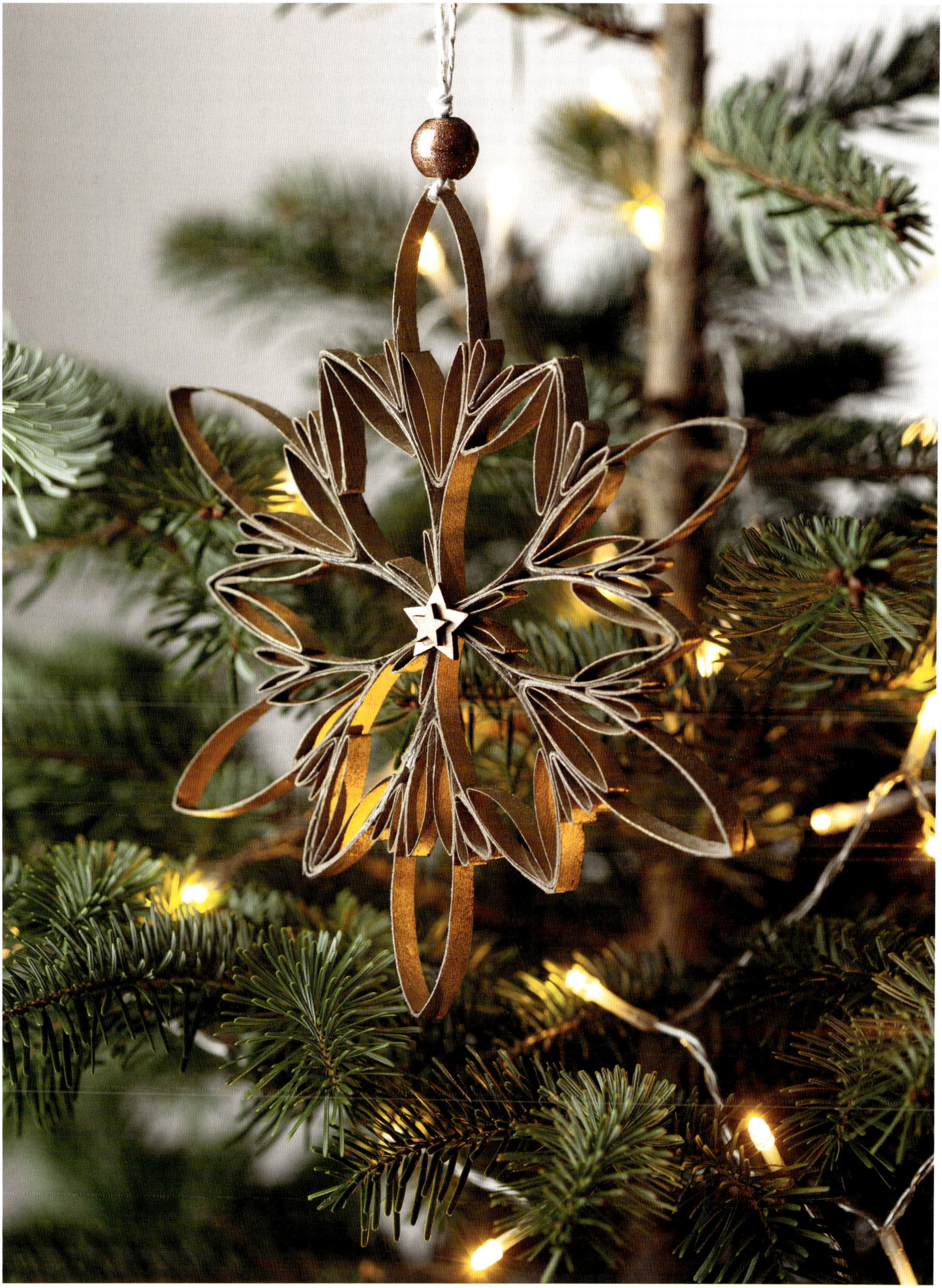

ANLEITUNG

BLÜTENBLÄTTER

Um das Vorgehen besser zu erklären, beschreibe ich die Schneeflockenteile als »Blütenblätter«. Bei diesem Projekt gibt es sie in drei verschiedenen Größen.

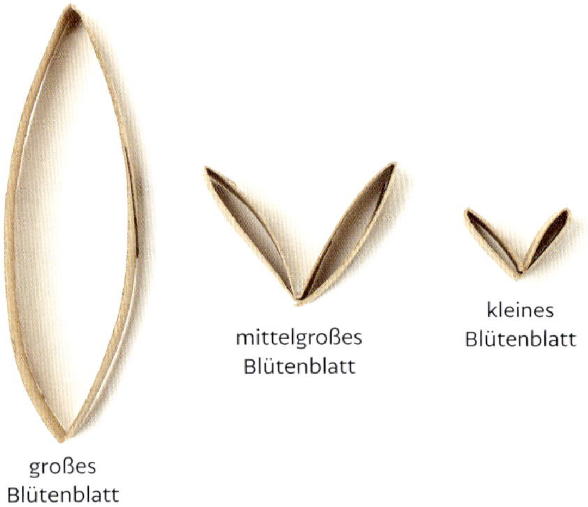

SCHRITT A – GROSSES BLÜTENBLATT

Die Toilettenpapier- und Küchenkrepp-Papprollen sollten einen etwas anderen Durchmesser haben. Mit dem Lineal abmessend Ringe von je 1 cm Dicke ausschneiden. Die unterschiedlich großen Ringe getrennt voneinander beiseitelegen. Dies hilft, die drei Arten von Blütenblättern zu unterscheiden. Die größten Blütenblätter werden aus den Küchenkrepp-Papprollen-Ringen hergestellt. Man benötigt zwölf davon.

SCHRITT B – MITTELGROSSES BLÜTENBLATT

Für das mittelgroße Blütenblatt 20 Toilettenpapier-Papprollen-Ringe in der Mitte falten, sodass jeweils ein doppeltes Blütenblatt entsteht.

SCHRITT C – KLEINES BLÜTENBLATT

Für das kleinste Blütenblatt acht der mittelgroßen Blütenblätter am Falz in der Mitte durchschneiden. Dann die abgeschnittenen Enden in die Mitte falten. So entsteht ein kleineres Doppelblatt.

SCHNEEFLOCKE

SCHRITT 1

Sechs große Blütenblätter kreisförmig aneinanderlegen und an den Stellen, an denen sie sich berühren, mit doppelseitigem Klebeband zusammenkleben. Ein kleines Blütenblatt auf die Innenfalte jedes zweiten Blütenblattes legen, gefolgt von einem mittelgroßen Blütenblatt am anderen Ende. An dieser Stelle empfiehlt es sich, in der Mitte einen Klecks Heißkleber aufzutragen, um das Ganze sicher zusammenzuhalten.

SCHRITT 2

Außen zwischen je zwei großen Blütenblätter ein weiteres großes Blütenblatt kleben und ein mittelgroßes Blütenblatt hinein.

SCHRITT 3

In die Lücke zwischen den großen Blütenblättern jeweils ein kleines Blütenblatt kleben.

SCHRITT 4

Zum Schluss die Flocke beidseitig mit Goldspühfarbe besprühen (zuerst die Vorderseite trocknen lassen, dann die Rückseite besprühen).

SCHRITT 5

Nach dem Trocknen das Bäckergarn anbringen und die Perle auffädeln. Einen Knoten über der Perle binden, um sie zu fixieren.

SCHRITT 6

Den kleineren Holzstern mit Heißkleber auf den großen kleben, dann beide in die Mitte der Schneeflocke kleben.

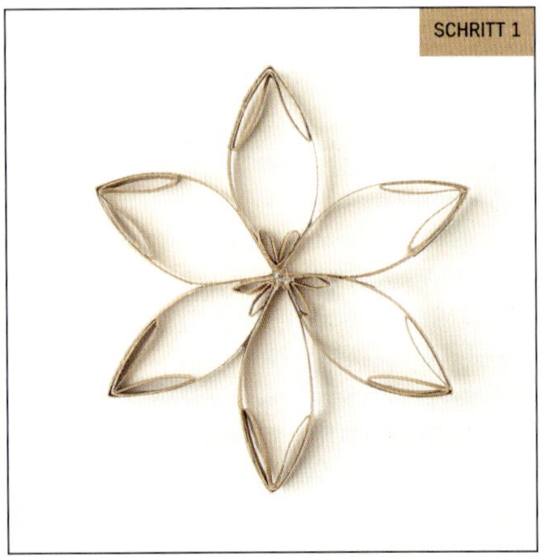

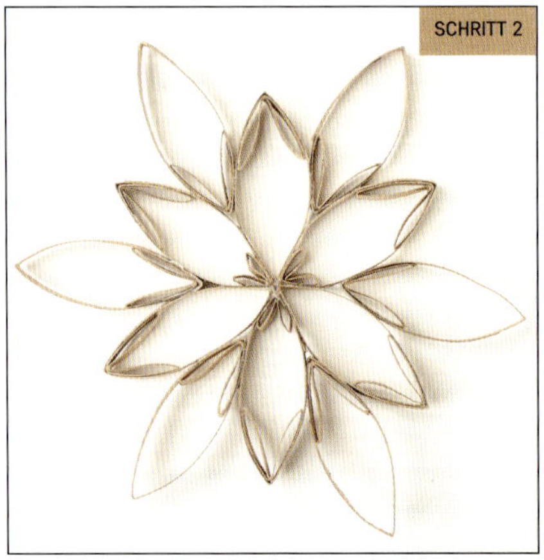

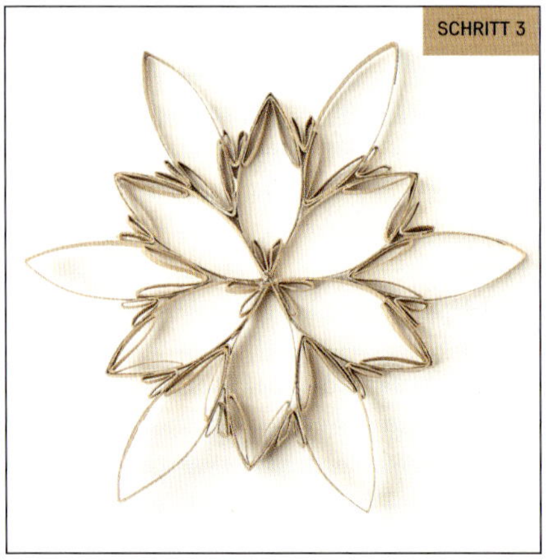

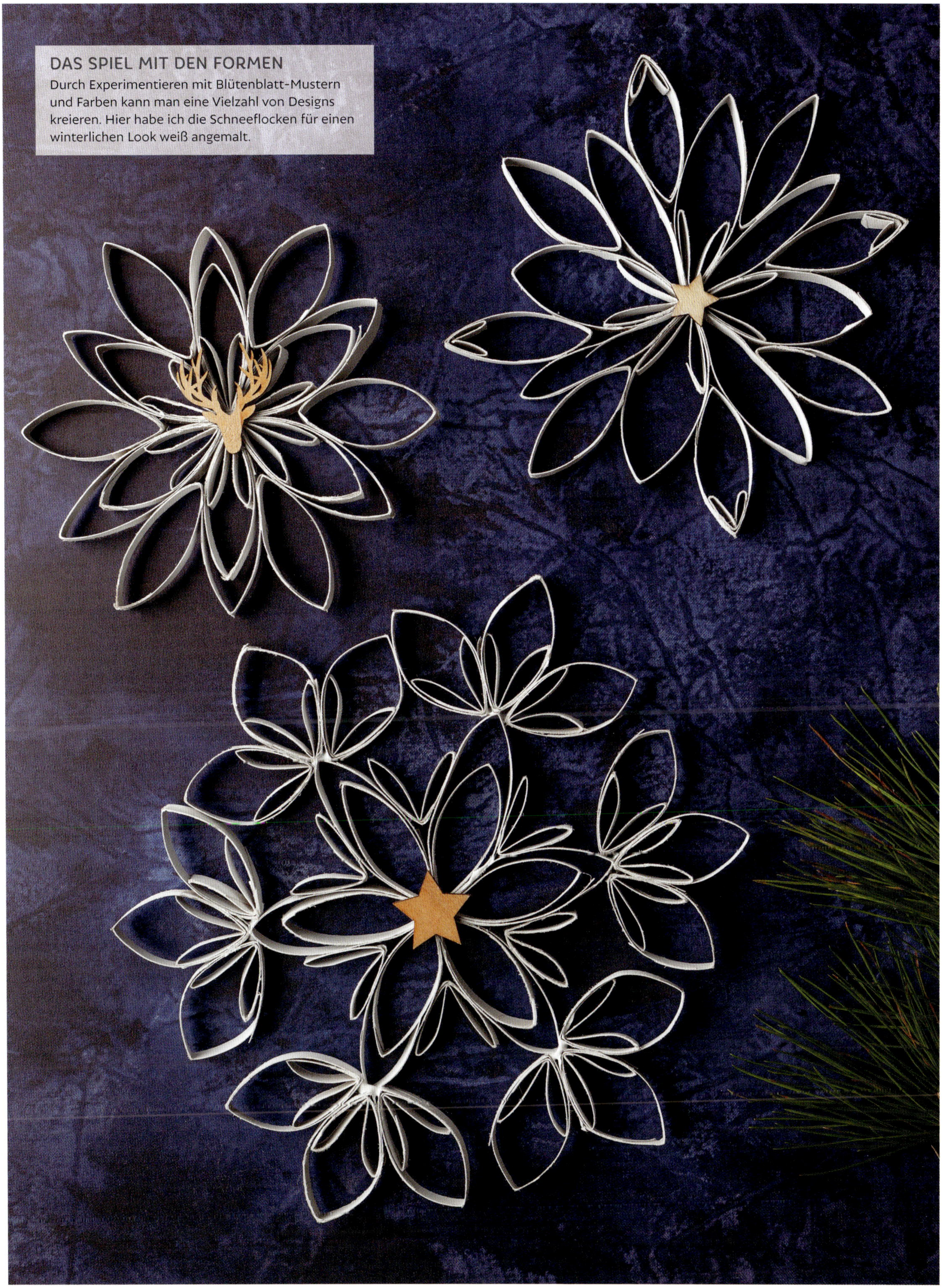

DAS SPIEL MIT DEN FORMEN

Durch Experimentieren mit Blütenblatt-Mustern und Farben kann man eine Vielzahl von Designs kreieren. Hier habe ich die Schneeflocken für einen winterlichen Look weiß angemalt.

Karton-
ENGEL

Diese Engel sind aus einem Wandschmuck entstanden, den ich recycelt habe. Normalerweise würde ich kein Goldgarn verwenden, aber da es übrig war, fand ich es akzeptabel. Diese hübschen Engel sehen klasse aus und können in verschiedenen Farben angefertigt werden, indem man einfach die Garnfarbe ändert. Sie sind im Nu hergestellt – also viel Spaß dabei!

DAS BRAUCHT MAN:

MATERIALIEN

- 30 Fäden weißes Garn (Länge je 70 cm)
- 30 Fäden Goldgarn (Länge je 70 cm)
- Holzperle
- doppelseitiges Klebeband
- Karton

WERKZEUGE & HILFSMITTEL

- Kreis-Vorlage (8 cm Durchmesser, siehe Seite 142)
- Schere
- Lineal
- Bleistift

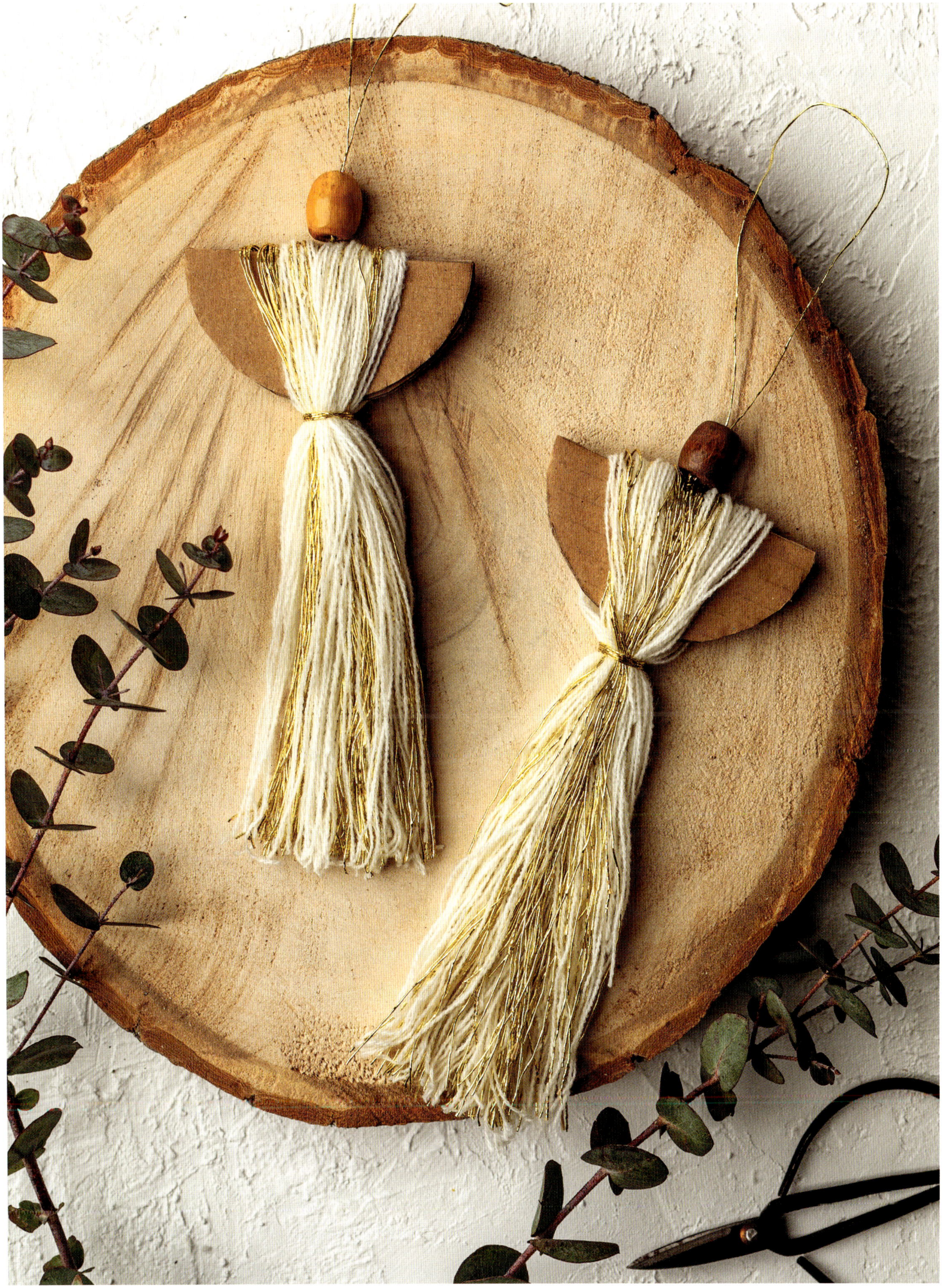

ANLEITUNG

SCHRITT 1
Mithilfe der Vorlage einen 8-cm-Kreis aus Karton ausschneiden. Dann den Kreis in zwei Hälften schneiden.

SCHRITT 2
Einen der Goldgarnfäden mittig doppelt nehmen und so durch die Holzperle ziehen, dass oben eine Schlaufe von etwa 10 cm herausragt. Auf jeder Seite einen Knoten binden, um die Perle zu sichern (falls die Perle ein sehr großes Loch hat, den Faden erneut durchfädeln und einen Knoten unter dem unteren Loch binden).

SCHRITT 3
Einen Kartonhalbkreis mit der geraden Schnittkante nach oben mit einem kleinen Abstand unterhalb der Perle unter das Fadenende legen und mit Klebeband bekleben, dann den zweiten Kartonhalbkreis darüberlegen (darauf achten, dass die beiden Fäden an der Unterseite der Flügel hängen bleiben. Sie werden später zum Gürtel des Engels). Der gedoppelte Kartonhalbkreis bildet die Flügel. Optional die Flügel nun bemalen.

SCHRITT 4
Alle restlichen Fäden bündeln und mittig doppelt nehmen, dann noch einmal mittig falten. Dann das Bündel so über die Flügel legen, dass der Kopf in der Mitte des Bündels liegt.

SCHRITT 5
Die beiden Gürtel-Fäden (die in der Mitte der Flügel befestigt sind) greifen und nach vorne durch den Spalt im Fadenbündel ziehen.

SCHRITT 6
Einen der Gürtel-Fäden nach links und den anderen nach rechts wickeln und sie ein paar Mal unterhalb der Flügel um den Rücken des Engels und wieder nach vorne wickeln, dann mit einem Doppelknoten fixieren. Die Enden abschneiden.

SCHRITT 7
Die Garnschlaufen unten durchschneiden und dann alle losen Enden so kürzen, dass der Saum des »Kleides« schön gleichmäßig ist.

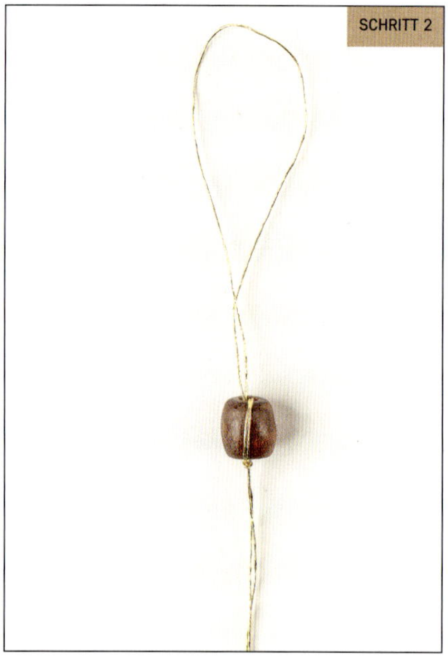

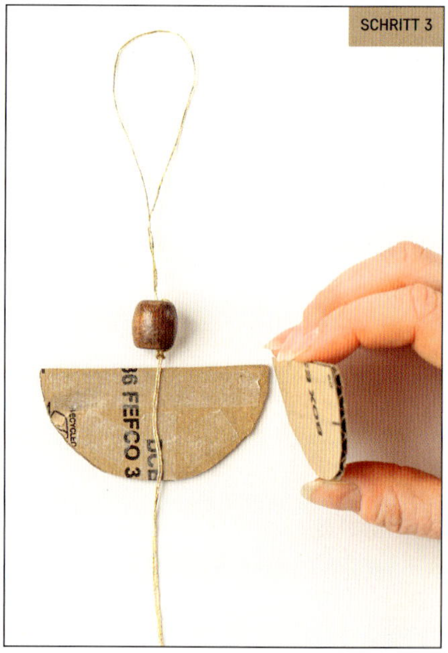

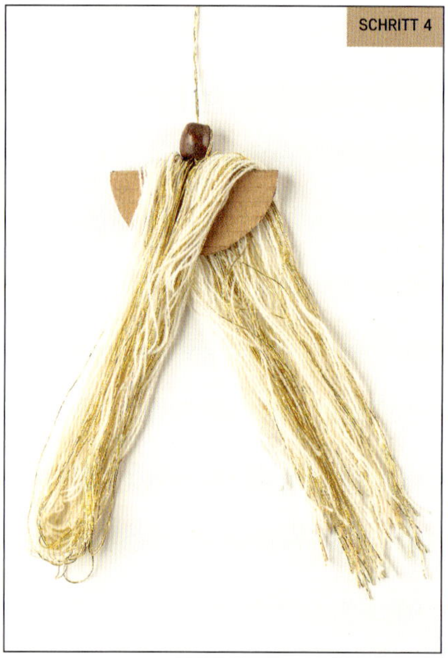

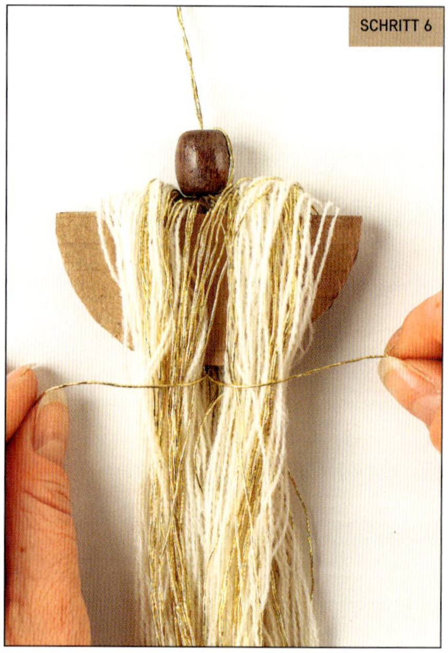

Hinweis

Die Materialien für dieses Projekt stammten von einem alten Wandschmuck, den ich übrig hatte. Ich habe ihn zerlegt und die Fäden für dieses Projekt und den Rahmen für den Makramee-Stern-Traumfänger auf Seite 82 verwendet.

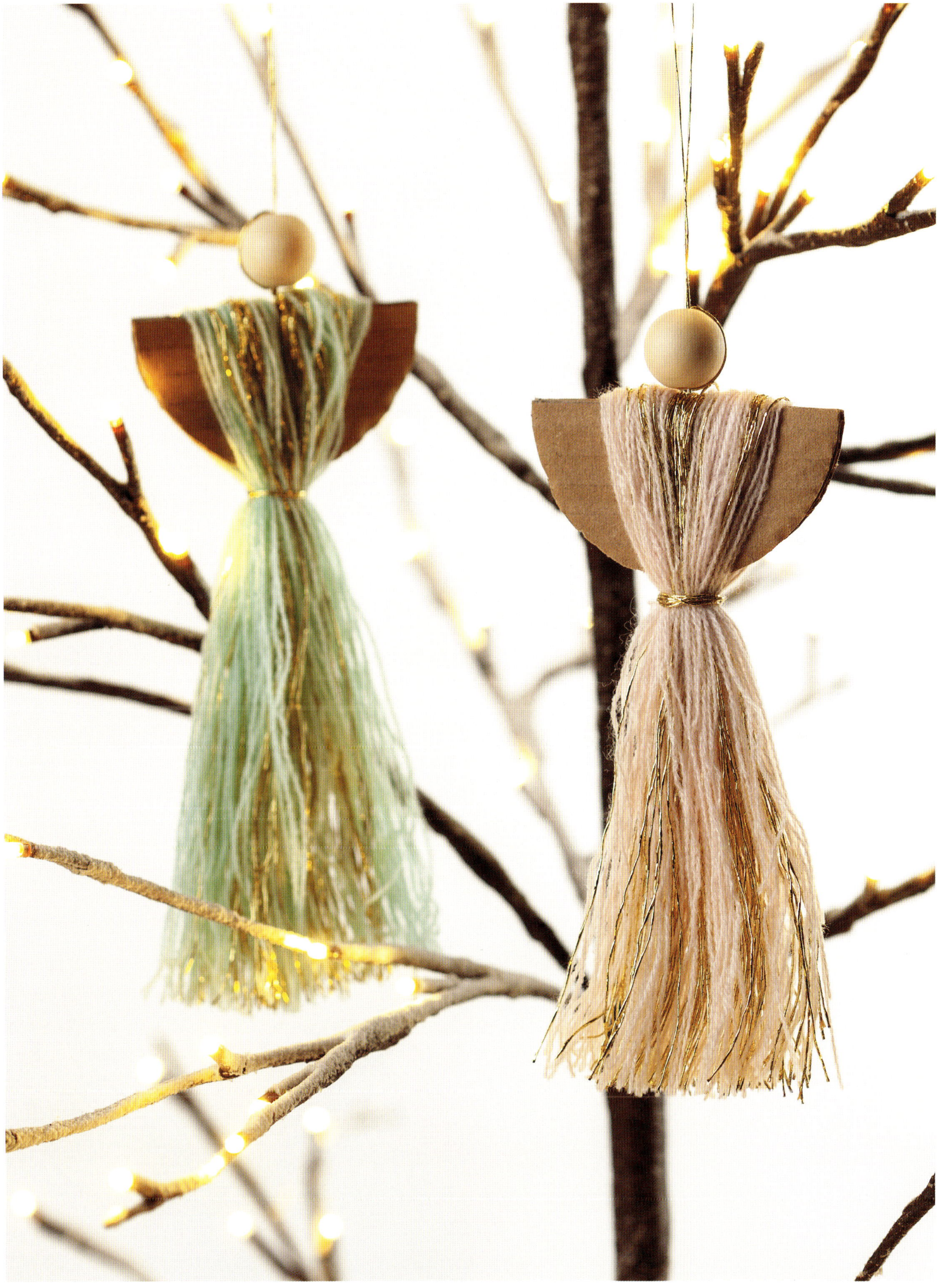

WEIHNACHTSKARTEN

Dieses Projekt ist eine großartige Möglichkeit, gebrauchte Weihnachtskarten aus dem letzten Jahr, Geschenkpapier und sogar Zeitungspapier zu recyceln. Man kann die Karten mit Knöpfen und Bändern verschönern und mit Stempeln einfache, aber festliche Motive aufdrucken. Hier kommen ein paar Inspirationen.

Tipp

Falls der Karton oder das Papier recht dick ist, doppelseitiges Klebeband verwenden anstelle von Kleber. Es hat mehr Klebekraft.

Idee

Wenn man die Karten in passende Umschläge steckt, bevor man sie verschenkt, machen sie noch mehr her.

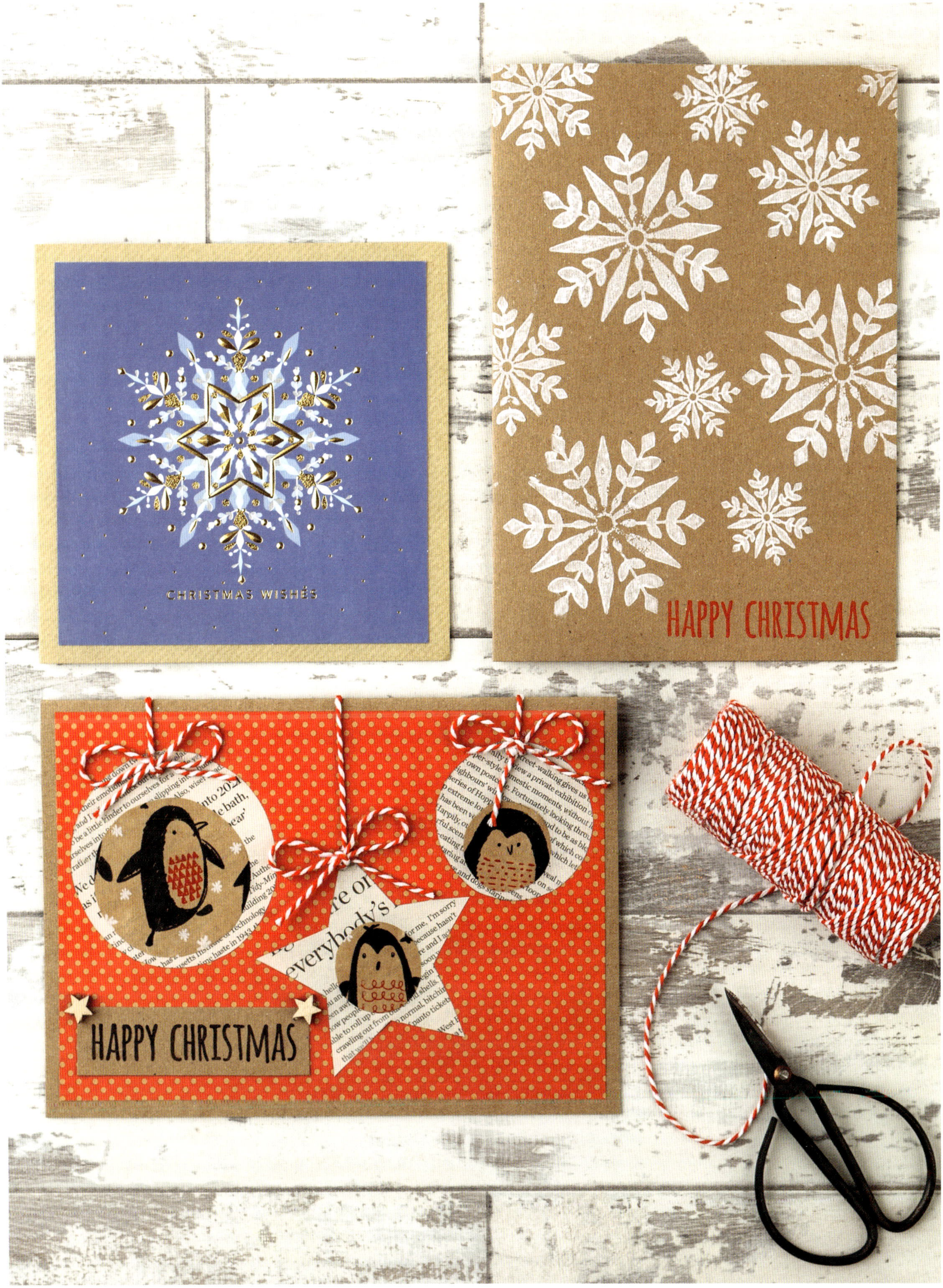
CHRISTMAS WISHES
HAPPY CHRISTMAS
HAPPY CHRISTMAS

KARTEN VOM VORJAHR

Dies ist eine tolle Möglichkeit, Weihnachtskarten zu recyceln, anstatt sie neu zu kaufen! Man kann es so einfach halten wie ich, indem man eine Kartenvorderseite auf einen neuen Kartenrohling klebt und darüber eigene Verzierungen anbringt. Wer richtig kreativ werden möchte, kann die Karte auch zerschneiden und aus den Stücken ein Mosaik in Form eines Christbaumes herstellen. Dies ist ein großartiges Projekt, bei dem wunderbar auch Kinder personalisierte Karten für Familie und Freunde basteln können!

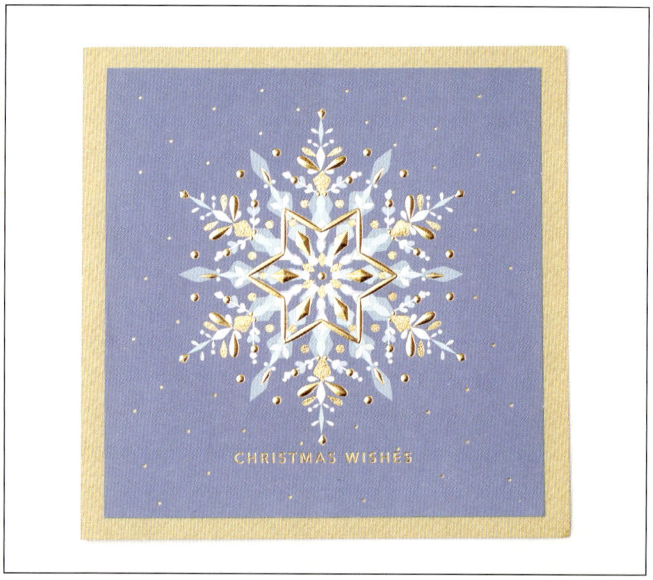

KARTEN AUS RECYCELTEM GESCHENK- UND ZEITUNGSPAPIER

Ich experimentiere liebend gerne mit Schichten aus Karton und Papier, um ansprechende Designs zu gestalten. Es gibt so viele Möglichkeiten: eine Vielzahl von Farben und Mustern, und unterschiedlichste Materialien mit Textur, wie etwa Wellpappe. Hier habe ich meine Collagekiste geplündert und eine Karte aus Zeitungspapier, gebrauchtem Geschenkpapier, Packpapier, gemustertem Bastelpapier und einigen anderen Basis-Materialien wie Bäckergarn und Farbstempel gestaltet. Man kann ganz unkompliziert Gläser oder Ausstecher als Vorlagen verwenden und Kreise und Sterne in verschiedenen Größen ausschneiden. Also einfach in den Bastelvorräten stöbern und sehen, auf welche Ideen man kommt.

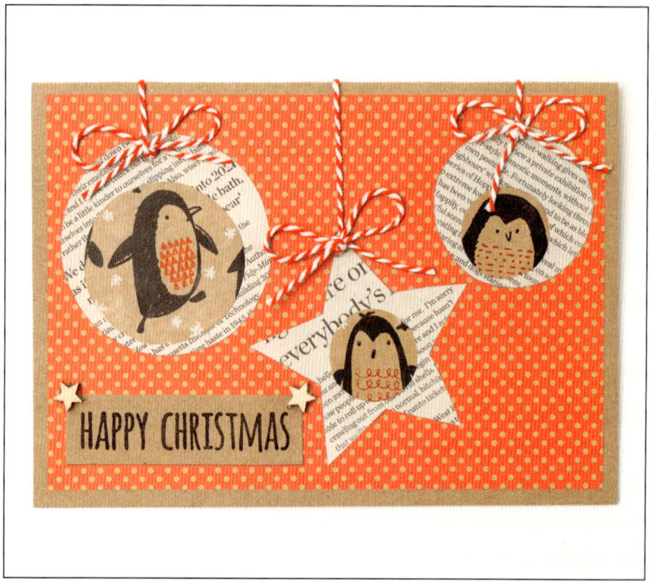

KARTEN MIT STEMPELTECHNIK

Eine Weihnachtskarte mit Stempeltechnik zu gestalten ist ganz einfach, und es genügt im Prinzip schon ein einziger Stempel. Man kann ein Motiv in die Mitte der Karte stempeln und unten eine Grußbotschaft aufdrucken, oder man kann mehrmals stempeln, um ein sich wiederholendes Muster zu bilden. Hier habe ich einen Schneeflocken-Stempel in drei verschiedenen Größen verwendet, weil ich das abwechslungsreiche Muster, das dadurch entsteht, so schön finde. Die Briefumschläge nicht vergessen! Auch auf sie lassen sich schöne Muster stempeln.

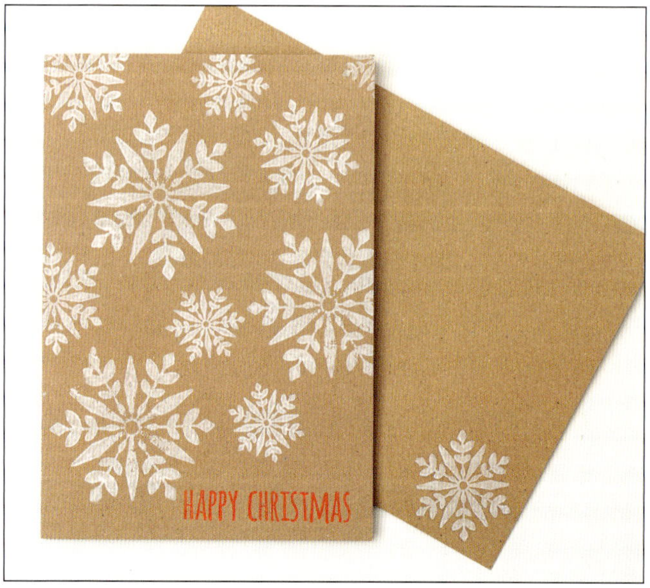

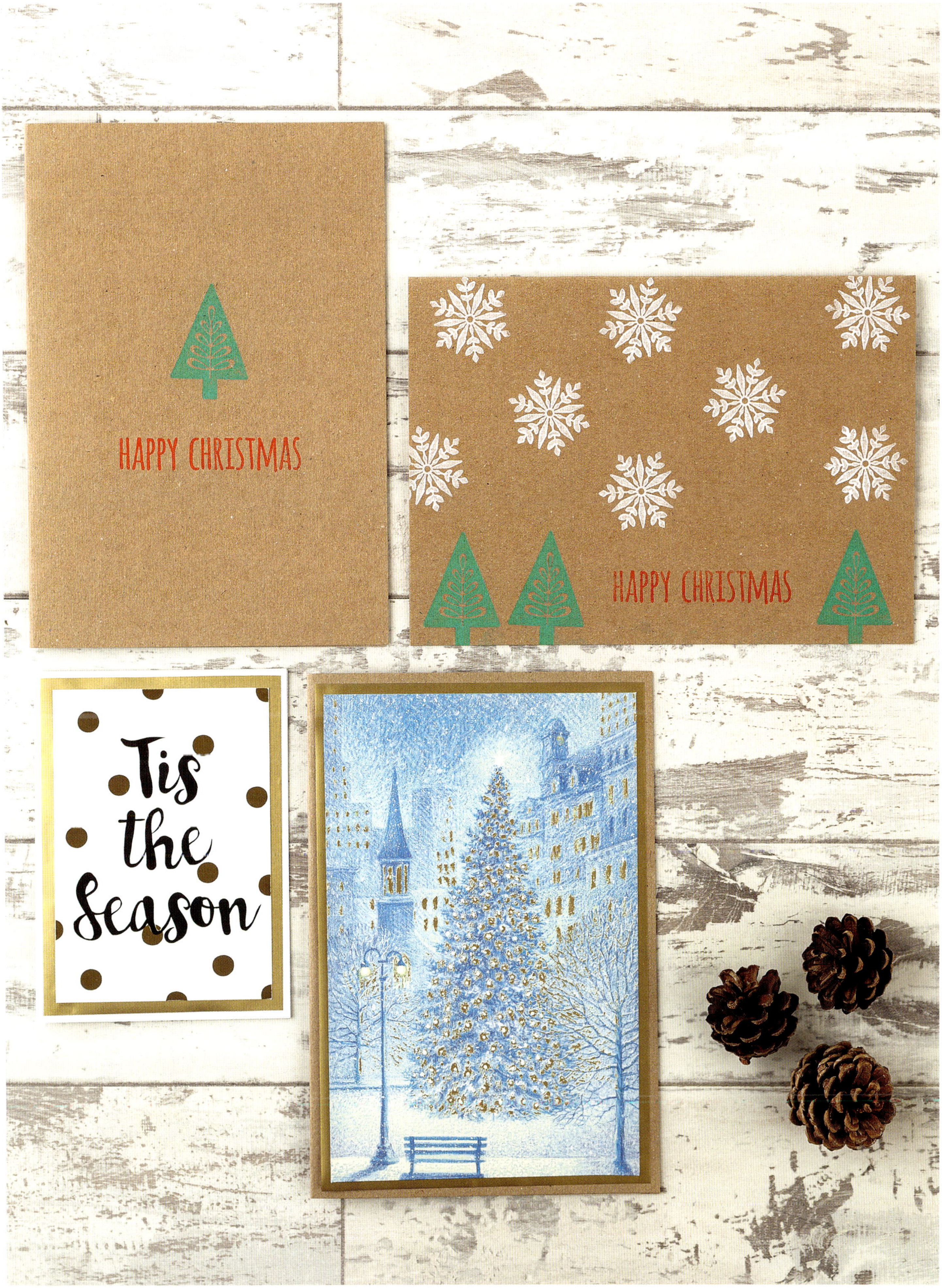
HAPPY CHRISTMAS
HAPPY CHRISTMAS
Tis the Season

SERVIETTEN-Ringe

Serviettenringe sind ideal, um den Tisch festlich zu gestalten. Diese Exemplare sind ziemlich stabil, sodass man sie immer wieder verwenden kann. Außerdem lassen sie sich auf viele verschiedene Arten dekorieren, je nachdem, was man im Bastelvorrat an Stoffresten findet, wie etwa Schleifenband für eine üppigere Tisch-Deko oder ein natürlicher Stoff und ein kleiner Woll-Pompon. Man braucht gar nicht viel – vor allem, wenn man jeden Ring etwas anders gestaltet.

DAS BRAUCHT MAN:

MATERIALIEN

- Bastelröhre
- Baumwollkordel in Creme
- rot-weißes Bäckergarn
- Juteflechtband (Breite 1,5 cm)
- doppelseitiges Klebeband

Optional:

- Kräuterzweig
- Knopf

WERKZEUGE & HILFSMITTEL

- Bleistift
- Lineal
- kleine Bügelsäge
- feinkörniges Schleifpapier
- Heißklebepistole
- Schere

Optional:

- Holzspieß

Tipp

Cremefarbenes Makramee-Garn eignet sich auch sehr gut für dieses Projekt.

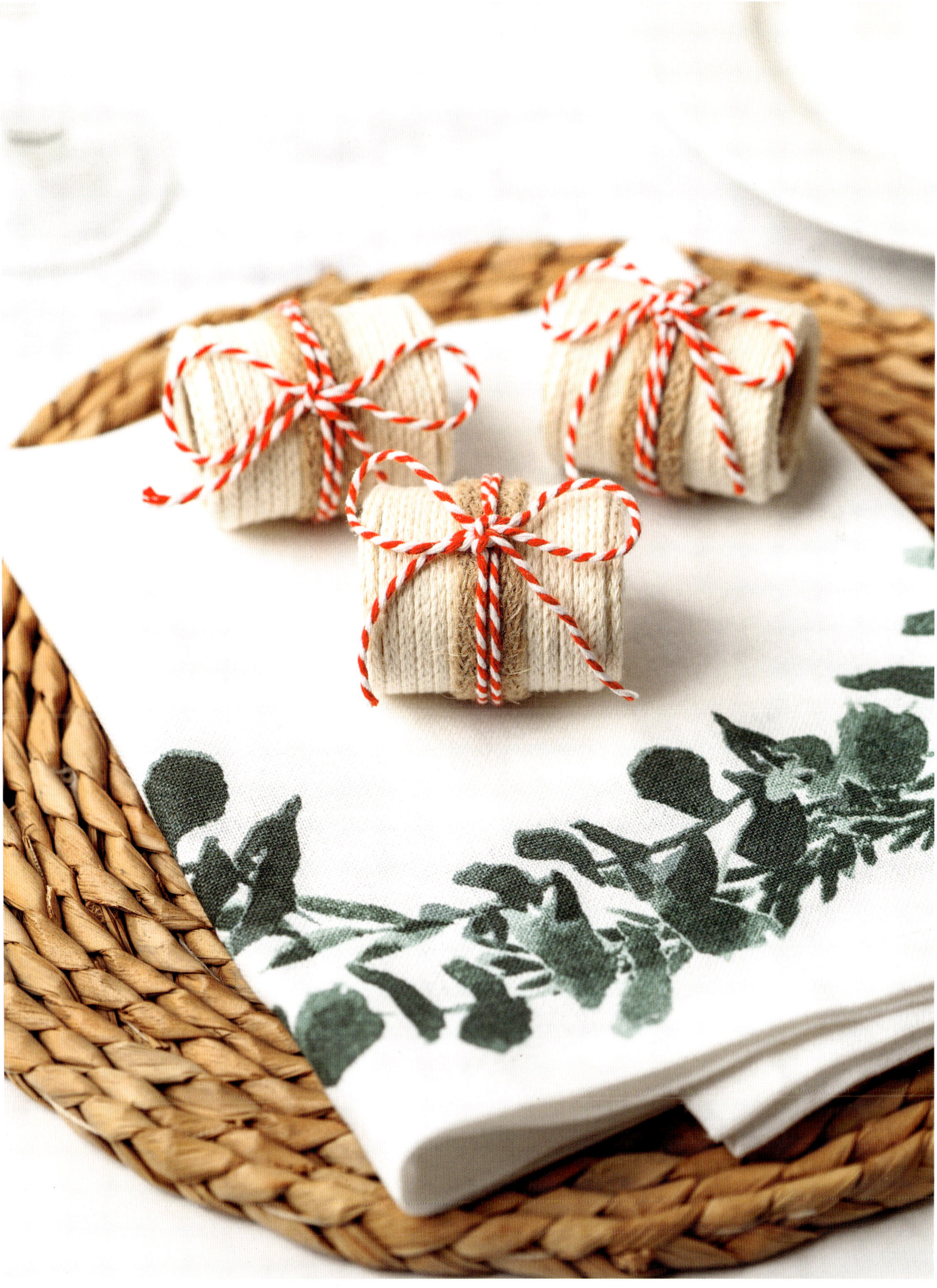

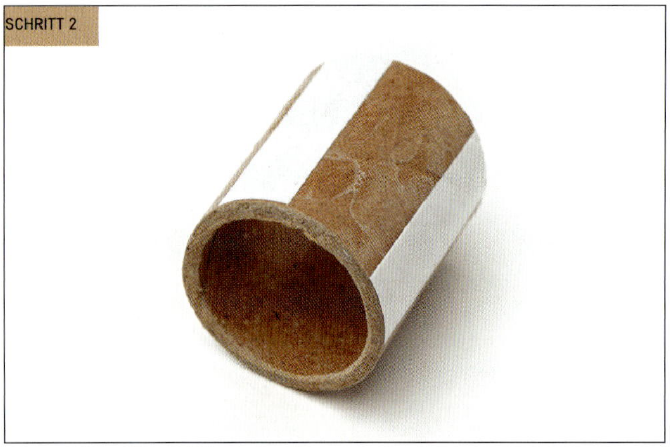
SCHRITT 2

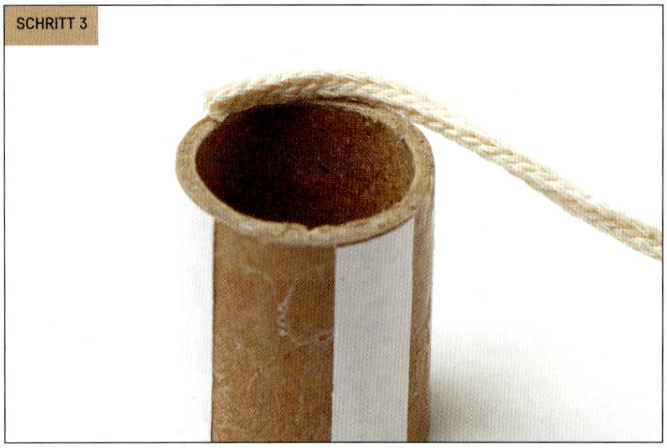
SCHRITT 3

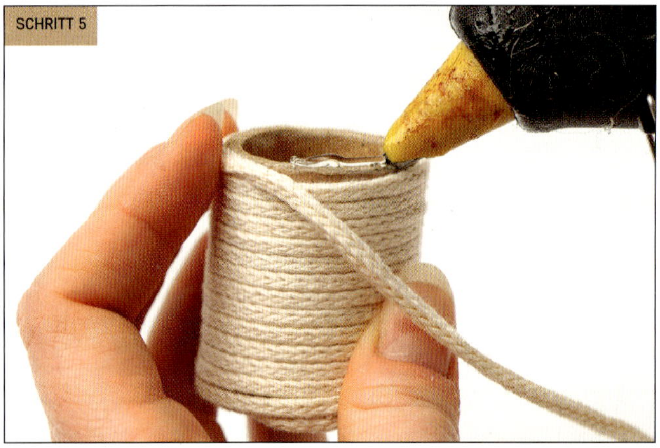
SCHRITT 5

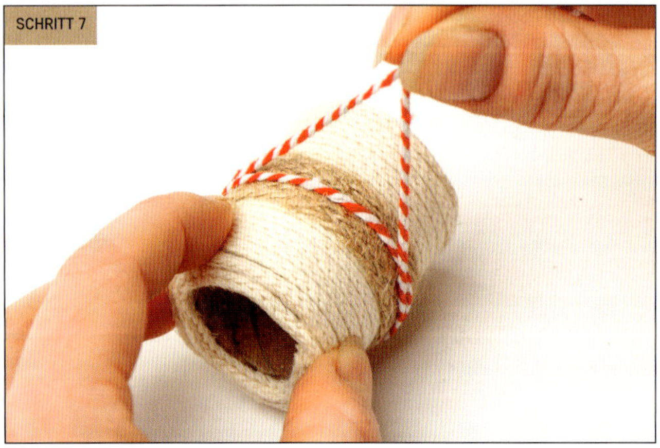
SCHRITT 7

ANLEITUNG

SCHRITT 1
Mit der Bügelsäge 4 cm lange Stücke von der Bastelröhre abschneiden. Die Schnittkanten mit Schleifpapier glätten.

SCHRITT 2
Je drei oder vier Streifen doppelseitiges Klebeband über die komplette Länge auf jedes Röhrenstück kleben.

SCHRITT 3
Das lose Ende der Baumwollkordel mit Heißkleber rundum auf der einen Schnittkante des Röhrenstücks befestigen, um die Schnittkante zu verdecken. Solange der Kleber noch zu heiß zum Anfassen ist, kann ein Holzspieß beim Befestigen helfen.

SCHRITT 4
Sobald der Heißkleber trocken ist, die Schutzfolie des doppelseitigen Klebebandes abziehen und die Baumwollkordel so dicht an dicht und so akurat wie möglich um die Röhre wickeln.

SCHRITT 5
Unten angekommen die Baumwollkordel rundum auf die zweite Schnittkante des Röhrenstücks kleben. Es ist einfacher, den Heißkleber dabei in drei oder vier kleinen Abschnitten aufzutragen, da man dann ein schöneres Ergebnis erzielt. Sobald der Kleber getrocknet ist, die Baumwollkordel bündig abschneiden.

SCHRITT 6
Ein Stück doppelseitiges Klebeband mittig vertikal um die umwickelte Röhre kleben. Darauf ein Stück Juteflechtband kleben und bündig abschneiden.

SCHRITT 7
Ein langes Stück Bäckergarn mittig doppelt nehmen, mittig über die umwickelte Röhre und das Juteflechtband legen, mit dem Daumen festhalten und dann beide Enden um die Röhre wickeln und wieder nach vorne führen. Einen Doppelknoten und dann eine Schleife darüber binden.

SCHRITT 8
Am Tag der Feier einen Kräuterzweig in die Schleife stecken, der für Frische sorgt.

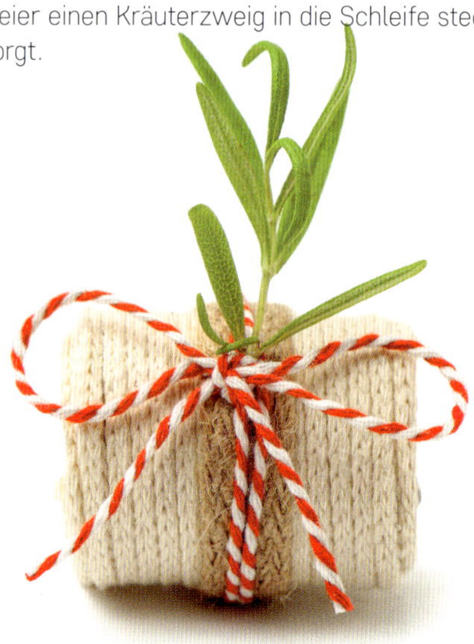

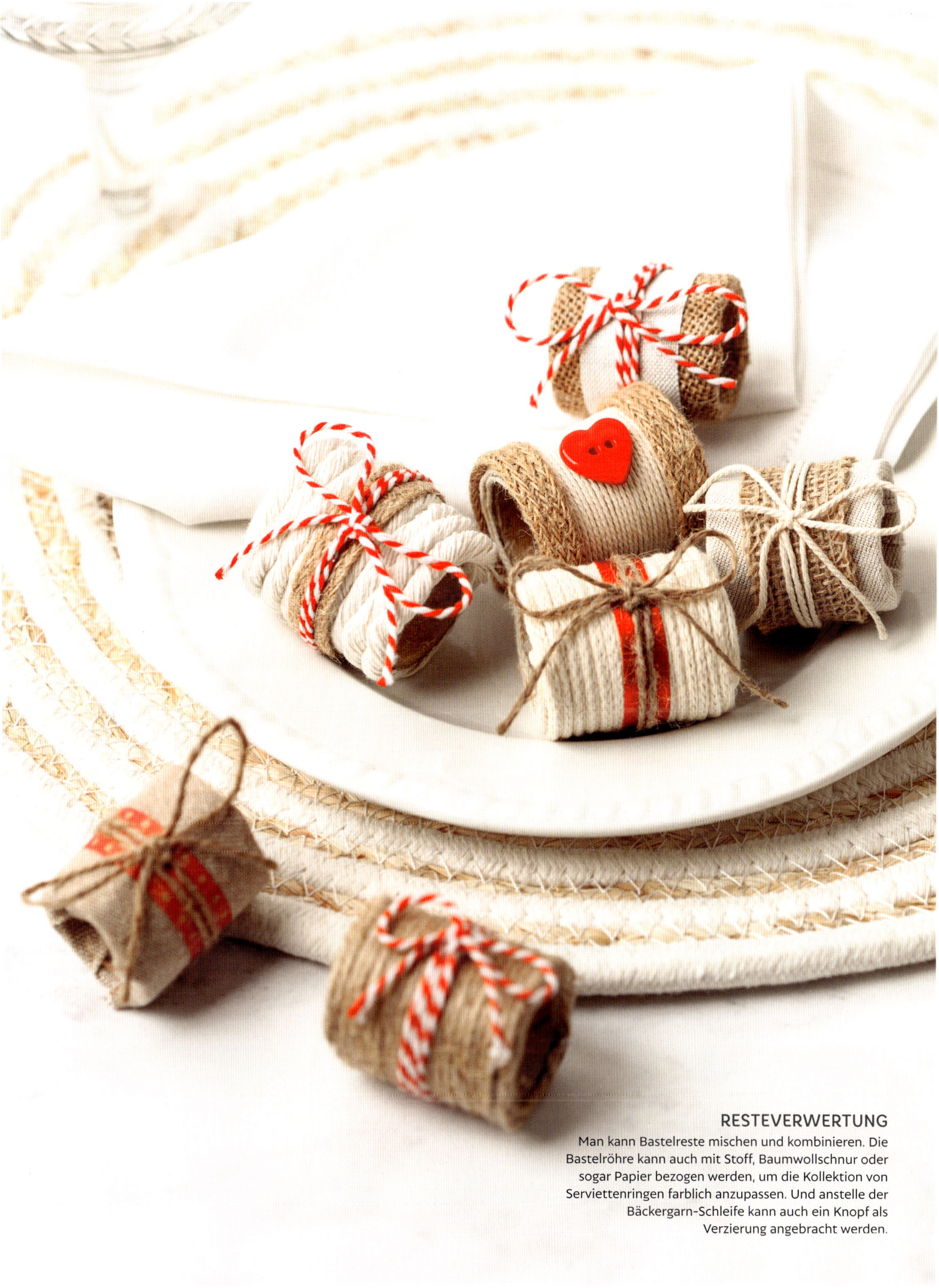

RESTEVERWERTUNG

Man kann Bastelreste mischen und kombinieren. Die Bastelröhre kann auch mit Stoff, Baumwollschnur oder sogar Papier bezogen werden, um die Kollektion von Serviettenringen farblich anzupassen. Und anstelle der Bäckergarn-Schleife kann auch ein Knopf als Verzierung angebracht werden.

ORIGAMI-STERN-
Wandschmuck

Dieses Projekt eignet sich hervorragend, um Papierreste zu verbrauchen. Man kann alte Zeitungen, Magazine und Notenblätter verarbeiten, um witzige Effekte zu erzielen. Wenn man etwas farblich Abgestimmtes haben möchte, kann man einfarbiges Recyclingpapier verwenden oder mit Tapeten oder Geschenkpapier ein oder zwei Muster einbringen, für den besonderen »Wow-Effekt«. Es kann auch toll aussehen, mehr Sterne und zusätzliche Verzierungen wie Quasten hinzuzufügen, um eine kahle Wand festlich zu schmücken. Ich habe mich in diesem Beispiel für ein »Quartett« entschieden, mit einem großen Stern in der Mitte.

★★★★★★★★★★★★★★★★

DAS BRAUCHT MAN:

MATERIALIEN

- Notenpapier
- recyceltes braunes Papier
- recyceltes graues Papier
- Goldgarn
- Metallstern (Durchmesser 25,5 cm)

Optional:

- winterliches Grün
- Ösen

WERKZEUGE & HILFSMITTEL

- Schere
- 2 Fünfeck-Vorlagen (in den Größen 20,5 cm und 14 cm, siehe Seite 142)
- Bleistift
- Rotationslochzange

Optional:

- Ösenzange

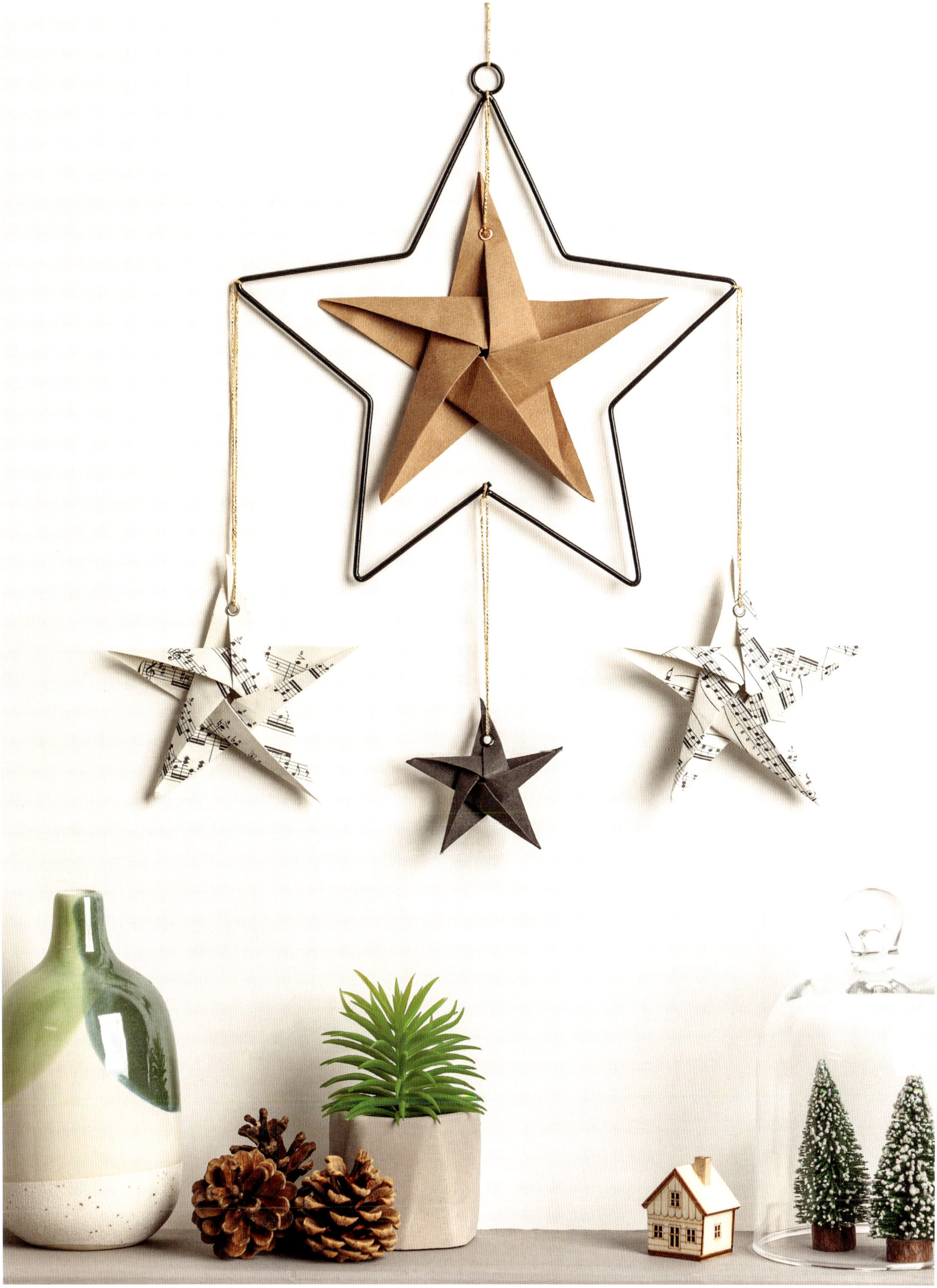

ANLEITUNG

SCHRITT 1
Mithilfe der Anleitung auf den Seiten 12–15 ein 30,5 cm großes Quadrat aus dem braunen Papier ausschneiden. Zu einem Fünfeck und dann zu einem Origami-Stern falten. Ebenso zwei Sterne aus zwei 20-cm-Quadraten Notenblattpapier und einen Stern aus einem 12,5 cm großen Quadrat grauem Papier falten.

SCHRITT 2
Mit der Rotationslochzange jeweils ein Loch in eine Spitze jedes Sterns stanzen, dabei darauf achten, durch alle Schichten zu stanzen.

SCHRITT 3
Optional nun die Löcher mit Ösen verstärken.

SCHRITT 4
Einen Faden Goldgarn abschneiden und damit den braunen Stern mittig herabbaumelnd am Metallstern befestigen. Ich fand es praktisch, hierfür den Metallstern vorab an einem Haken an der Wand aufzuhängen.

SCHRITT 5
Drei weitere Garnfäden abschneiden und mit Doppelknoten wie im Bild gezeigt am Metallstern befestigen. Einen Faden oben links, einen oben rechts und einen in der mittleren Vertiefung am unteren Ende. Dabei darauf achten, dass jeder Faden mit zwei gleich langen Enden herabbaumelt, um an diesen die Sterne zu befestigen.

SCHRITT 6
Die beiden Notenblatt-Sterne an den linken und rechten Fadenenden befestigen. Wenn möglich, die Knoten so binden, dass sie hinter den Sternen versteckt liegen.

SCHRITT 7
Zum Schluss den grauen Stern an die beiden mittleren Fadenenden binden. Alle losen Enden abschneiden. Optional oben einen kleinen Tannenzweig oder anderes winterliches Grün befestigen.

Tipp

Wem die Anleitung zum Falten eines Fünfecks zu kompliziert ist, der kann eine der Vorlagen auf einem Fotokopierer vergrößern – oder das Projekt etwas kleiner machen. Aus dem Fünfeck sind die Sterne einfacher herzustellen.

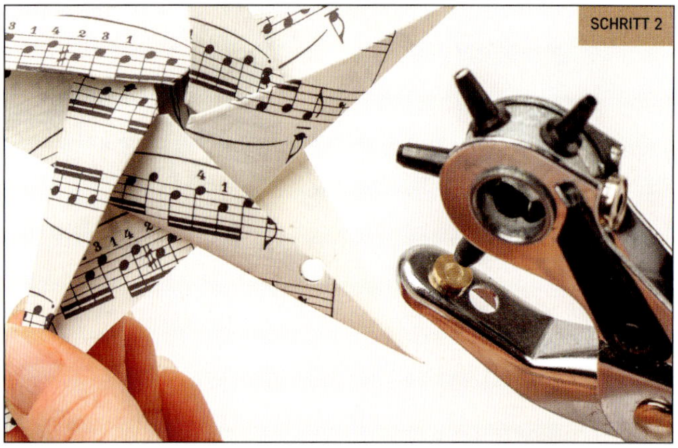

SCHRITT 2

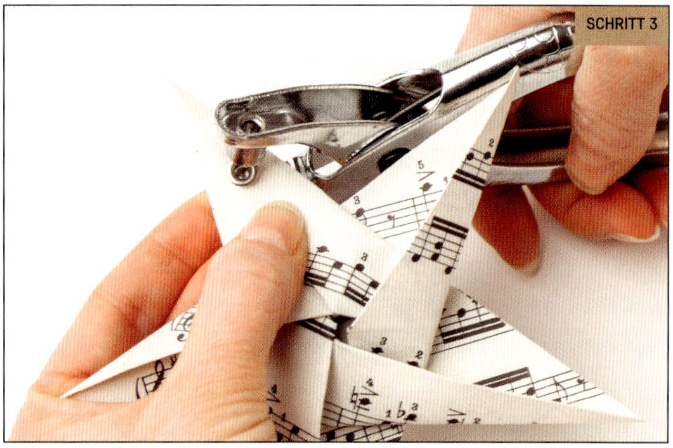

SCHRITT 3

SCHRITT 5

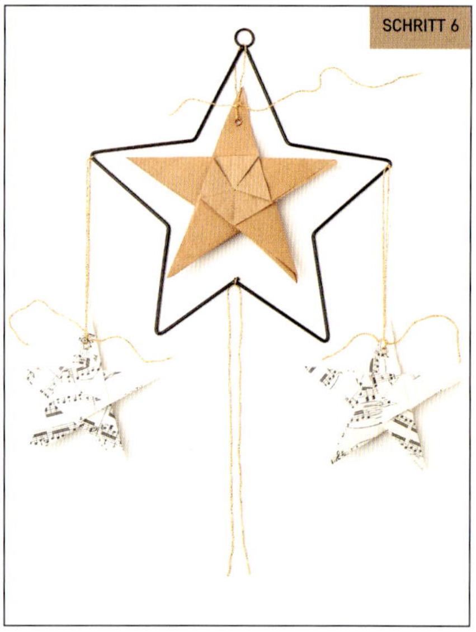

SCHRITT 6

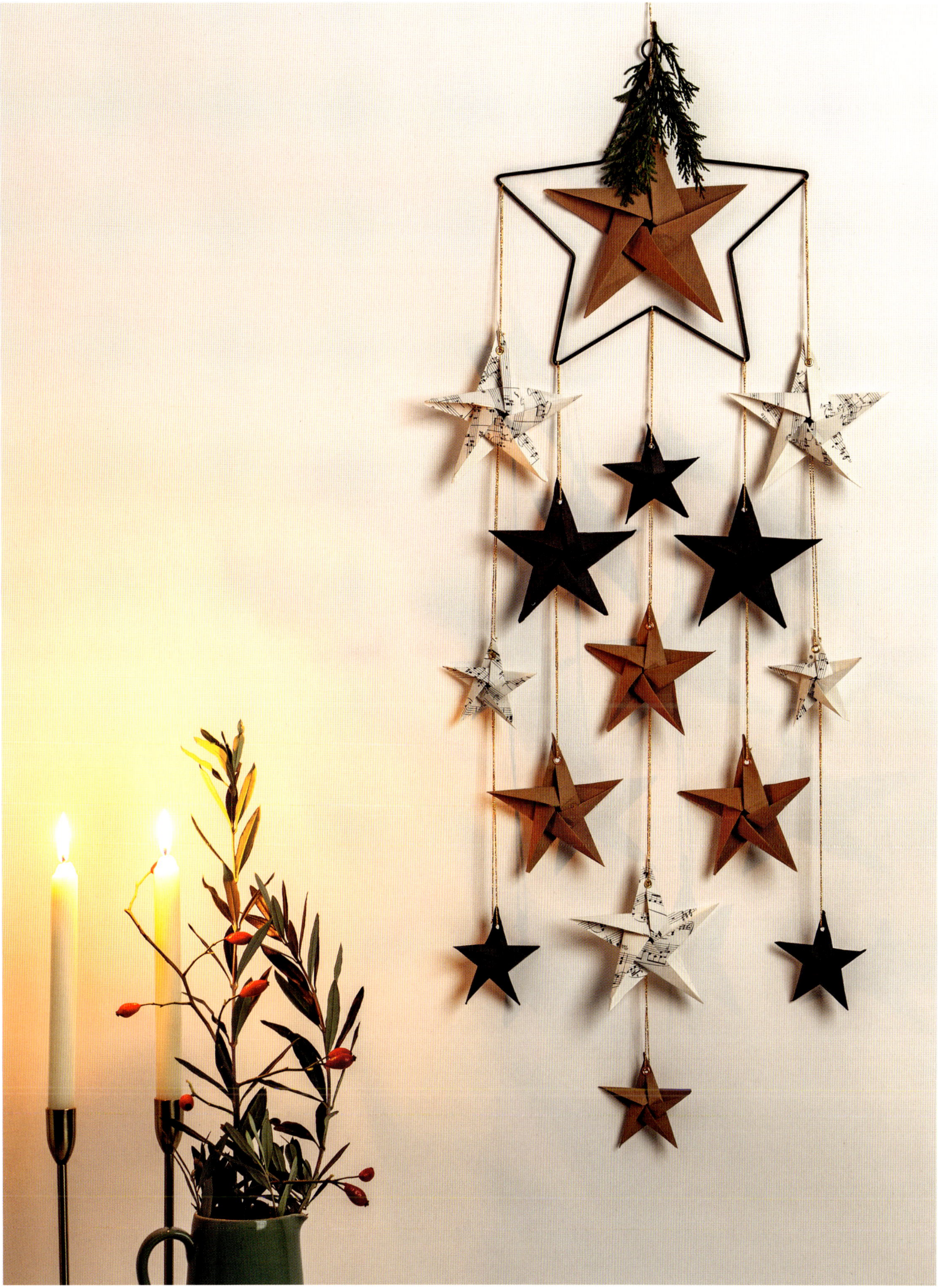

Papierstreifen-KUGEL

Diese rundlichen Gebilde sind äußerst wirkungsvoll und eignen sich für jede Jahreszeit, nicht nur für das Fest der Feste. Tapeten eignen sich dafür am besten, da sie bereits ein wenig gebogen und dick genug sind, um in Form zu bleiben. Wer, so wie ich, viele kleine Tapetenmuster für Projekte im Haus sammelt, wird sicherlich bereits Vorräte haben; andernfalls können vielleicht Familie oder Freunde mit Tapetentresten aushelfen, die bei Renovierungs-Projekten übrig geblieben sind!

DAS BRAUCHT MAN:

MATERIALIEN

- steifes Papier (Tapetenreste sind ideal)
- silberner Basteldraht (Stärke 2,4 mm)
- 2 große, dekorative Metallperlen
- Quaste
- 2 Quetschperlen oder Klebeband
- Baumwoll- oder Goldgarn (Länge 20 cm)

WERKZEUGE & HILFSMITTEL

- Schere
- Lineal
- Bleistift
- Stechahle oder Nadel
- Rundzange
- Flachzange
- Kneifzange

Optional:

- Cutter
- Sicherheitslineal aus Metall
- Schneidematte

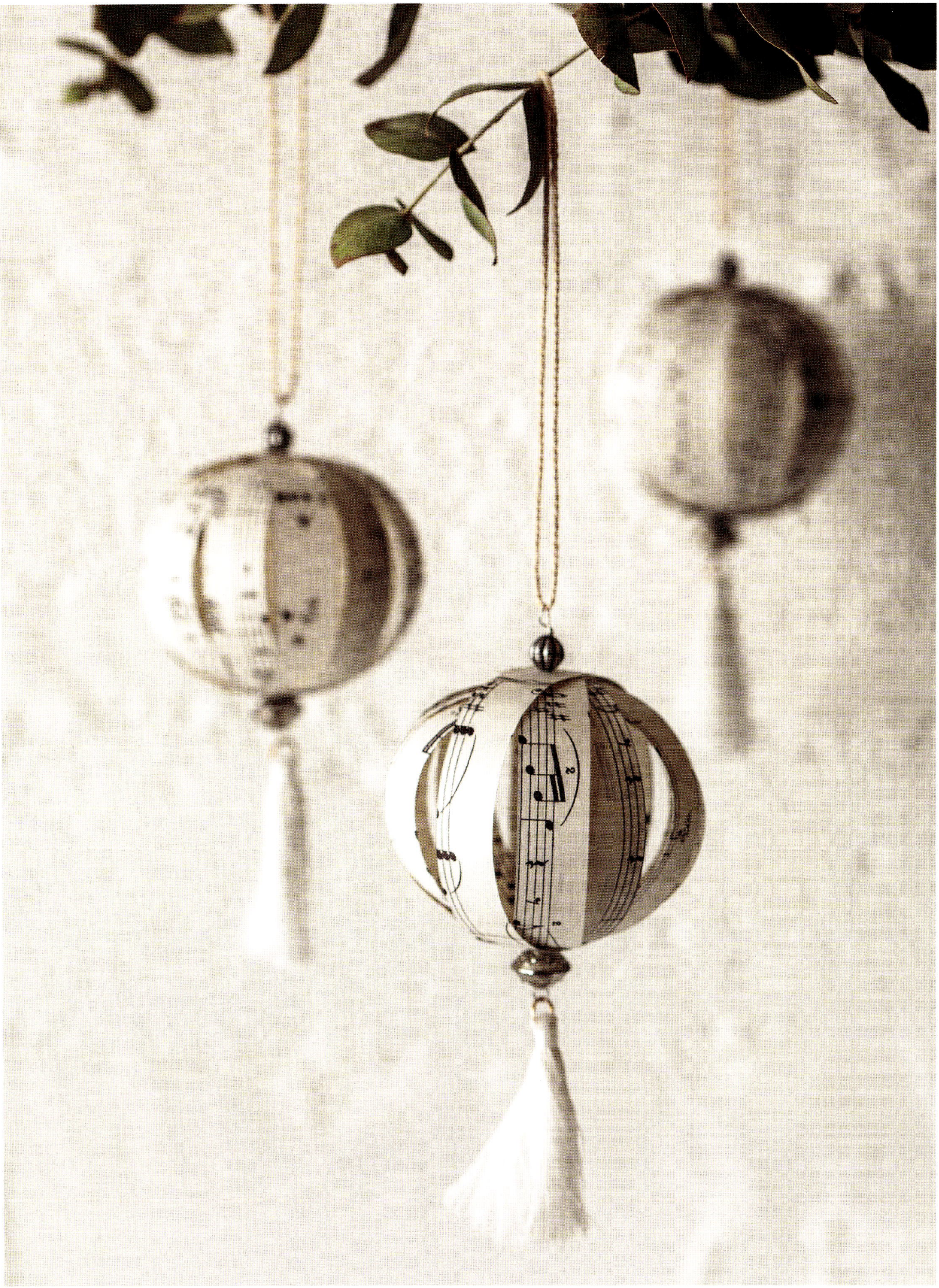

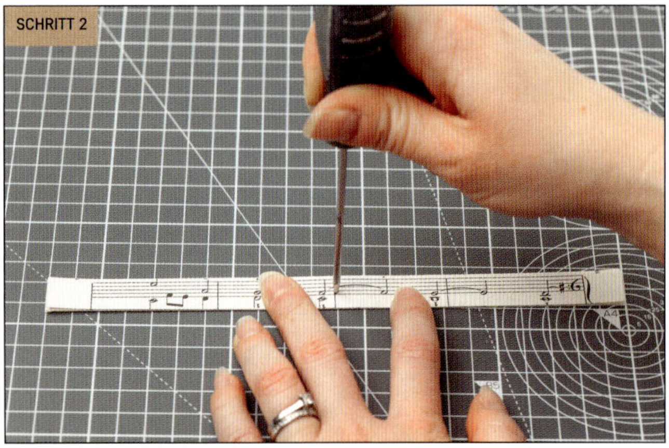

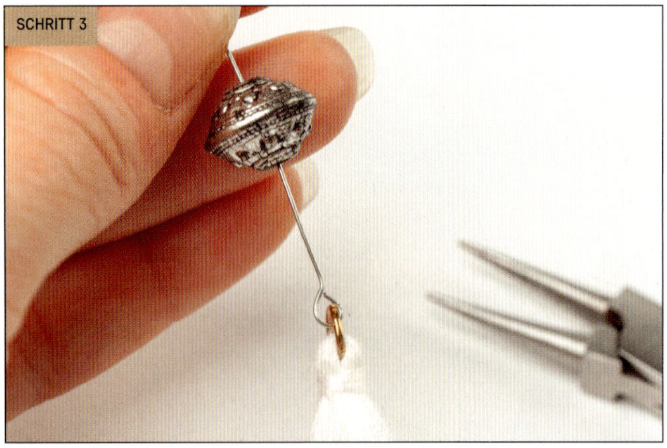

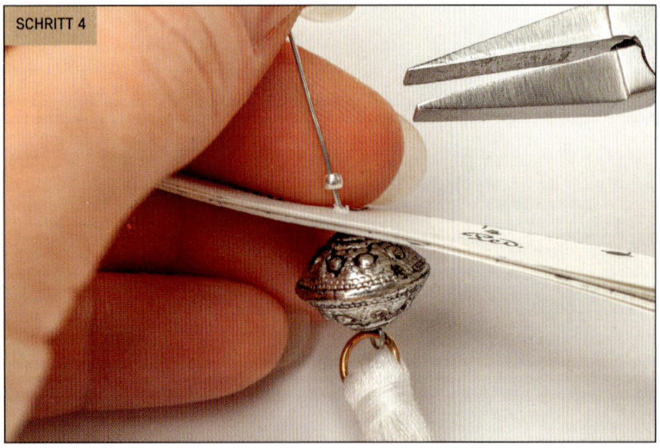

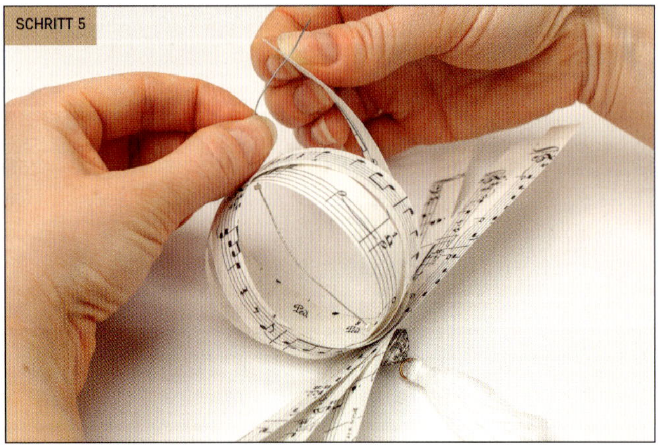

ANLEITUNG

SCHRITT 1

Sechs Streifen aus dem starken Papier ausschneiden (mit einer Länge von 22 cm und einer Breite von 1,5 cm).

SCHRITT 2

Die Streifen übereinanderstapeln und die Mitte oben mit Bleistift markieren. Mit der Stechahle vorsichtig ein Loch durch alle Lagen stechen, dabei darauf achten, dass das Papier nicht einreißt oder knittert. Im Idealfall auf einer Schneidematte arbeiten. Dann an beiden Seiten jeweils 1 cm vom Ende entfernt ein Loch bohren.

SCHRITT 3

Ein 12 cm langes Stück Draht mit der Kneifzange abzwicken und dann eines seiner Enden mit der Rundzange nach oben biegen, um die Quaste zu befestigen. Eine Metallperle auffädeln.

SCHRITT 4

Jeden Papierstreifen durch das mittlere Loch auf den Draht fädeln und übereinanderstapeln. Eine Quetschperle auffädeln und mit der Flachzange zusammendrücken, um sie zu fixieren. Sie nicht zu dicht an den Stapel heranschieben – die Papierstreifen müssen sich um den Draht drehen können. Anstatt einer Quetschperle kann auch ein kleines Stück Klebeband als Stopper um den Draht geklebt werden. Eine weitere Quetschperle oder Klebeband in einer Höhe von 5,5 cm am Draht anbringen.

SCHRITT 5

Nun die beiden Enden der Papierstreifen auf den Draht fädeln. Hierfür den Stapel waagerecht vor sich hinlegen. Beim ersten Streifen das rechte Ende auf den Draht fädeln, dann das linke Ende. Mit den anderen Streifen so weiterarbeiten, dabei immer erst das rechte und dann das linke Ende auffädeln, sodass ein Streifen neben dem anderen positioniert wird. Jeder Streifen wird sich allmählich wölben. Die Streifen gleichmäßig verteilen.

SCHRITT 6

Die zweite Metallperle auf den Draht fädeln. Mit der Rundzange den Draht einige Male umbiegen, um die Perle zu sichern und eine Schlaufe zu bilden. Darauf achten, dass die Schlaufe groß genug ist, um das Garn hindurchzuziehen. Die Drahtenden abzwicken.

SCHRITT 7

Garn an der Drahtschlaufe festbinden, um die Kugel aufzuhängen.

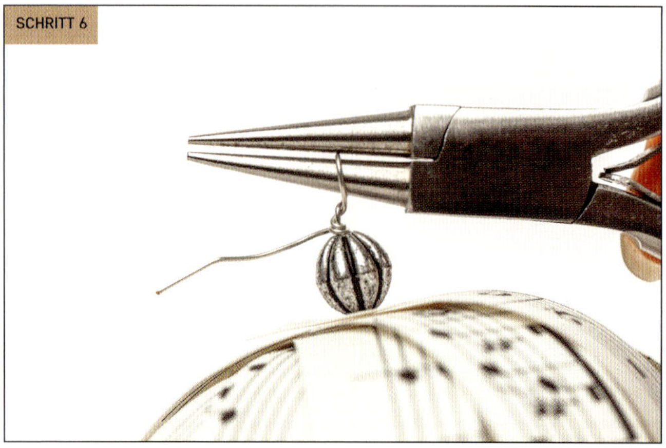

VARIANTEN

Man kann die Farbe des Drahtes und der Metallperlen variieren, um verschiedene Effekte zu erzielen. Hier habe ich goldenen Draht mit goldenen Blattanhängern und antiken Messingdraht mit Perlenkappen kombiniert. Beides sieht sehr ansprechend aus und zeigt, wie man die Farben an das festliche Thema anpassen kann.

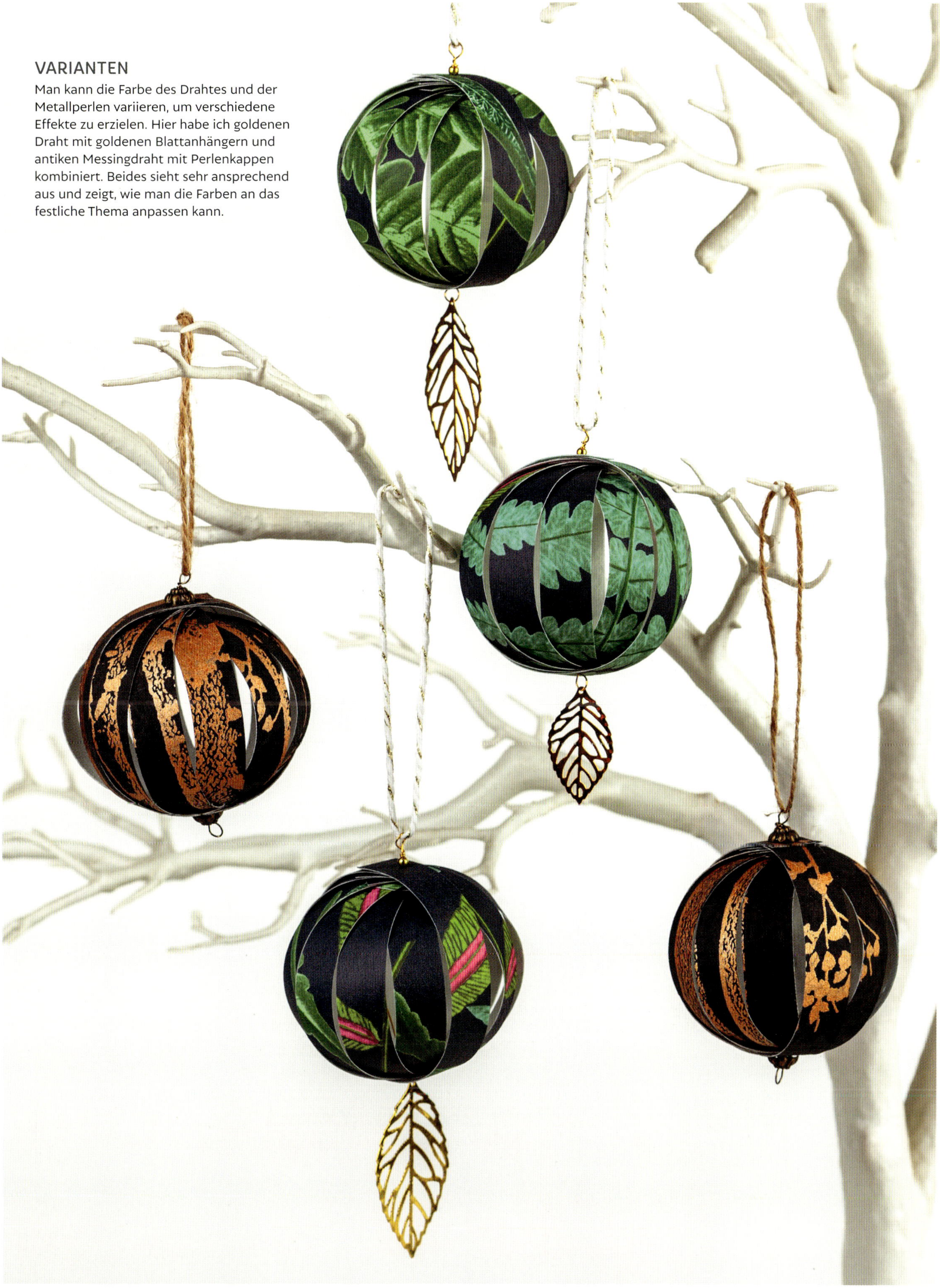

Weinkorken-WEIHNACHTSBAUM

Dies ist ein großartiges Projekt, um gesammelte Weinkorken zu verwerten. Man kann die Enden mit Papier oder Farbe verzieren. Oder größere Versionen herstellen, indem man die Korken halbiert. So lässst sich ein hohes Tannenbäumchen basteln, das man an die Wand hängt, um daran Weihnachtskarten festzupinnen. Je nachdem, wie viele Weinkorken man zur Verfügung hat!

DAS BRAUCHT MAN:

MATERIALIEN

- 11 Weinkorken
- 23 kurze Stücke Blumendraht (Stärke 1,9 mm, Länge 2,5 cm)
- 1 langes Stück Blumendraht (Stärke 1,9 mm, Länge 15 cm)
- 1 kleines Stück Leinenstoff
- Goldgarn
- Jutekordel

WERKZEUGE & HILFSMITTEL

- Stoffschere
- Kneifzange
- Nähnadel
- kleine Stern-Vorlage (siehe Seite 143)
- kleine Bügelsäge
- grünes Stempelkissen
- Papierschere
- Heißklebepistole

Tipp

Durch die Wiederverwendung von Draht schonen wir den Planeten, aber wem das zu knifflig ist, der kann die Korken auch mit Heißkleber zusammenkleben.

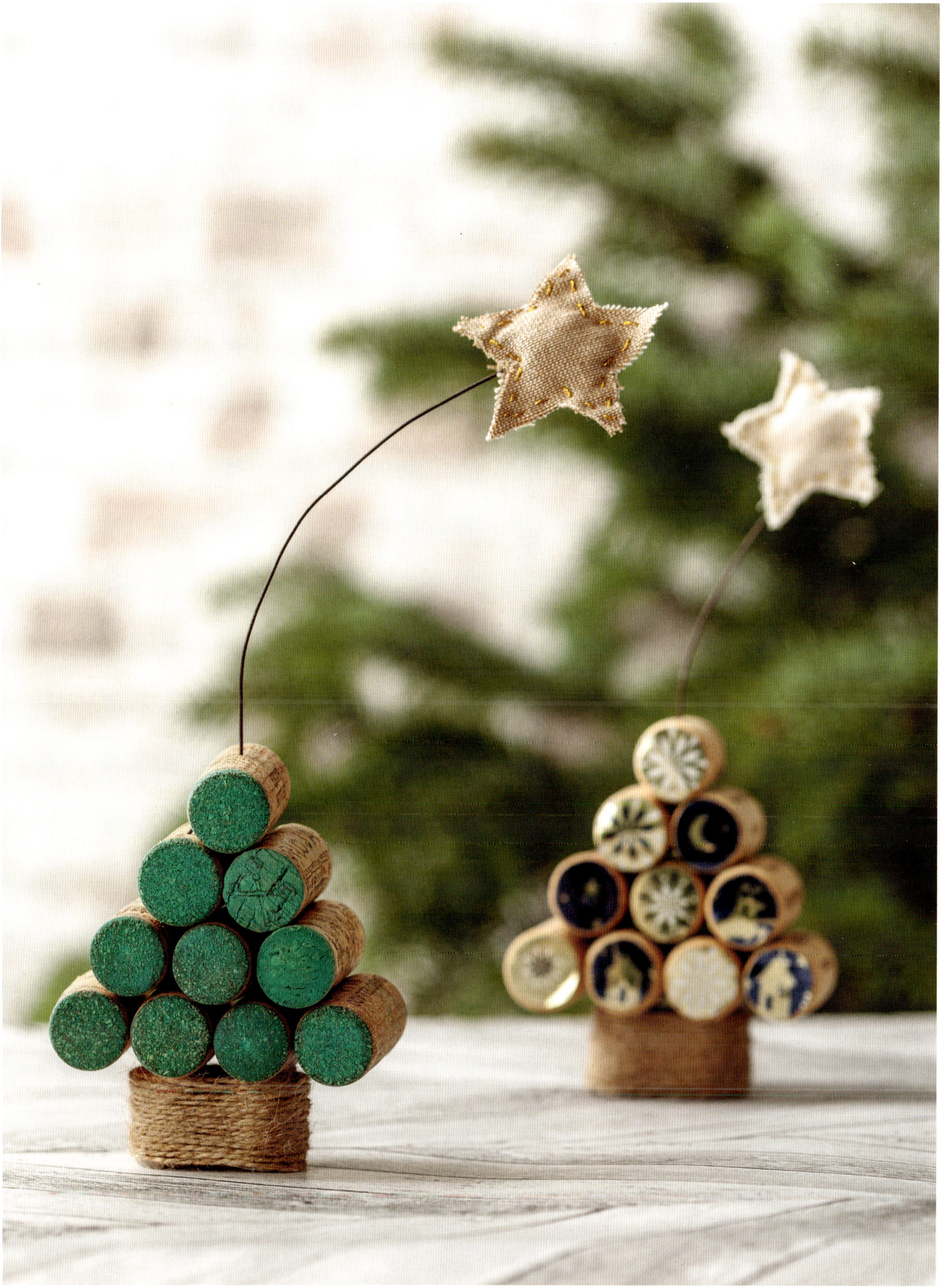

ANLEITUNG

SCHRITT 1
Die kurzen Seiten von zehn der Weinkorken auf das Stempelkissen drücken, um sie grün zu färben. Trocknen lassen.

SCHRITT 2
Jeweils zwei kurze Drahtstücke mit einer Zange bis zur halben Tiefe seitlich in einen ersten Korken stecken, dann einen weiteren Korken daraufstecken.

SCHRITT 3
So weiterarbeiten, bis vier Korken in einer Reihe befestigt sind, so gleichmäßig wie möglich, für die unterste Reihe des Baumes.

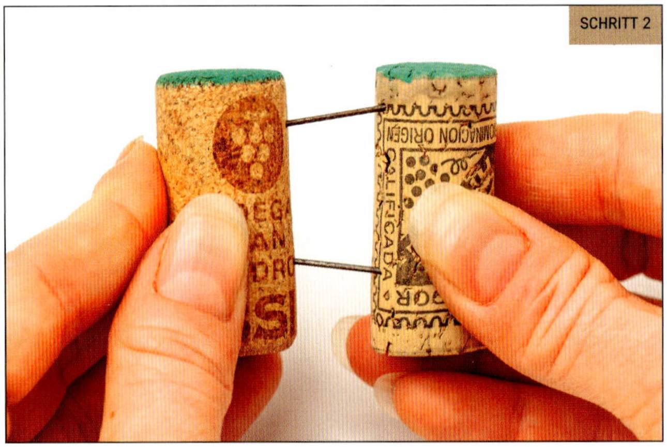
SCHRITT 2

SCHRITT 4
Die Schritte 1–3 mit einer Reihe von drei Korken wiederholen und dann mit einem Paar von zwei Korken.

SCHRITT 5
Um die Vierer- und Dreierreihe miteinander zu verbinden, die Dreierreihe nehmen und in jeden der Endkorken zwei weitere kurze Drahtstücke stecken, leicht nach außen abgewinkelt, damit man sie in die darunterliegende Korkenreihe stecken kann. Nun die Reihen zusammenstecken.

SCHRITT 6
Dasselbe mit dem Paar von zwei Korken machen, aber nur ein kurzes Drahtstück auf jeder Seite verwenden. Um es stabiler zu machen, eines an der Vorderseite des linken Korkens und eines an der Rückseite des rechten Korkens befestigen.

SCHRITT 7
Für den oberen Korken zwei Drahtstücke im entgegengesetzten Winkel unten einstechen, sodass ein Drahtende in den linken und eines in den rechten Korken gestochen werden kann.

SCHRITT 8
Den ungefärbten Korken mit der Säge waagerecht in zwei Hälften schneiden. In eine Hälfte seitlich ein kurzes Drahtstück stecken, die zweite Hälfte daranstecken. Oben in jede Hälfte jeweils ein Drahtstück stecken und die anderen Ebenen der Tanne darauf.

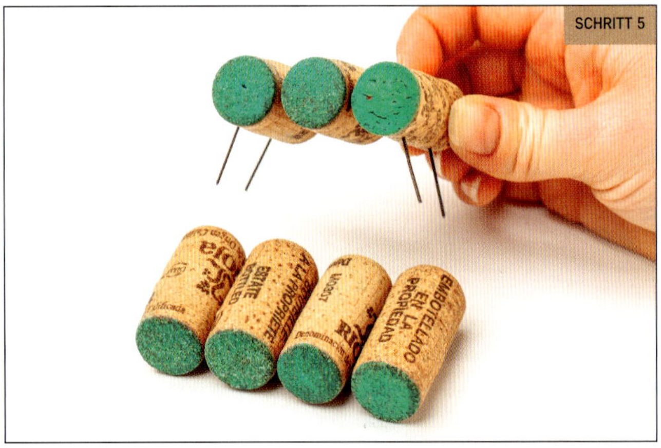
SCHRITT 5

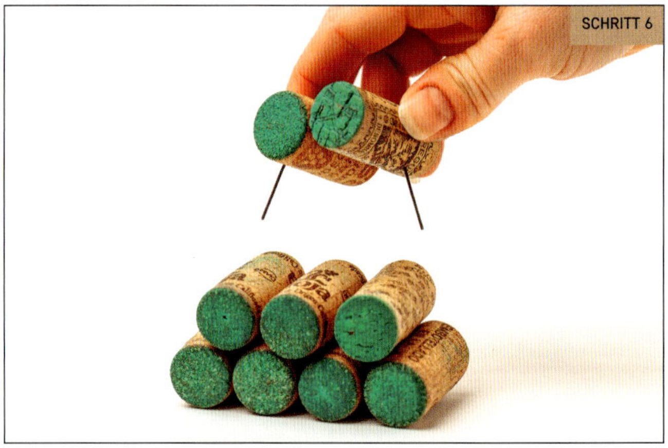
SCHRITT 6

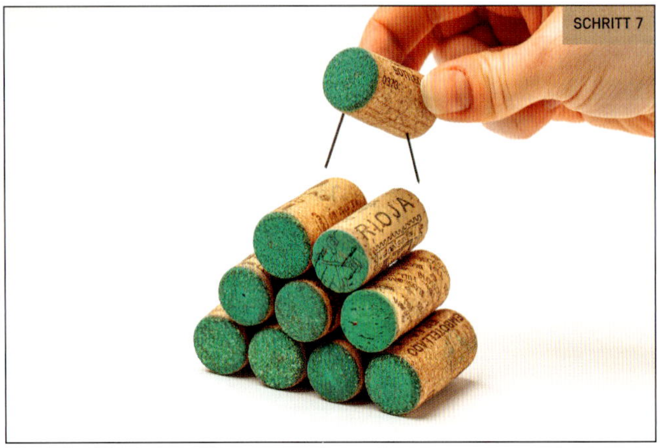
SCHRITT 7

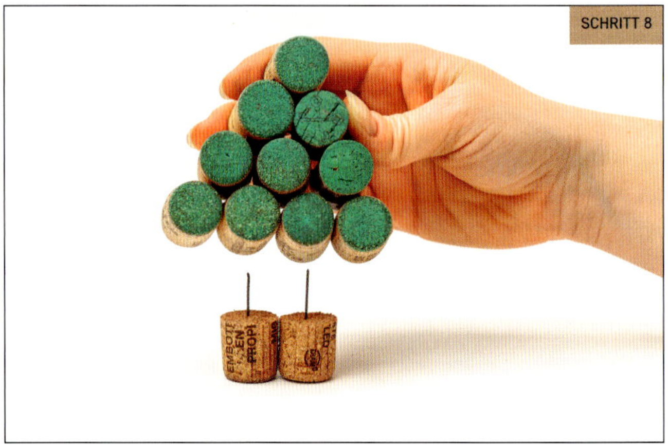
SCHRITT 8

SCHRITT 9
Ein Ende der Jutekordel zwischen die beiden unteren Stamm-Korkenhälften und der unteren Zweig-Ebene des Tannenbaumes mittig hindurchfädeln und mit einem Doppelknoten sichern.

SCHRITT 10
Nun die Jutekordel rund um die beiden unteren Korken wickeln und mit etwas Heißkleber fixieren. Darauf achten, dass keine Klebstoffkleckse auf den Korkenböden landen, sonst steht der Baum am Ende nicht gerade.

FÜR DEN STERNENWIMPEL

SCHRITT 1
Aus dem Stoff mithilfe der kleinen Stern-Vorlage zwei Sterne ausschneiden (die Stoffreste nicht wegwerfen) und sie übereinanderlegen.

SCHRITT 2
Mit Laufstich an acht Kanten zusammennähen und dann den Stern mit den Stoffresten füllen.

SCHRITT 3
Die verbleibenden zwei offenen Kanten zunähen, den Faden sichern und die Enden abschneiden.

SCHRITT 4
Ein Ende des 15 cm langen Drahtes in den Stern stecken. Das untere Drahtende an der Spitze des Baumes in den obersten Korken stecken.

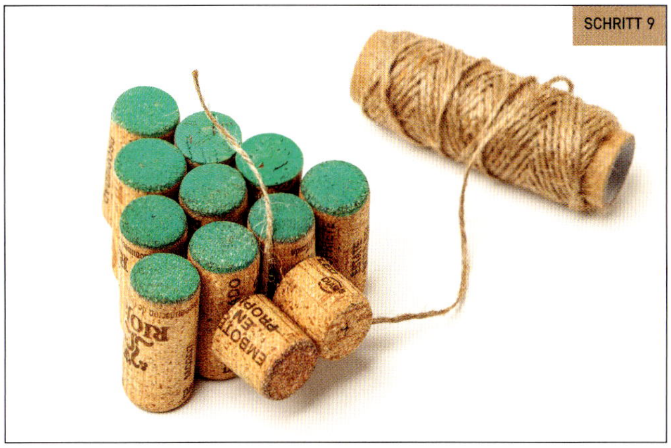
SCHRITT 9

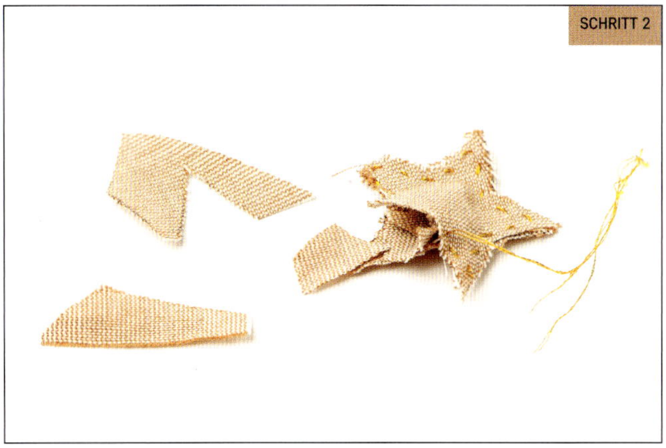
SCHRITT 2

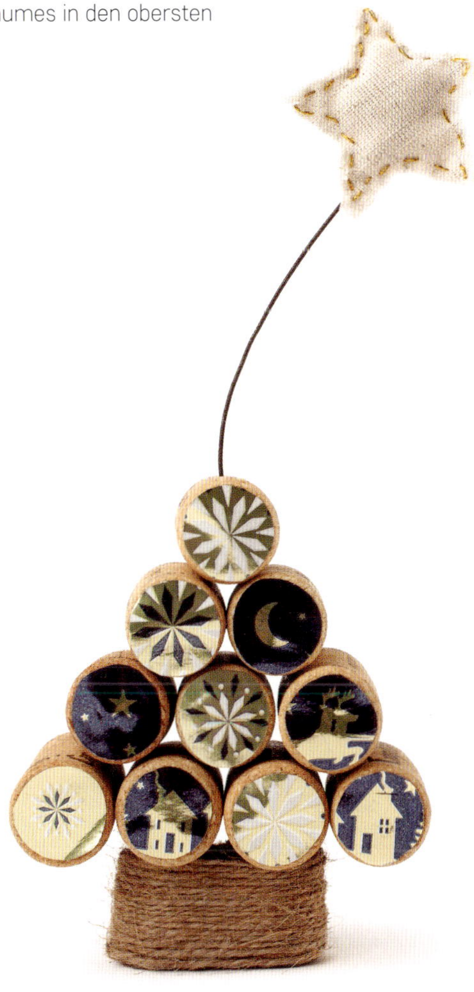

PAPIER-VARIANTE
Unter Verwendung der kleinen Kreis-Vorlage (siehe Seite 142) zehn Kreise aus gebrauchtem Geschenkpapier ausschneiden und mit Heißkleber auf die Enden der Korken kleben. Es lassen sich schöne Effekte erzielen, wenn man die Papiere farblich mischt.

RENTIER RUDOLPH *aus Weinkorken*

Dieses Projekt ist die Mühe auf jeden Fall wert. Rudolph ist ausgesprochen niedlich, und man kann eine ganze Rentierfamilie basteln, indem man die Materialien variiert und das verwendet, was man vorrätig hat. Man könnte etwa schwarze oder braune Knöpfe für die Nasen verwenden und Bänder anstelle von Bäckergarn, um die Hälse zu verzieren. Jedes Rentier wird etwas anders aussehen und seinen eigenen Charakter besitzen, mit unterschiedlich großen und geformten Geweihen und schrägen Beinchen. Für mich macht gerade das den Charme der handgefertigten Rentiere aus.

DAS BRAUCHT MAN:

MATERIALIEN

- 2 Weinkorken
- 4 gerade kleine Zweige (Durchmesser 2–3 mm) für die Beine
- 2 verzweigte kleine Zweige (Durchmesser 2–3 mm) für das Geweih
- 4 kurze Stücke Blumendraht (Stärke 1,9 mm, Länge 1,5 cm)
- 1 roter Knopf
- 2 Stecknadeln mit schwarzem Kopf
- 1 Glöckchen
- rot-weißes Bäckergarn oder Band (Länge 35 cm)

WERKZEUGE & HILFSMITTEL

- kleine Bügelsäge
- Stechahle
- Flachzange
- Kneifzange
- Gartenschere

Optional:

- Heißklebepistole
- 2 Stecknadeln mit rotem Kopf

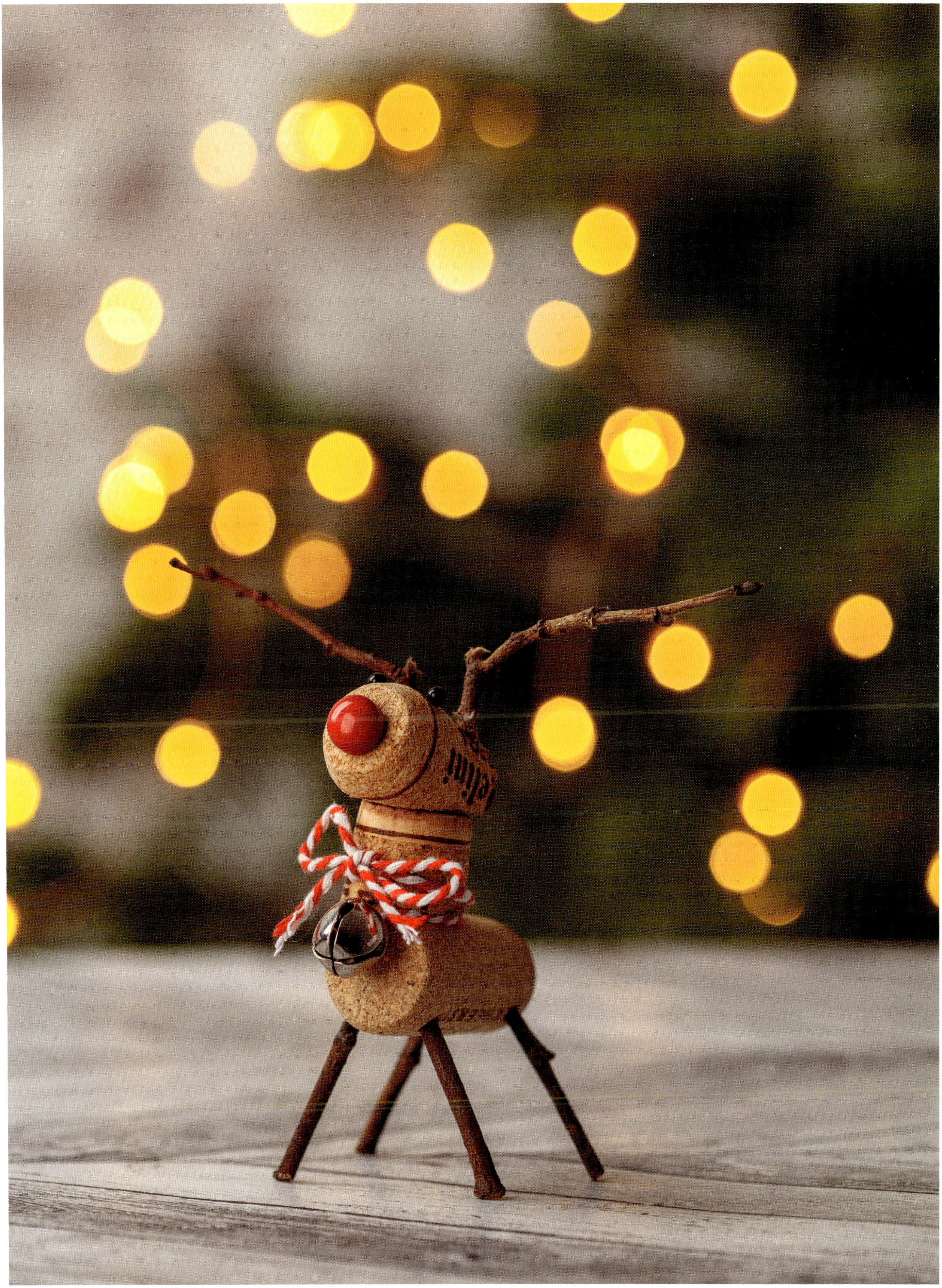

ANLEITUNG

SCHRITT 1

Mit der Bügelsäge 1,5 cm vom Ende eines Korkens abschneiden. Dies wird als Hals dienen.

SCHRITT 2

Von dem größeren Stück (Kopf) an der langen Kante einen schrägen Keil abschneiden. Dadurch wird später der Kopf des Rentiers so geneigt, dass es nach oben schaut.

SCHRITT 3

Das Halsstück mit zwei Drahtstücken an einem Ende des Vollkorkens befestigen, der den Körper bilden wird. Hierfür die Drähte mit der Flachzange halb in den Hals stechen, und dann das Körperteil daraufstecken.

SCHRITT 4

Auf die gleiche Weise das Kopfstück am Hals befestigen, dabei darauf achten, die abgewinkelte Kante am Hals zu befestigen.

SCHRITT 5

Mit der Stechahle auf beiden Seiten des Kopfes in der Nähe des Rückens je ein Loch für das Geweih bohren. Eventuell mit der Stechahle ein wenig wackeln, um die Löcher zu weiten. Die Geweihzweige hineinstecken (vorsichtig, damit sie nicht abbrechen).

SCHRITT 6

Die Beine auf die gleiche Weise montieren. Ich habe die Löcher leicht schräg gebohrt, damit die Beine sich nach außen spreizen, was dem Rentier beim Stehen mehr Gleichgewicht verleiht.

SCHRITT 7

Die spitzen Enden der beiden Stecknadeln abschneiden, sodass die Nadeln nur noch etwa 1 cm lang sind. Sie vorne in den Kopfkorken stecken, um die Augen des Rentiers zu bilden.

SCHRITT 8

Ein Loch für die Rentiernase vorne in den Korken bohren und den Schaftknopf hineinstecken. Wer einen flachen Knopf verwenden möchte, diesen mit zwei roten Stecknadeln befestigen (alternativ mit einem U-förmig gebogenen Stück Draht oder Heißkleber).

SCHRITT 9

Das Glöckchen auf das Bäckergarn auffädeln, Letzteres um den Hals des Rentiers wickeln und vorne eine Schleife binden. Wer kein Bäckergarn zur Verfügung hat, kann auch ein Stück Band verwenden.

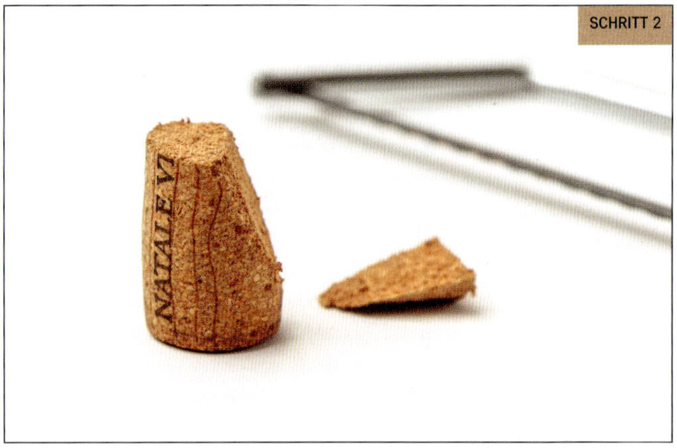

SCHRITT 2

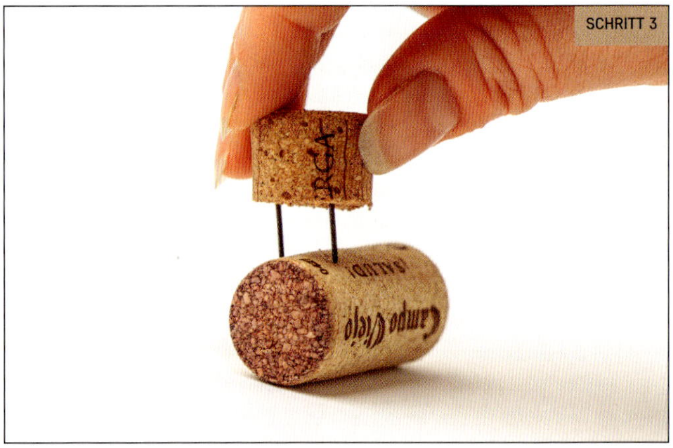

SCHRITT 3

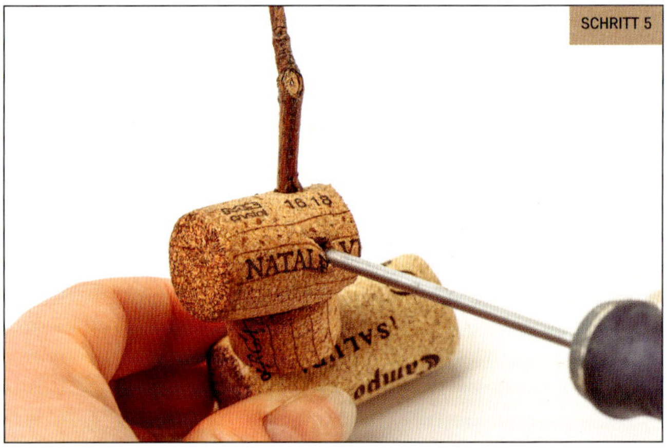

SCHRITT 5

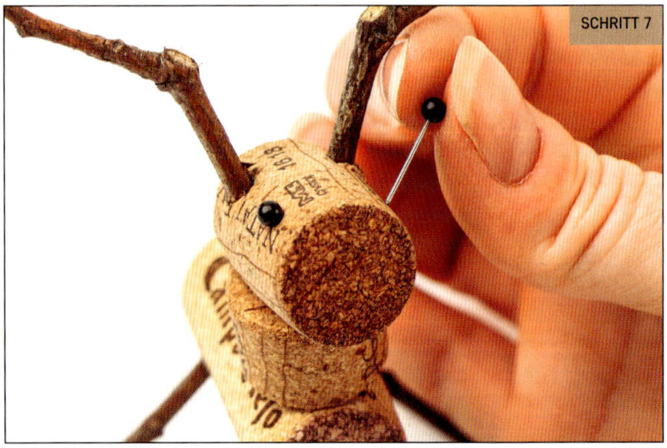

SCHRITT 7

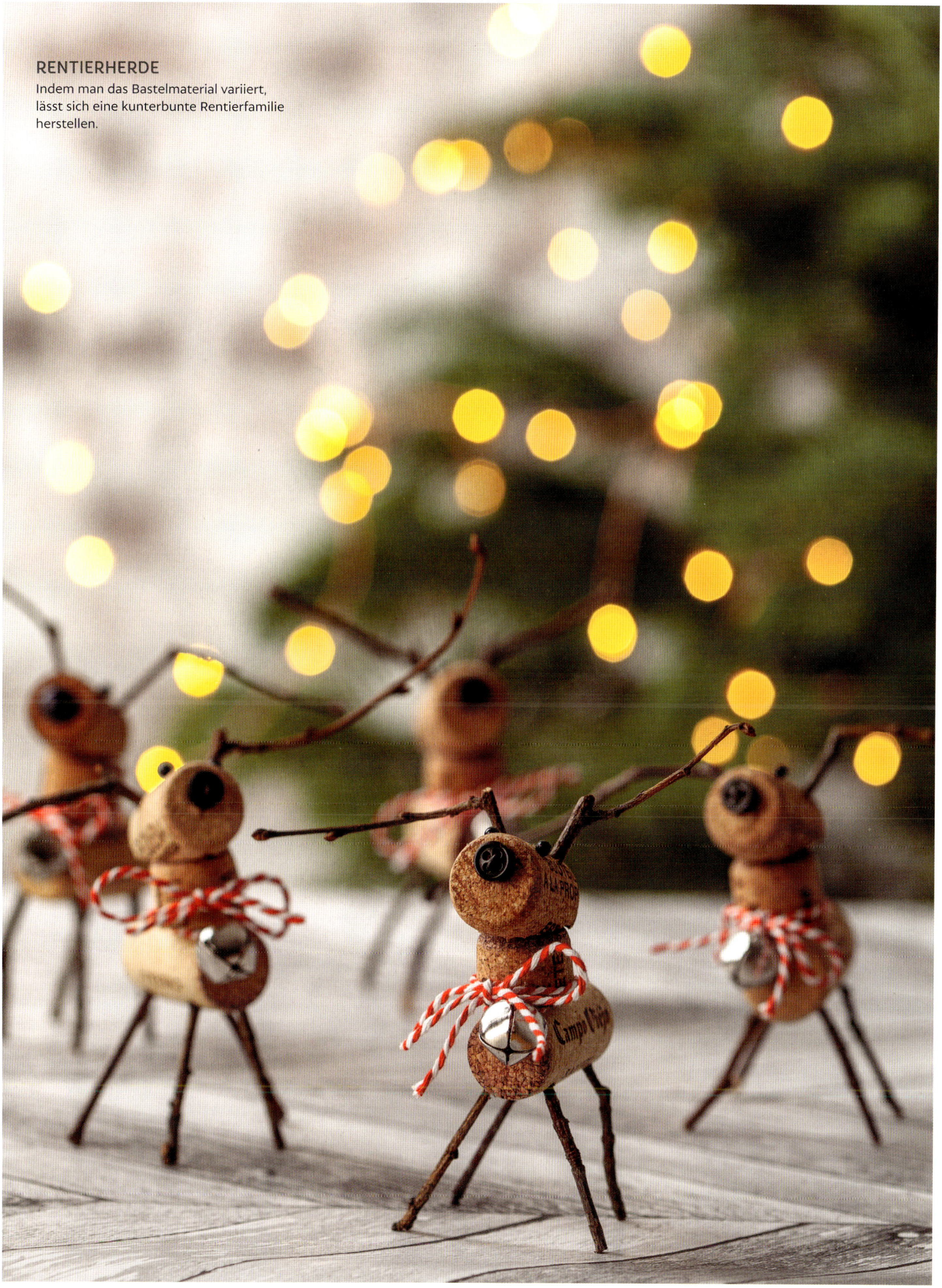

RENTIERHERDE
Indem man das Bastelmaterial variiert, lässt sich eine kunterbunte Rentierfamilie herstellen.

Makramee-STERN-TRAUMFÄNGER

Mit simplen Knoten kann man dieses wunderschöne textile Gebilde herstellen. Sehr gut eignet sich eine dicke Makramee-Kordel, man kann aber auch starkes Garn verwenden, um einen anderen Effekt zu erzielen. Der Metallreif muss nicht teuer sein; ich habe meinen aus einem alten Wandschmuck verwendet, den ich bereits für den Karton-Engel auf Seite 54 zerlegt hatte, aber man kann auch einfach einen alten Kleiderbügel aus Draht in eine runde Form biegen oder einen Stickrahmen verwenden. Dieses Projekt eignet sich auch hervorragend, um verschiedenfarbige Garnreste aufzubrauchen oder Fundstücke wie Federn als Verzierung mit einzuarbeiten.

DAS BRAUCHT MAN:

MATERIALIEN

- Makramee-Kordel aus natürlicher Baumwolle (Durchmesser 5 mm, Länge 15 m)
- 1 Metallreif (Durchmesser 25,5 cm)
- Lederschnur (Länge 25 cm)
- Zweige oder getrocknete Beeren

WERKZEUGE & HILFSMITTEL

- Schere
- Lineal
- Blumendraht (Stärke 1,9 mm)

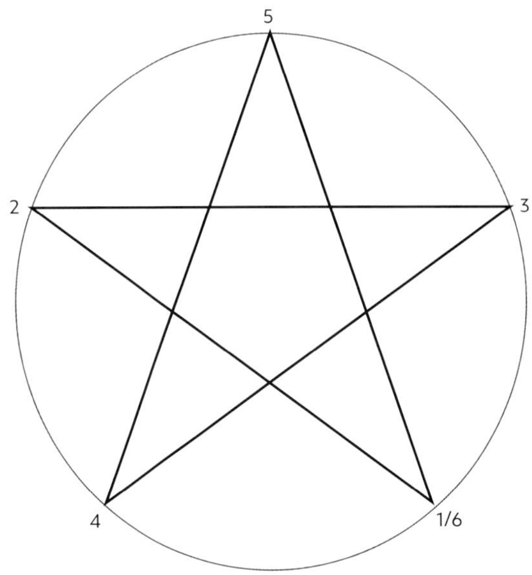

SCHAUBILD ZUR BESPANNUNG

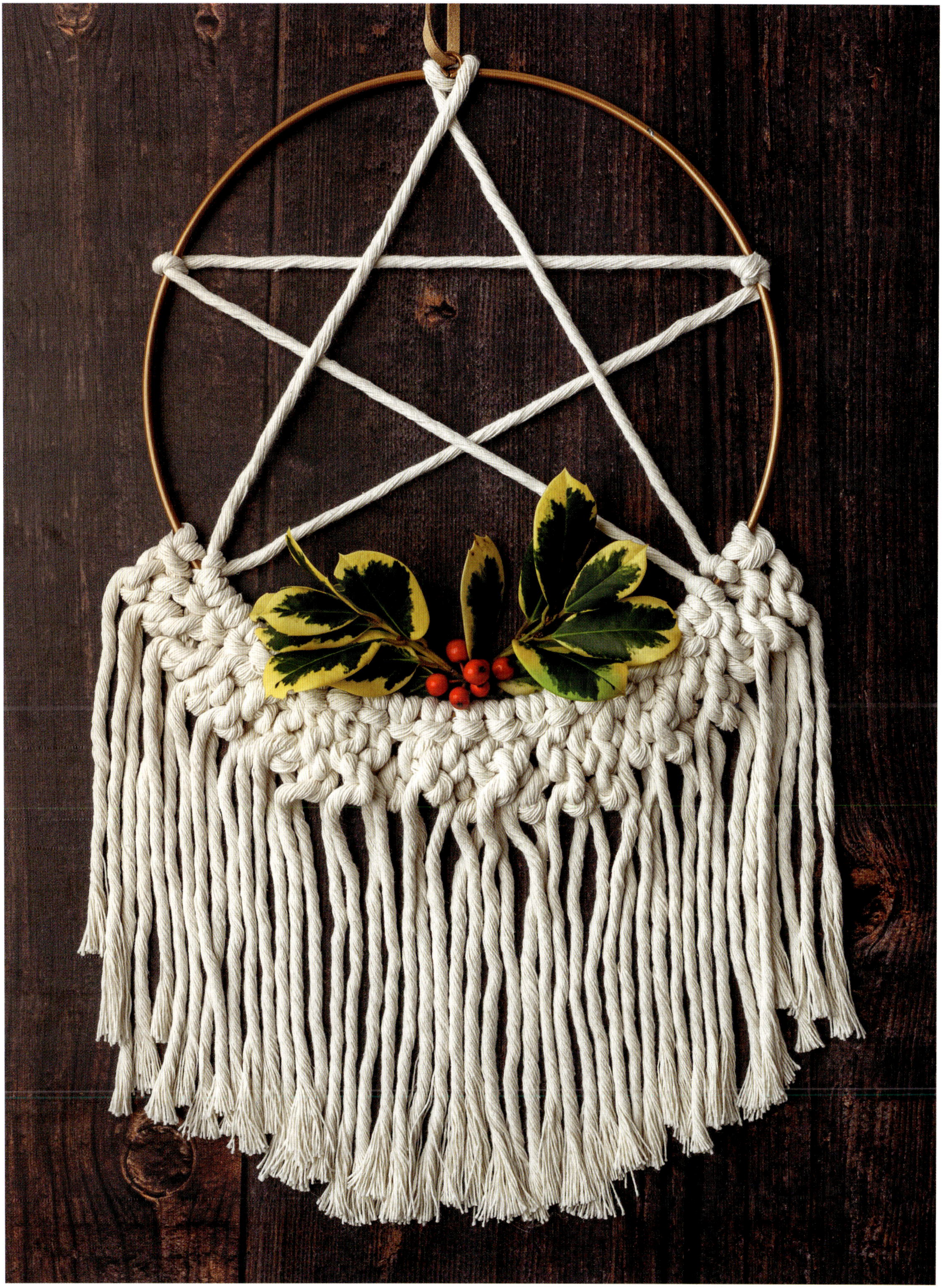

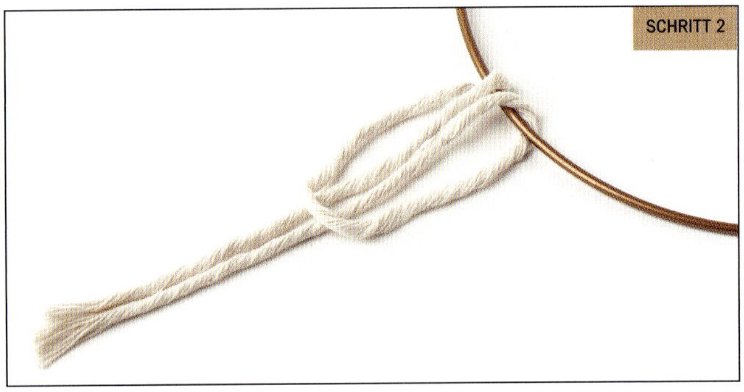

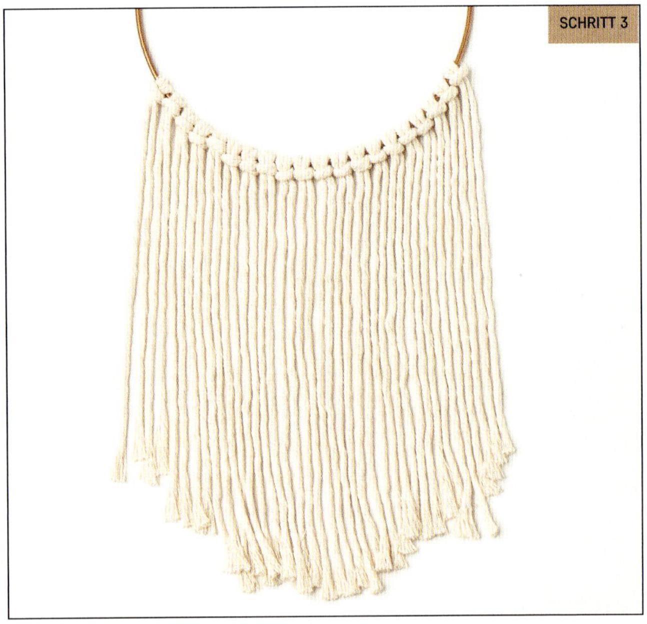

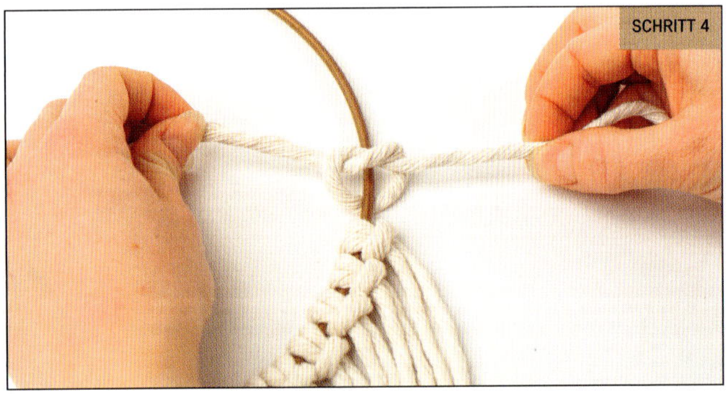

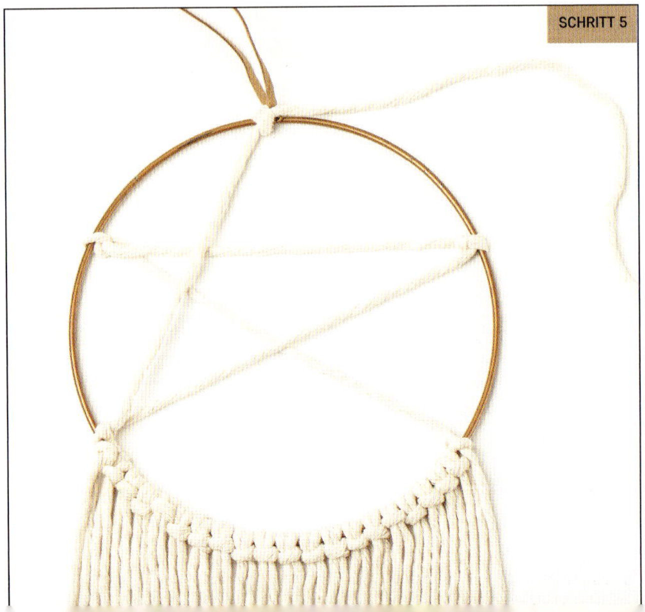

ANLEITUNG

SCHRITT 1
22 je 60 cm lange Makramee-Kordelstücke abschneiden. 20 davon mit Lerchenkopfknoten unten am Reif anknüpfen (also gegenüber der Stelle, an der später der Lederaufhänger bei Punkt 5 gemäß Schaubild auf Seite 82 angebunden wird).

SCHRITT 2
Hierfür jeweils eines der Kordelstücke mittig falten und die so gebildete Schlaufe von innen unter dem Reif hindurchführen. Die Kordelenden über den Reif und durch die Schlaufe nach unten führen (dies ist ein Lärchenkopfknoten). Festziehen und darauf achten, dass die beiden losen Enden jeweils gleich lang sind.

SCHRITT 3
Wie abgebildet eine Art »Schürze« aus Fransen bilden. Die zwei restlichen 60-cm-Kordelstücke beiseitelegen.

SCHRITT 4
Mit der verbleibenden Länge der Makramee-Kordel (etwa 1,8 m) ein Stück auf der rechten Seite der Franden-Schürze mit einem einfachen Knoten so anbinden, dass ein Ende als 30 cm lange weitere Franse außen an der Schürze herunterhängt.

SCHRITT 5
Gemäß Schaubild auf Seite 82 mit dem anderen Ende der Kordel die Sternform in den Reif spannen. Dabei an jedem markierten Punkt die Kordel mit einem einfachen Knoten an den Reif binden.

SCHRITT 6
Bei Punkt 1 (nun Punkt 6) angekommen, einen weiteren einfachen Knoten binden und 30 cm Garn als weitere Franse hängen lassen. Dann die beiden 60-cm-Kordelstücke jeweils in ihrer Mitte mit einem einfachen Knoten am Reif anbringen, eines auf der rechten Seite über Punkt 6 und eines über Punkt 4.

SCHRITT 7
Nun jeweils eine Franse von zwei nebeneinanderliegenden Fransenpaaren greifen und doppelt zusammenknoten und dann zum nächsten Strang wechseln. Den Vorgang entlang der gesamten Fransen-Schürze wiederholen. Die Knoten fest, aber nicht zu fest binden.

SCHRITT 8
Nachdem eine Reihe von Doppelknoten entstanden ist, zum Anfangspunkt zurückkehren und eine zweite Reihe knüpfen.

SCHRITT 9
Sobald die zweite Reihe fertig ist, den Traumfänger flach auf einen Tisch legen oder an einem Haken an der Wand aufhängen, um die Knüpfung zu korrigieren, sodass alles gut sitzt und der Stern eine gleichmäßige Form hat. Bei Bedarf zu lange Fransen kürzen.

SCHRITT 10
Winterliches Grün oder Beeren mit Draht anbringen, um einen Farbakzent zu setzen. Den Traumfänger individuell gestalten, indem man die Fransen kürzer schneidet oder deren Fäden voluminös aufplustert. Man kann sogar Perlen anbringen.

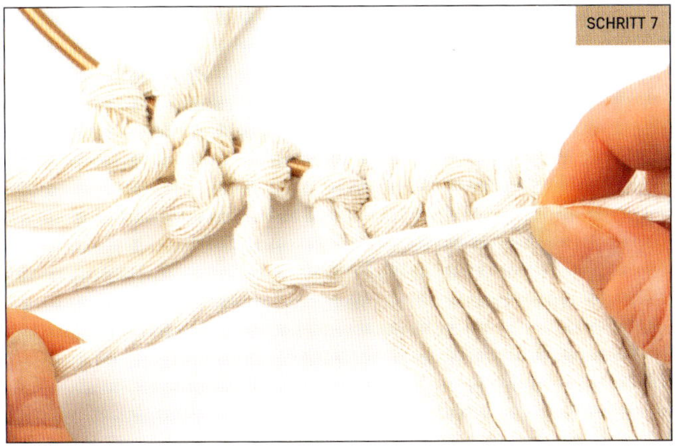

SCHRITT 7

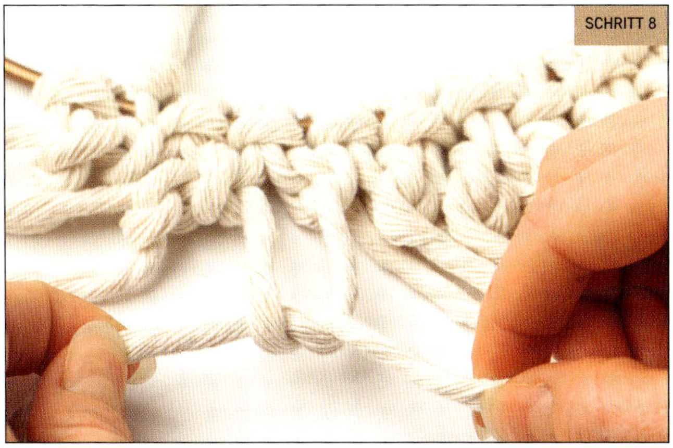

SCHRITT 8

VARIANTE IN GRAU

Diese Variante wurde mit der gleichen Technik und einem einem weichen, dicken Wollgarn gefertigt. Sie macht zu verschiedenen Zeiten des Jahres viel her, nicht nur an Weihnachten!

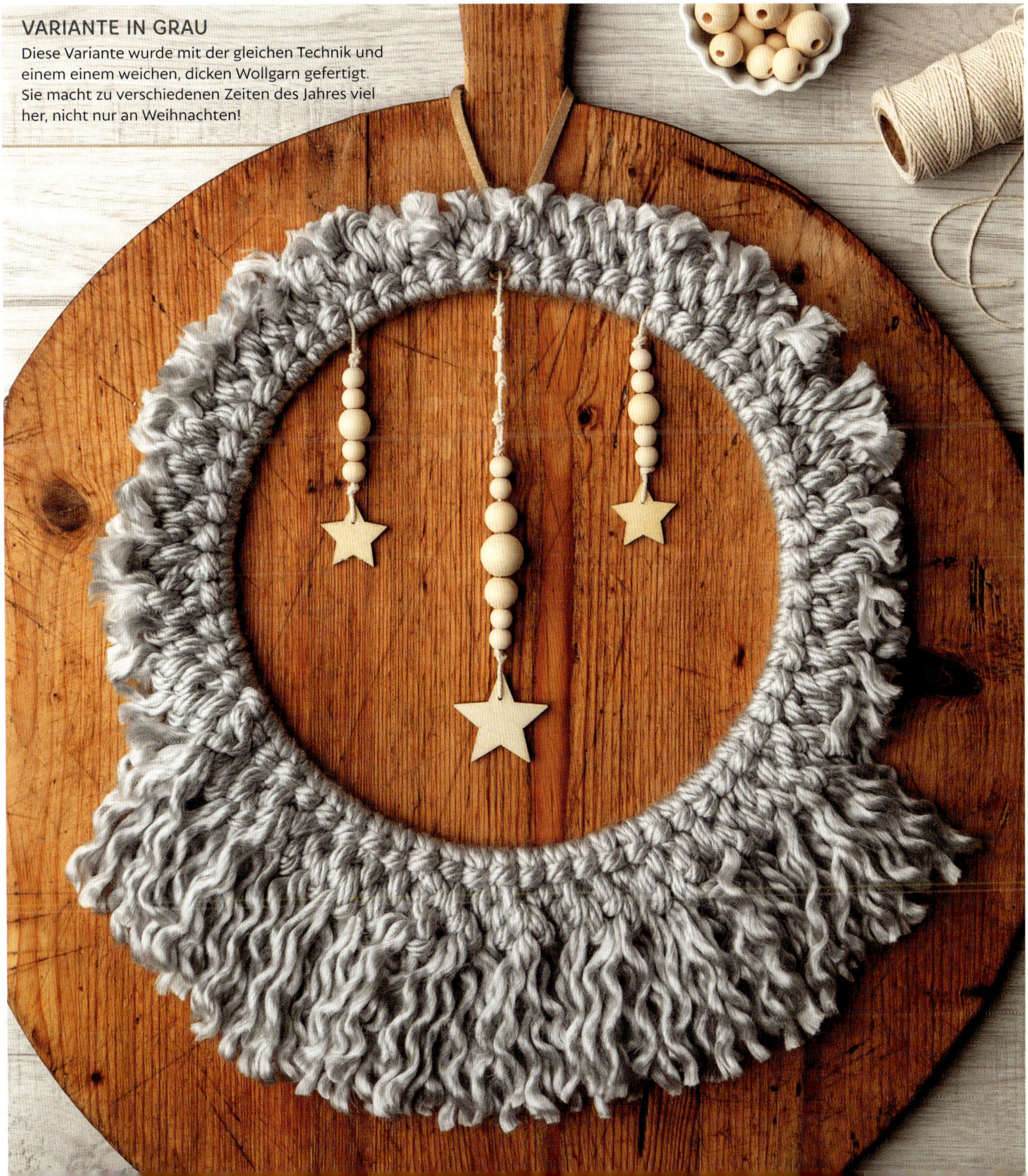

Leinen-RÜSCHENKRANZ

Es war ein echtes Vergnügen, diesen Kranz herzustellen. Er ist super schnell gemacht und gehört zu den Projekten, für die man mit gutem Gewissen Material kaufen kann, da es sich um eine langfristige Investition handelt. Ich habe natürliches Hanfleinen verwendet, um umweltbewusst vorzugehen, und einen Drahtrahmen, der jahrelang halten wird, selbst wenn ich mich entschließe, den Kranz in ein paar Jahren neu zu machen oder umzugestalten. Es gibt viele Möglichkeiten, Farbe ins Spiel zu bringen, wie etwa mit festlichen Bändern oder Stoffstreifen. Man kann auch bunte Verzierungen wie getrocknete Früchte und Beeren oder Papier-Deko-Elemente anbringen.

DAS BRAUCHT MAN:

MATERIALIEN

- Hanf- oder Sackleinenband (Breite 15 cm, Länge 13 m)
- 1 Dreifach-Kranzrahmen aus Draht (Durchmesser 30,5 cm)
- Blumendraht (Stärke 1,9 mm)
- Pinien- oder Kiefernzapfen
- Hanfleinenkordel (Länge 30 cm)

WERKZEUGE & HILFSMITTEL

- Kneifzange
- Stoffschere

Optional:

- Flachzange
- Heißklebepistole

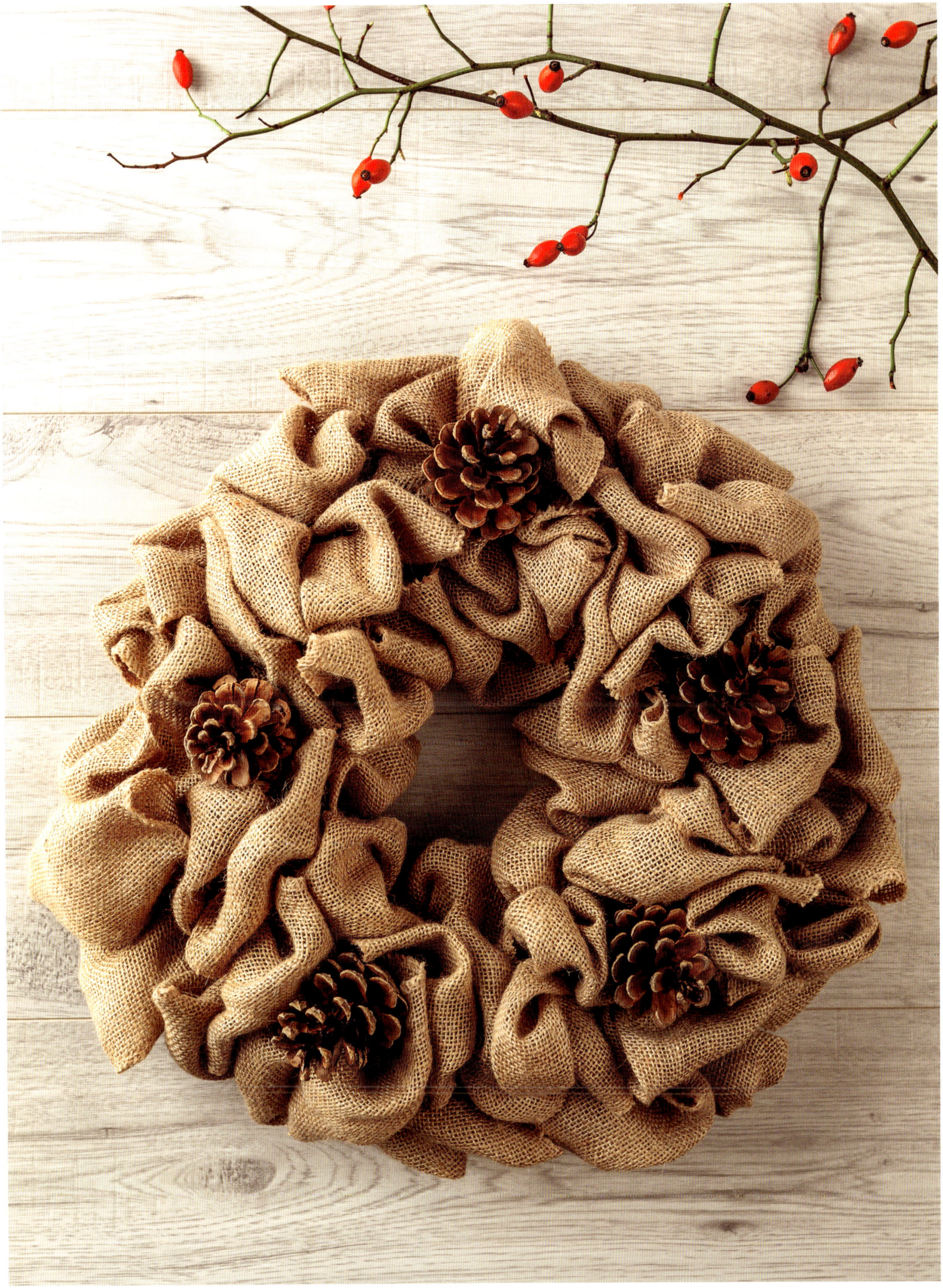

ANLEITUNG

SCHRITT 1

Das Hanfleinenband der Länge nach mittig falten, dann noch einmal mittig falten und es von hinten unter einem der Drahtringe des Kranzrahmens hindurchführen (in der Nähe einer Querstrebe).

SCHRITT 2

Ein kleines Stück Blumendraht abzwicken und durch die Ecke des Hanfleinenbands führen, dann über die Querstange des Rahmens und zurück in das Hanfleinenband. Die beiden Enden (optional mit der Flachzange) zusammendrehen und umbiegen, damit sie nichts zerkratzen können.

SCHRITT 3

Das Hanfleinenband (auf der Unterseite des Rahmens beginnend) durch den äußeren Ring des Rahmens stecken. Es nach vorne als Schlaufe hindurchziehen, die gerade groß genug ist, um eine Hand hineinzuschieben.

SCHRITT 4

Zurück zur Unterseite des Rahmens wechseln und das Hanfleinenband eindrehen, dann eine weitere Schlaufe durch den mittleren Ring des Rahmens schieben. Erneut eindrehen und das Gewebe durch den inneren Ring nach oben schieben. Den Vorgang rundherum wiederholen und dabei stetig vom äußeren zu den inneren Ringen arbeiten. (Hinweis: Ich schiebe meist 10–12 Schlaufen durch jede Unterteilung des Rahmens. Das ergibt einen wirklich üppigen, bauschig aussehenden Kranz. Mit weniger Schlaufen sieht der Kranz weniger voluminös aus und man braucht weniger Band.)

SCHRITT 5

Zuletzt die Enden des Bandes unter eine Drehung stecken. Optional mit einem Stück Draht befestigen wie in Schritt 2.

SCHRITT 6

Nun den Kranz verzieren. Ich habe Pinienzapfen verwendet und sie mit Draht befestigt, man kann sie aber auch mit Heißkleber fixieren. Zum Schluss einen Aufhänger aus Hanfleinenkordel oben am Kranz anbringen.

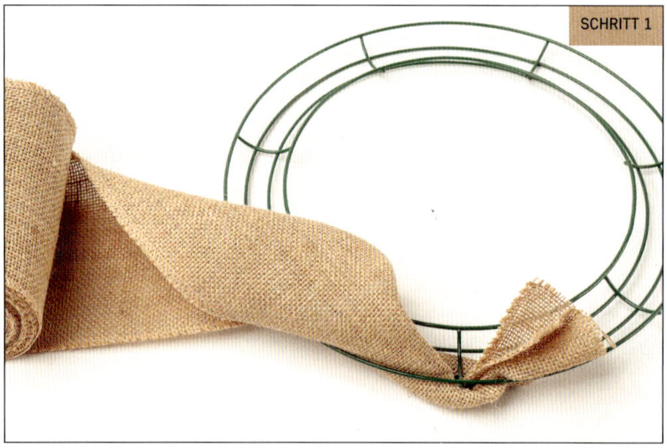

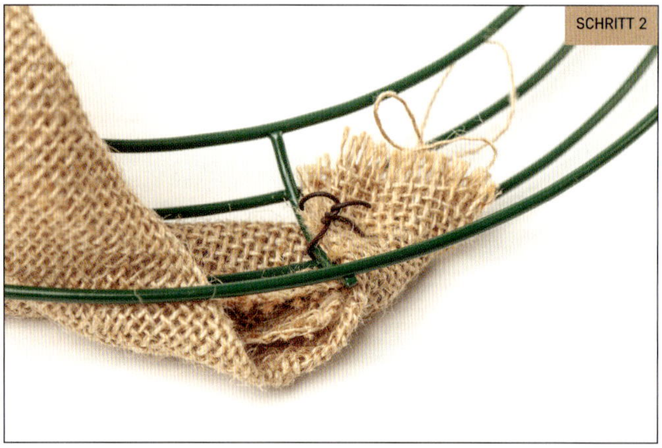

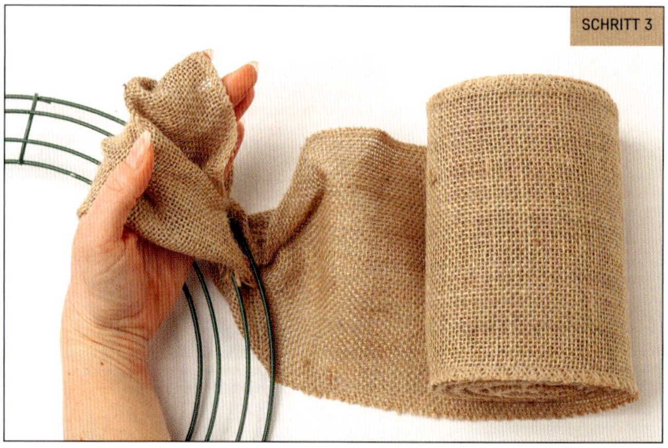

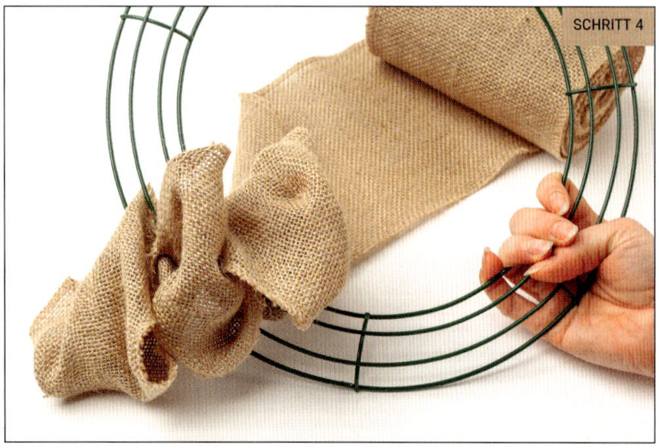

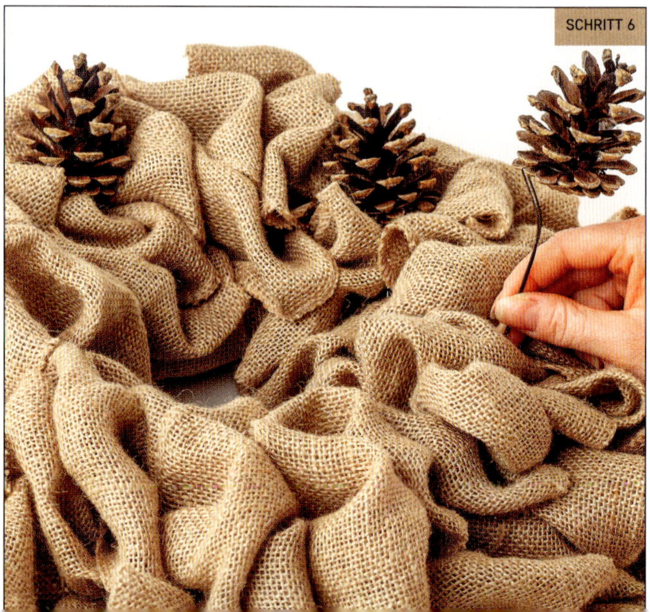

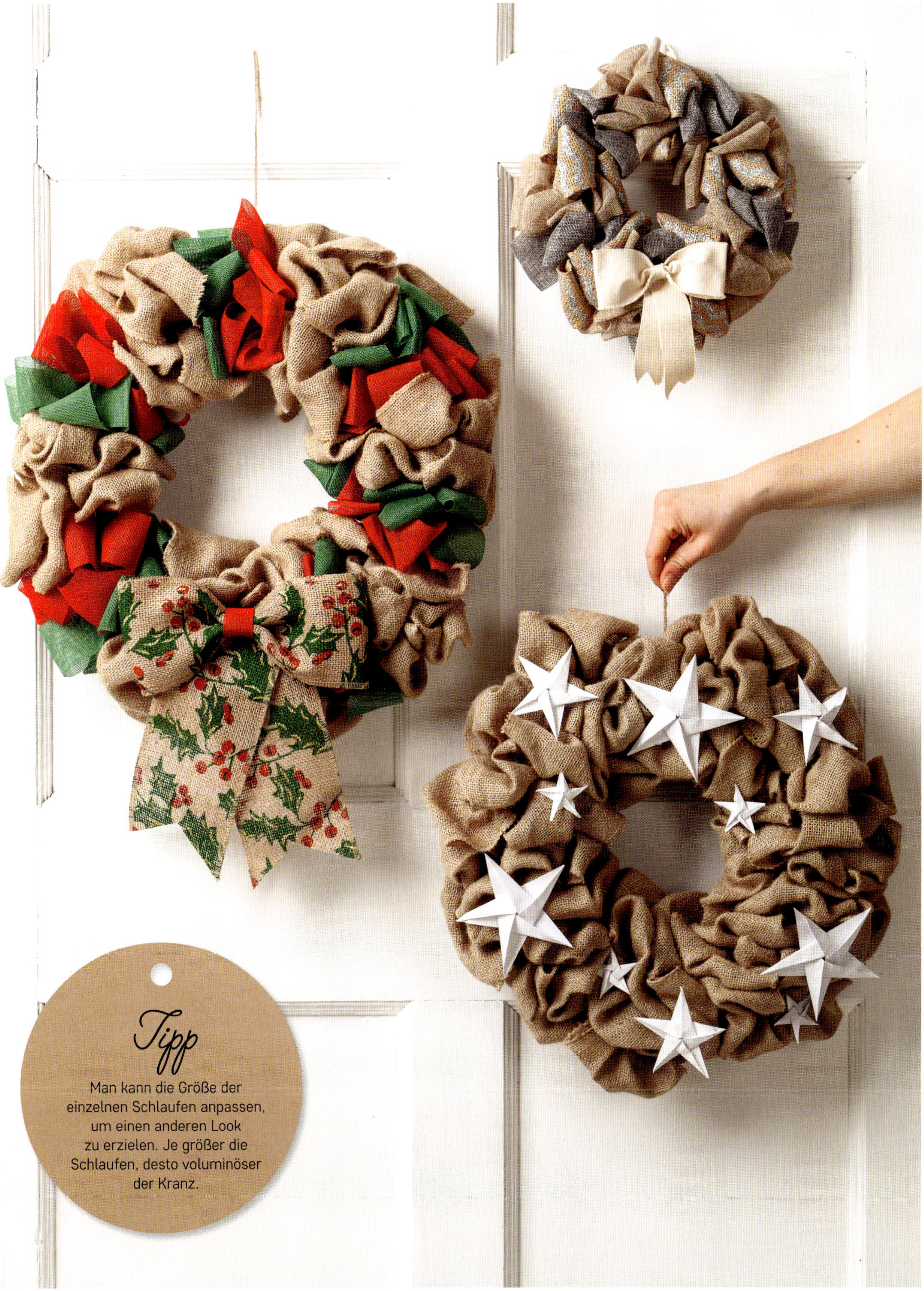

Tipp

Man kann die Größe der einzelnen Schlaufen anpassen, um einen anderen Look zu erzielen. Je größer die Schlaufen, desto voluminöser der Kranz.

Weihnachtsbaum aus ÄSTEN

Dieser Weihnachtsbaum aus aufgehängten Ästen ist ideal, wenn man nicht viel Platz zur Verfügung hat oder keinen echten Baum kaufen möchte. Das Projekt ist sehr umweltfreundlich, da es sich bei den Ästen um ein Naturmaterial handelt, das viele Jahre lang im Garten gelagert werden kann, wo es als Lebensraum für Insekten dient. Man kann den Baum mit selbst gemachten festlichen Aufhängern schmücken oder mit traditionellen Weihnachtskugeln. Wer mag, kann auch Lichterketten um die Äste wickeln und eine Schnur zum Aufhängen der Weihnachtskarten anbringen.

DAS BRAUCHT MAN:

MATERIALIEN

- mehrere gerade Äste (Durchmesser 1,5–3,5 cm)
- Baumwollschnur

WERKZEUGE & HILFSMITTEL

- Schere
- Handsäge oder elektrische Gehrungssäge
- Maßband
- Lineal
- Bleistift
- Schleifpapier
- Scheuerbürste

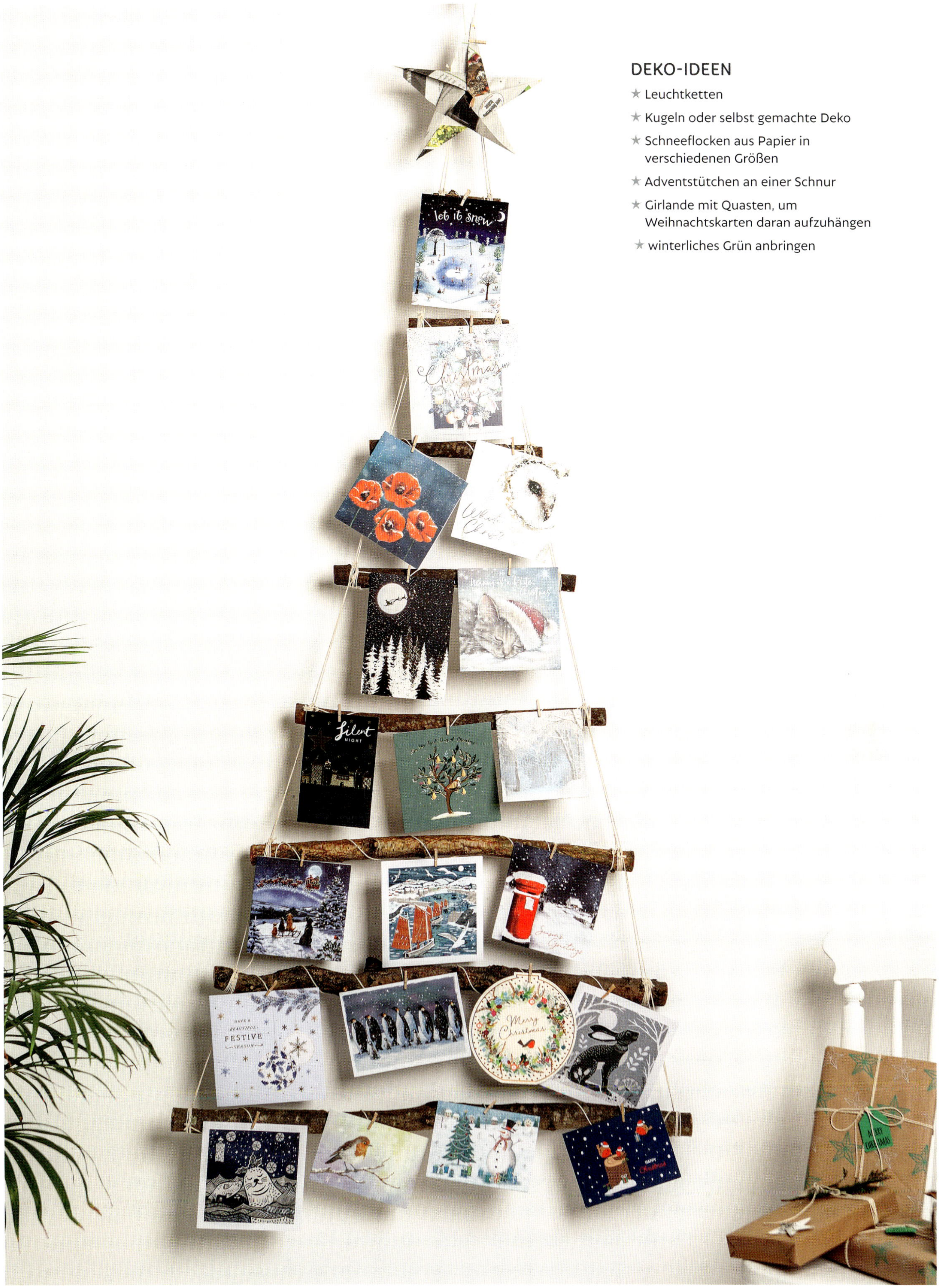

DEKO-IDEEN

- ★ Leuchtketten
- ★ Kugeln oder selbst gemachte Deko
- ★ Schneeflocken aus Papier in verschiedenen Größen
- ★ Adventstütchen an einer Schnur
- ★ Girlande mit Quasten, um Weihnachtskarten daran aufzuhängen
- ★ winterliches Grün anbringen

ANLEITUNG

SCHRITT 1
Mit der Handsäge oder elektrischen Gehrungssäge neun Aststücke mit folgenden Längen zuschneiden: 75 cm, 65 cm, 55 cm, 45 cm, 35 cm, 25 cm, 15 cm, 10 cm und 5 cm. Ich habe dickere Äste für die unteren Ebenen des Tannenbaumes verwendet.

SCHRITT 2
Mit der Bürste die Äste von Schmutz befreien. Die Schnittkanten abschleifen, damit sie nicht zu rau sind und nicht splittern.

SCHRITT 3
Die Aststücke in der Reihenfolge ihrer Länge auf die Arbeitsfläche legen, wobei die größeren unten liegen. Zwischen den einzelnen Ästen etwa 15 cm Platz lassen.

SCHRITT 4
Wer vorhat, den Baum später zu schmücken, kann an einem Ende der einzelnen Zweige eine Schnur befestigen und ein paar Mal um den Baum wickeln, bevor er sie am anderen Ende befestigt. Dieser Schritt ist jetzt leichter zu bewerkstelligen als nach dem Verbinden der Aststücke.

SCHRITT 5
16 Stücke Schnur mit einer Länge von 1,3 m abschneiden.

SCHRITT 6
Ein Schnurstück so unterhalb eines Endes des unteren Astes positionieren, dass die Fadenenden auf beiden Seiten gleich lang sind. Einen Doppelknoten 2–3 cm vom Rand entfernt binden und darauf achten, dass sich der Knoten auf der Oberseite des Aststücks befindet; dann jedes Ende einmal in beide Richtungen um den Ast wickeln und einen weiteren Doppelknoten über dem letzten binden. Den Vorgang am anderen Ende desselben Astes wiederholen.

SCHRITT 7
Schritt 6 an beiden Enden der folgenden Äste wiederholen, aber nicht am obersten Ast.

SCHRITT 8
Am untersten Ast beginnend beide Schnüre von einer Seite nach oben führen und mittig mit Doppelknoten auf dem darüberliegenden Ast verbinden. Mit dem Lineal nach und nach je 15 cm zwischen den Ästen abmessen. Sobald die Abstände einheitlich sind, jedes Ende der Schnur einmal um den jeweiligen Ast wickeln und einen weiteren Doppelknoten über dem letzten binden.

SCHRITT 9
Schritt 8 am anderen Ende des Astes wiederholen und dann auf die gleiche Weise bis zum obersten Ast fortfahren.

SCHRITT 10
Sobald der Tannenbaum zusammengebunden ist, ein 25 cm langes Stück Schnur abschneiden und fest in der Mitte des oberen Astes anbinden (als Aufhänger).

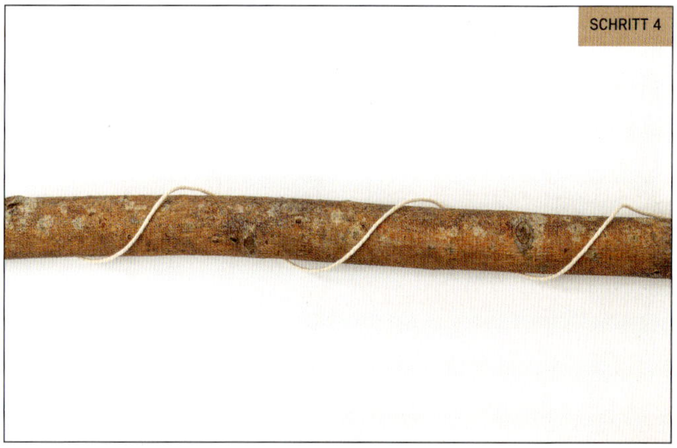

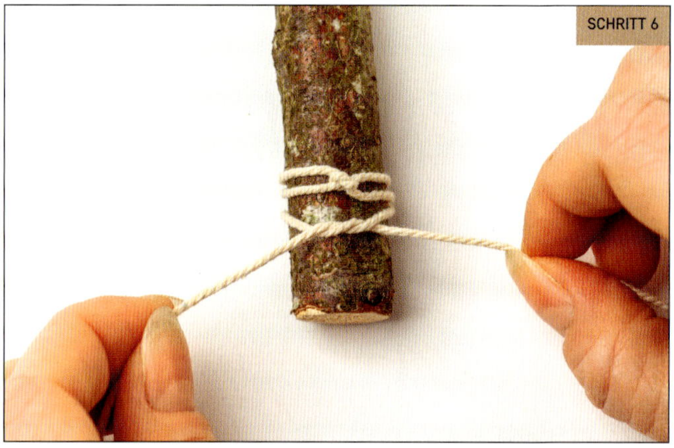

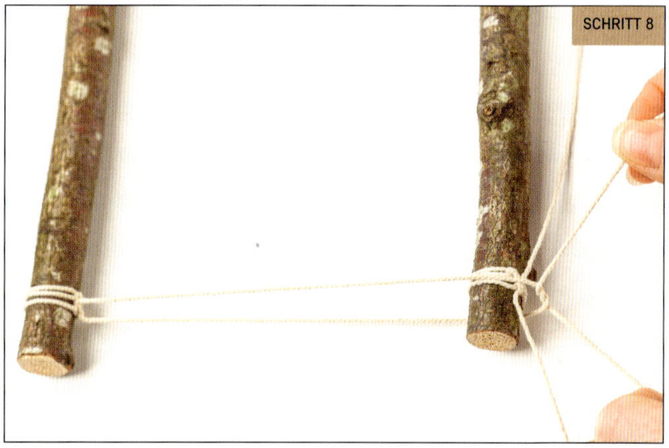

SCHRITT 11
Nun den Baum nach Belieben schmücken. Ich habe einen Origami-Stern (siehe Seite 12) aus Zeitungspapier gefaltet und an den obersten Ast geklebt, da dieser zu kurz ist, um etwas daran aufzuhängen.

VARIATION

Mit einer ähnlichen Technik kann man zwei lange Stücke von einem geraden Ast abschneiden und kleinere Stücke als Leitersprossen anbringen. Die Leitersprossen mit der Schnur kreuz und quer an den senkrechten Stücken befestigen. Das macht die Leiter stabiler, sie dient aber natürlich dennoch nur zur Dekoration und darf nicht zum Klettern verwendet werden!

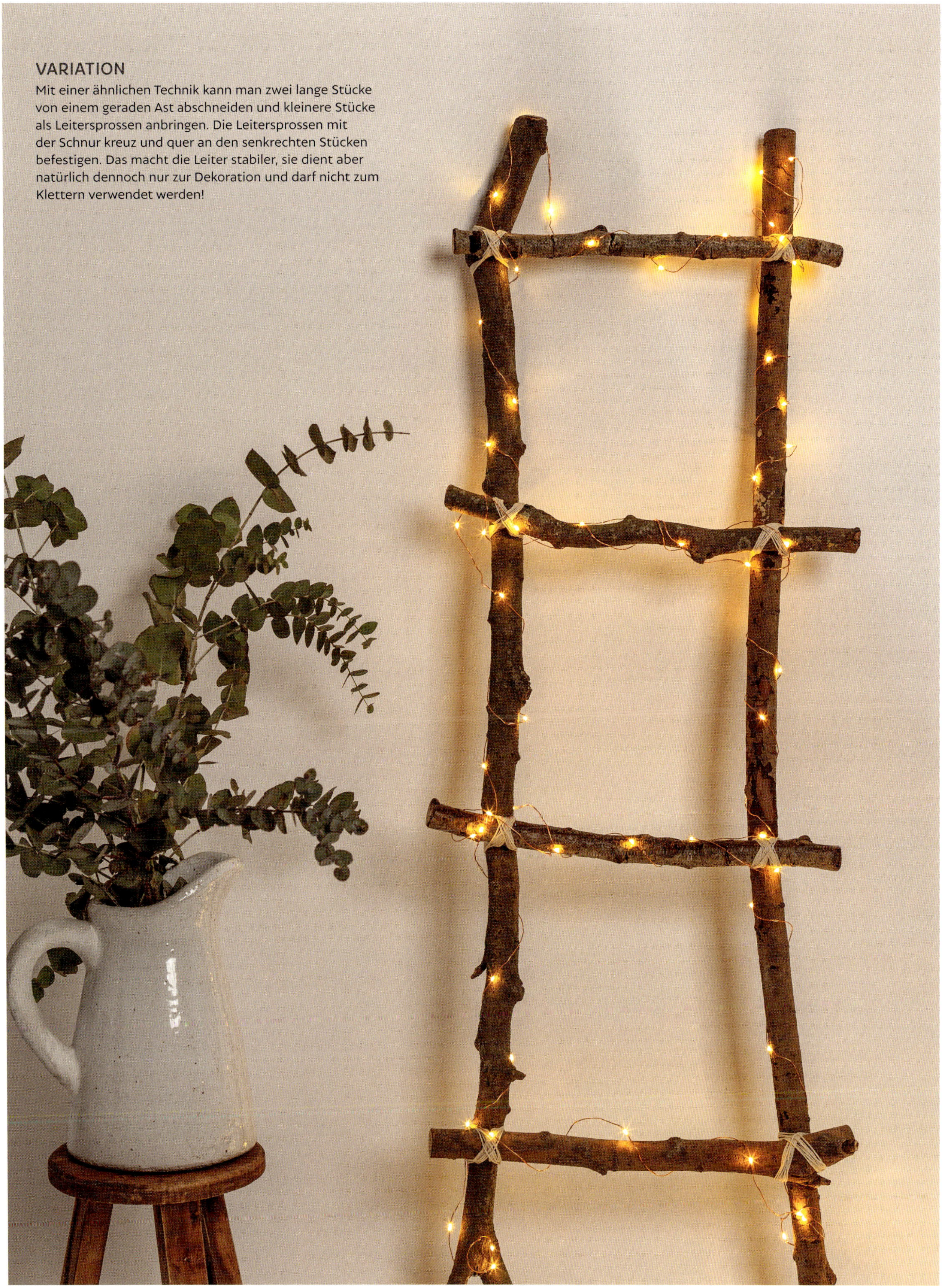

Mini-Kuvert-ADVENTSKALENDER

Dieser Adventskalender ist sehr umweltfreundlich, da die Umschläge und Bänder im nächsten Jahr wiederverwendet werden können. Die Gestaltung der Tütchen ist wunderbar einfach und kann für Erwachsene und Kinder abgewandelt werden. Es gibt auch viele Möglichkeiten, um die Tütchen zu präsentieren. Man kann sie mit Mini-Wäscheklammern an einer Schnur an der Wand oder an einem Ast aufhängen oder an eine Korkpinnwand heften.

DAS BRAUCHT MAN:

MATERIALIEN

- 12 kleine braune Umschläge (etwa 10 × 6,2 cm groß)
- 12 kleine schwarze Umschläge (etwa 8 × 6 cm groß)
- 1 großer schwarzer Umschlag/Tüte (etwa 10 × 8 cm groß)
- Mini-Wäscheklammern aus Holz
- weißes Tonpapier
- grünes Tonpapier
- braunes Tonpapier
- Goldgarn

Optional:

- Korkplatte
- Baumwollmusselin
- Tacker
- Bilderrahmen

WERKZEUGE & HILFSMITTEL

- kleine und große Anhänger-Vorlage (siehe Seite 143)
- Zirkel
- Rotationslochzange
- Ziffern- und Buchstabenstempel
- kleine, mittelgroße und große Schneeflocken-Stempel
- je 1 weißes, schwarzes und grünes Stempelkissen
- Schere
- kleine Geschenke
- Bleistift
- Radiergummi

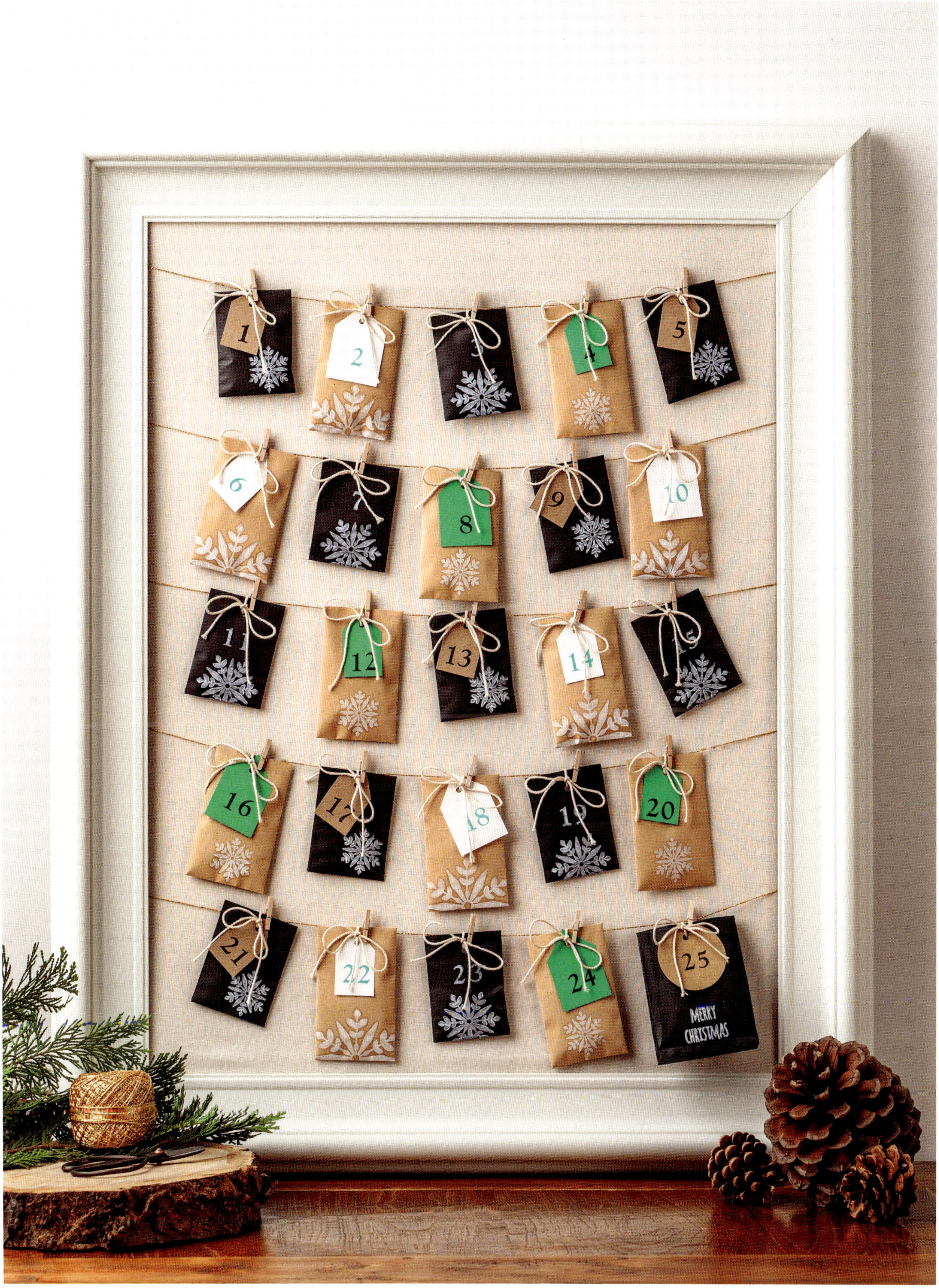
1
2
4
5
6
8
9
10
12
13
14
16
17
18
20
21
22
24
25
MERRY
CHRISTMAS

ANLEITUNG

SCHRITT 1
Mit der Rotationslochzange jeweils ein Loch in den oberen Teil der Umschläge stanzen. Darauf achten, dass die Umschlaglasche nach unten gefaltet ist und dass das Loch durch alle Lagen geht.

SCHRITT 2
Mit den Stempeln in Weiß folgendermaßen stempeln:

Kleine Schneeflocke:
Auf sechs kleine schwarze Briefumschläge, unten rechts.
Auf sechs braune Briefumschläge, unten in der Mitte.

Mittelgroße Schneeflocke:
Auf sechs kleine schwarze Briefumschläge, unten in der Mitte, leicht angeschnitten

Große Schneeflocke:
Auf sechs braune Briefumschläge, unten in der Mitte, zur Hälfte angeschnitten.

»Merry Christmas«:
Mit den Buchstaben-Stempeln die untere Mitte des großen schwarzen Umschlages.

SCHRITT 3
Während die Farbe trocknet, mithilfe der Vorlagen mit Bleistift (bzw. mithilfe des Zirkels beim runden Anhänger) die Anhänger vorzeichnen und mit der Schere ausschneiden:

Grünes Tonpapier: Drei kleine und drei große Anhänger.

Weißes Tonpapier: Drei kleine und drei große Anhänger

Braunes Tonpapier: Sechs kleine Anhänger und einen 5,5 cm großen Kreis.

Dann mit der Rotationslochzange ein Loch in die obere Mitte jedes Anhängers stanzen.

SCHRITT 4
Mit den Ziffernstempeln folgendermaßen stempeln:

Auf drei kleine grüne Anhänger: In Schwarz die 4, 12 und 20

Auf drei große grüne Anhänger: In Schwarz die 8, 16 und 24

Auf drei große weiße Anhänger: In Grün die 2, 10 und 18

Auf drei kleine weiße Schilder: In Grün die 6, 14 und 22

Auf sechs kleine braune Anhänger: In Schwarz die 1, 5, 9, 13, 17 und 21

Auf einen braunen kreisförmigen Anhänger: In Schwarz die 25

Auf sechs schwarze Briefumschläge mit mittelgroßer Schneeflocke: In Weiß die Zahlen 3, 7, 11, 15, 19 und 23.

SCHRITT 5
Während die Anhänger trocknen, 25 Goldgarnstücke von je 30 cm Länge zuschneiden. Damit werden die Anhänger an den Umschlägen befestigt.

SCHRITT 6
Sobald Umschläge und Anhänger getrocknet sind, die Umschläge mit Geschenken befüllen. Jeweils einen Anhänger mit Schleife auf der Vorderseite der Umschläge befestigen.

SCHRITT 7
Es gibt viele Möglichkeiten, die Umschläge zu präsentieren. In meinem Beispiel wurde eine alte Korkplatte so zurechtgeschnitten, dass sie perfekt in einen Bilderrahmen passt. Die Platte wurde mit Baumwollmusselin bespannt und der Stoff mit Tackerklemmen befestigt. Dann wurden Garnschnüre über die Vorderseite gespannt und auf der Rückseite festgetackert. Die Korkplatte wurde in den Bilderrahmen montiert, und dann wurden die Umschläge mit Mini-Wäscheklammern wie Wimpel am Garn befestigt.

SCHRITT 2

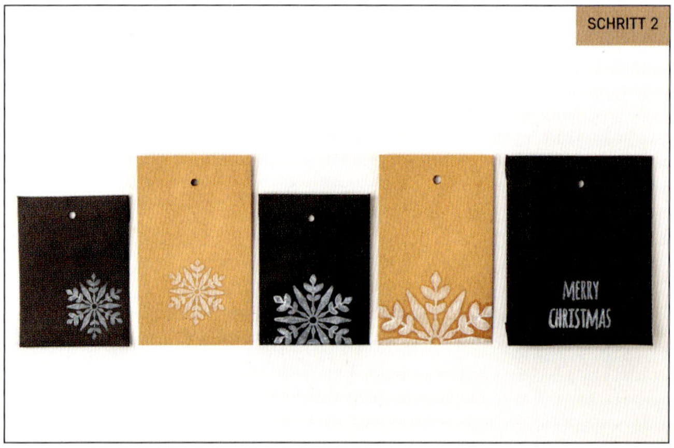

SCHRITT 3

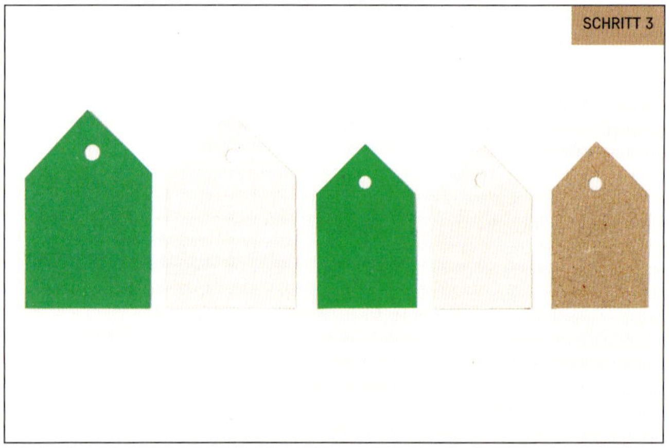

SCHRITT 4

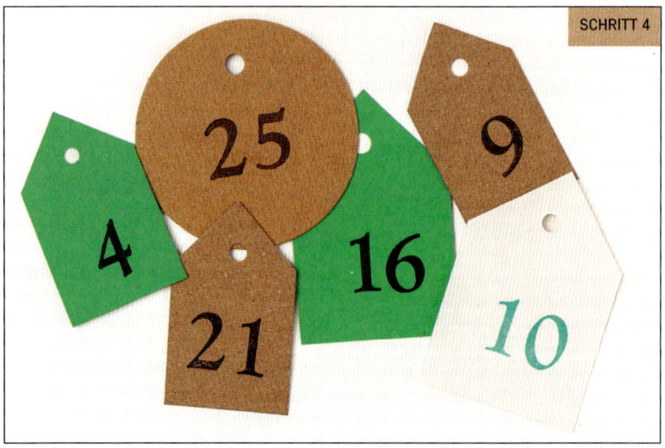

WEITERE VERZIERUNGEN

Beim Verzieren der Umschläge kann man kreativ werden. Hier habe ich Tannenbäume und Stechpalmenzweige mit Motivstanzern ausgestanzt, um sie dann aufzukleben.

Tipp

Für eine einfachere Variante kann man die Umschläge mit Mini-Wäscheklammern an einer langen Schnur an der Wand aufhängen.

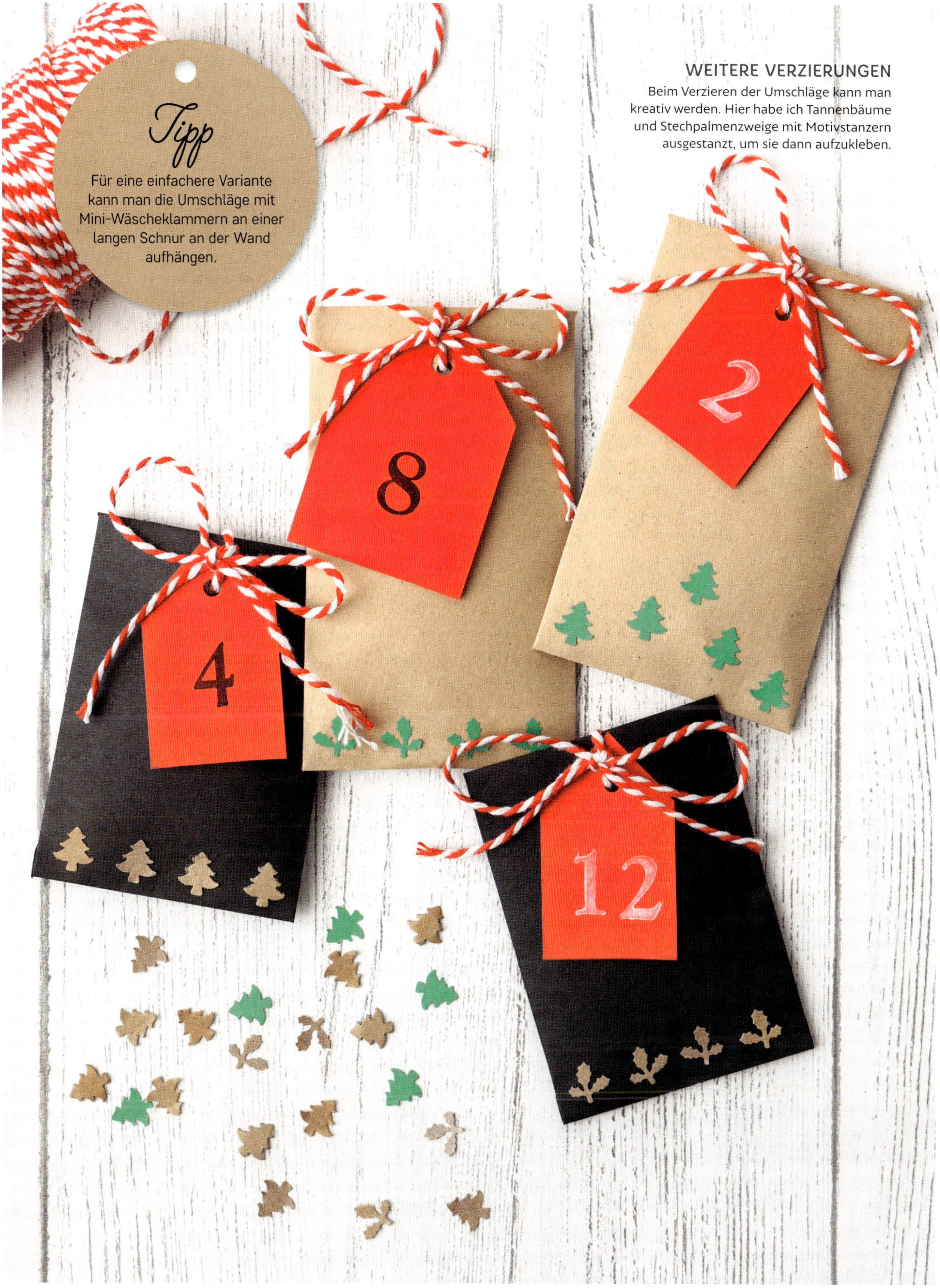

Papprollen-ADVENTSKALENDER

Leere Toilettenpapier-Papprollen haben wir alle zu Hause, und im Laufe weniger Wochen lassen sich genug für dieses Projekt sammeln. Man kann sie auf verschiedene Weise gestalten: Bemalen oder mit Knöpfen, Glöckchen oder Holzformen verzieren. Wer nicht genügend Bänder für dieses Projekt zur Verfügung hat, kann Papier oder dünne Pappe in Streifen schneiden, um die Beutel zu befestigen. Man kann auch Washi-Tape oder braunes Recycling-Klebeband verwenden.

DAS BRAUCHT MAN:

MATERIALIEN

- 24 leere Toilettenpapier-Papprollen
- 6 verschiedene Arten von Bändern
- 12 runde braune Anhänger (Format 5,5 cm)
- 12 runde weiße Anhänger (Format 5,5 cm)
- Juteschnur
- rot-weißes Bäckergarn
- 24 Mini-Holzsterne

WERKZEUGE & HILFSMITTEL

- Schere
- Bleistift
- Lineal/Maßband
- Zifffernstempel
- schwarzes Stempelkissen
- weiße Dispersionsfarbe
- kleine Geschenke oder Süßigkeiten
- Heißklebepistole

Tipp

Wer einen gekauften Adventskalender aus dem Vorjahr übrig hat, kann die illustrierten Türchen abschneiden und sie als Deko auf die Papprollen kleben.

Hinweis

Wer keine runden Anhänger kaufen möchte, kann die Vorlage für die Anhänger aus dem Mini-Tüten-Adventskalender von Seite 94 verwenden.

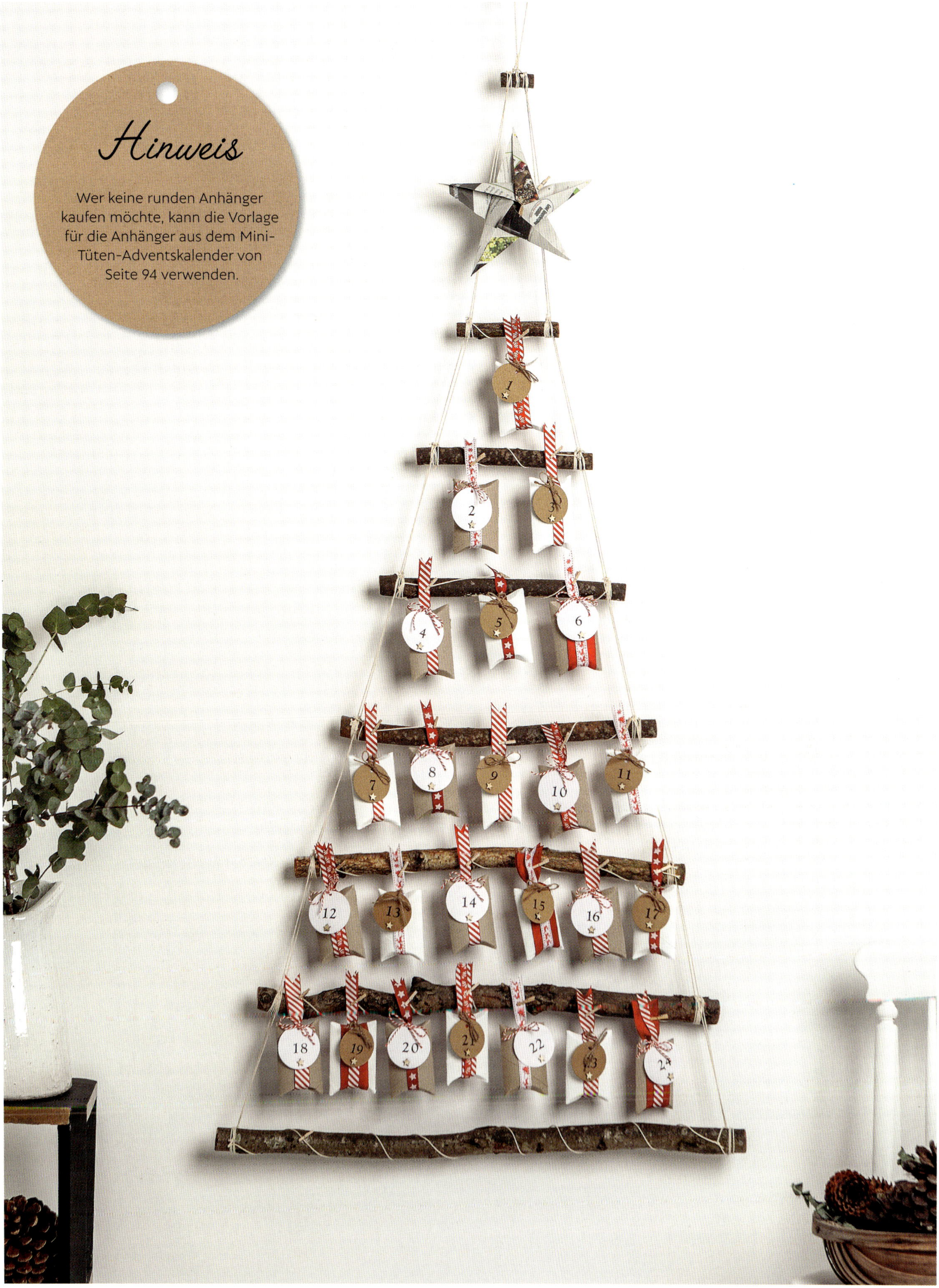

ANLEITUNG

SCHRITT 1
Zwölf der Toilettenpapier-Papprollen mit weißer Dispersionsfarbe anmalen und gut trocknen lassen.

SCHRITT 2
24 Bänder mit einer Länge von je 35 cm zuschneiden und jeweils mittig gefaltet doppelt nehmen, um einen dekorativen Effekt zu erzielen. Zwölf Stücke Juteschnur und zwölf Stücke rot-weißes Bäckergarn auf je 30 cm Länge zuschneiden. Beiseitelegen.

SCHRITT 3
Mit dem schwarzen Stempelkissen und den Ziffern-Stempeln die weißen Anhänger mit den geraden Zahlen und die braunen Anhänger mit den ungeraden Zahlen von 1–24 bestempeln. Nach dem Trocknen je einen kleinen Holzstern mit Heißkleber auf die Basis jedes Anhängers kleben. Trocknen lassen.

SCHRITT 4
Die bemalten und unbemalten Toilettenpapier-Papprollen leicht flach drücken.

SCHRITT 5
An beiden Enden jeder abgeflachten Rolle 1,5 cm abmessen und mit Bleistift markieren.

SCHRITT 6
Ein Ende einer Toilettenpapier-Papprolle an der Markierung vorsichtig nach innen klappen, um eine Lasche zu bilden. Das gegenüberliegende Ende ebenfalls einklappen, sodass ein kleines Kissen entsteht. Die restlichen Rollen ebenso zu Kissen formen.

SCHRITT 7
Ein erstes Kissen an einer Klappe öffnen und mit einem Geschenk und/oder einem weihnachtlichen Spruch füllen. Die Klappe schließen und das Kissen so mit Band umwickeln, dass die beiden losen Enden oben mit gleicher Länge überstehen. Bei den weißen Beuteln die Juteschnur mit einem Doppelknoten um die Bänder an der Stelle binden, an der sie vorne mit der Oberseite des Beutels zusammentreffen. Dabei darauf achten, dass beide Schnurenden gleich lang sind. Die Schnurenden dann durch den Anhänger fädeln und mit einer Schleife an der Vorderseite festbinden. Darauf achten, dass der Anhänger schön baumelt und nicht zu dicht angebunden ist. Eine V-Form in die Enden des Bandes schneiden.

SCHRITT 8
Die anderen elf weißen Kissen ebenso füllen und verschließen. Für die zwölf unbemalten Kissen anstatt der Juteschnur rot-weißes Bäckergarn verwenden.

SCHRITT 9
Zum Präsentieren die Papprollen-Kissen wie Wimpel an einer Schnur befestigen, sodass sie an den Enden ihrer Bänder herabbaumeln. Alternativ sie an einem Weihnachtsbaum aus Ästen (siehe Seite 90) aufhängen.

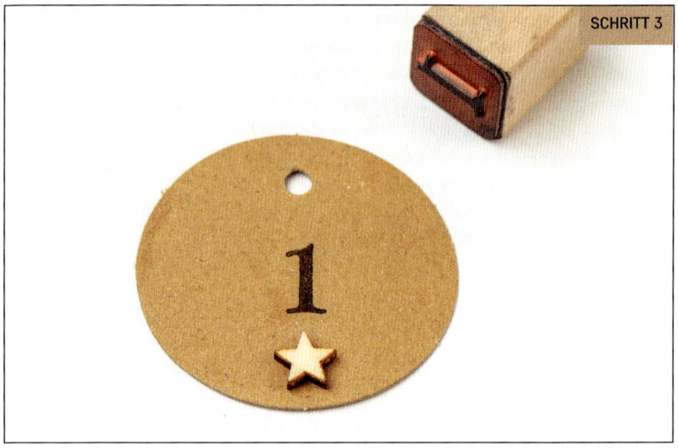

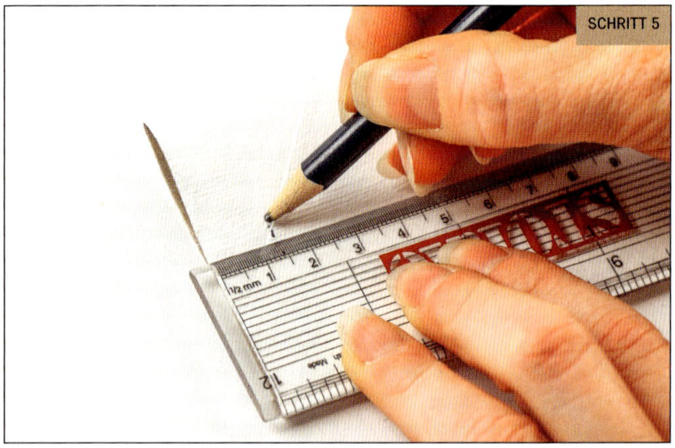

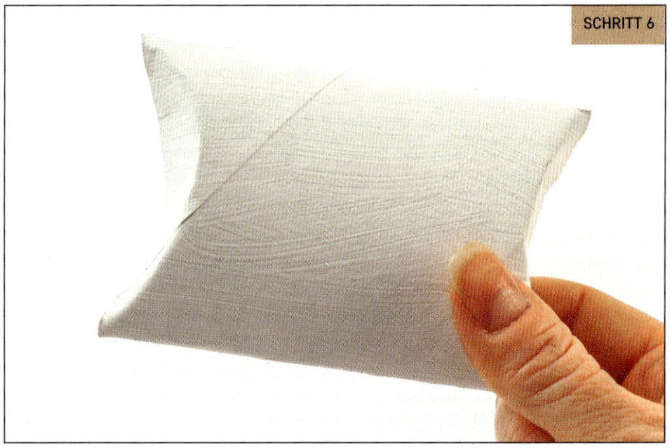

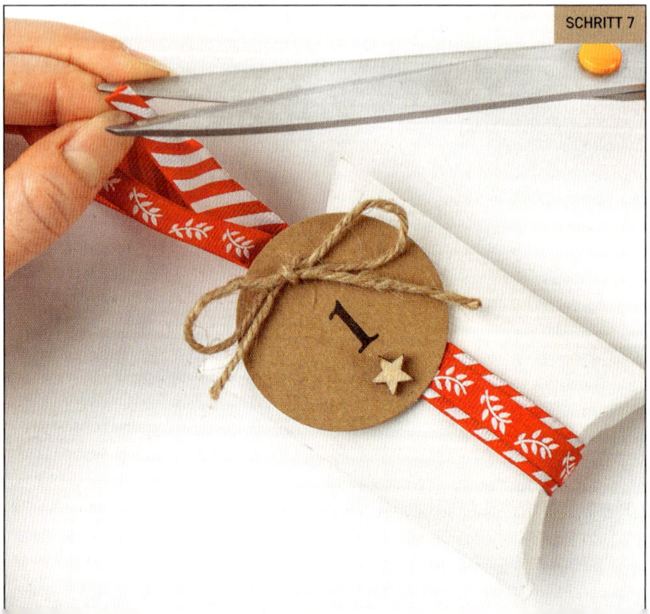

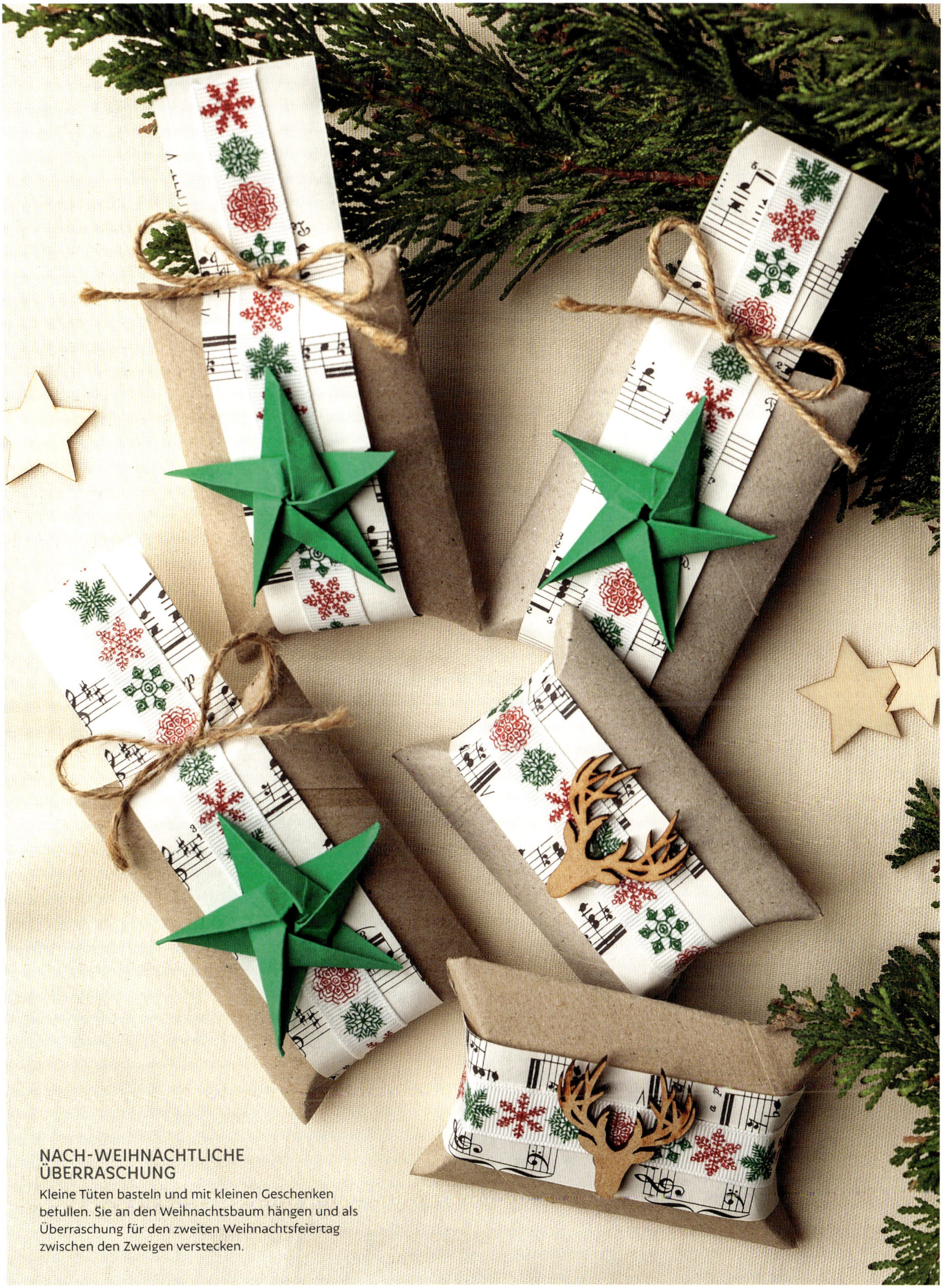

NACH-WEIHNACHTLICHE ÜBERRASCHUNG

Kleine Tüten basteln und mit kleinen Geschenken befüllen. Sie an den Weihnachtsbaum hängen und als Überraschung für den zweiten Weihnachtsfeiertag zwischen den Zweigen verstecken.

DEKORIERTE *Dosen und Gläser*

Hübsch verzierte leere Gläser und Dosen setzen in der Weihnachtszeit wunderschöne Akzente. Man kann sie mit Kerzen oder saisonalen Pflanzenelementen aus dem Garten befüllen, wie etwa Tannenzweigen, immergrünen Blättern oder Beeren. Man kann auch Orangen- und Zitronenscheiben trocknen und mit Zimtstangen oder Sternanis kombiniert an die Gefäße binden, sodass sie an kalten Winterabenden für einen wärmenden, heimeligen Duft sorgen.

DAS BRAUCHT MAN:

Für die Sackleinen-Vase:

MATERIALIEN

- 1 leere Blechdose
- Sackleinenband (Breite 15 cm, Länge 27 cm)
- doppelseitiges Klebeband (Breite 1,5–2 cm)
- Nähgarn
- weißes Textilband (Länge 80 cm)

WERKZEUGE & HILFSMITTEL

- Lineal
- Stoffschere
- Stickschere
- Nähnadel
- Stecknadeln

Für das Windlicht mit Zitrus und Zimt:

MATERIALIEN

- 1 leeres Einweckglas
- 1 Votivkerze
- Salz
- 1–2 getrocknete Zitrusscheiben
- 1 Zimtstange
- Juteschnur (Länge 1 m)

WERKZEUGE & HILFSMITTEL

- Stechahle
- Schere

Für das Gold-Blasen-Windlicht:

MATERIALIEN

- 1 leeres Einweck-oder Kerzenglas
- 1 Votivkerze
- Salz
- Goldsprühfarbe
- Zeitungspapier

WERKZEUGE & HILFSMITTEL

- Sprühflasche mit Wasser

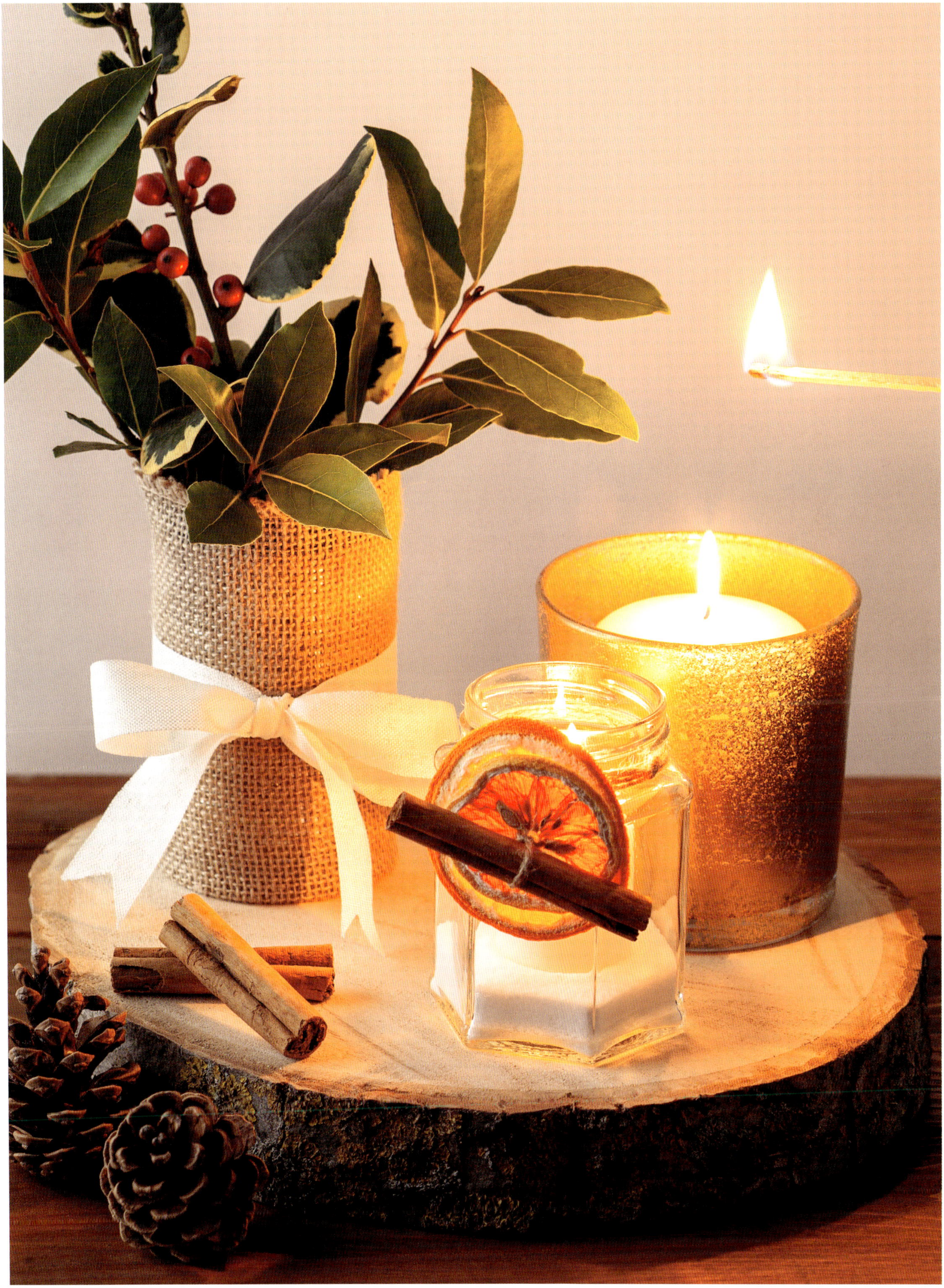

ANLEITUNGEN

SACKLEINEN-VASE

SCHRITT 1
Das Sackleinenband an der langen Unterkante um 2 cm nach oben umschlagen und mit einem Streifen doppelseitigem Klebeband innerhalb der Umschlagkante fixieren.

SCHRITT 2
Einen Streifen Klebeband seitlich rund um den unteren Rand der Dose kleben. Das Schutzpapier abziehen und das Sackleinenband mit der umgeschlagenen Kante nach unten so aufkleben, dass ein Überstand von 2–3 mm entsteht und die Dose nicht mehr sichtbar ist. Um die Dose wickeln. Das Band wird auch oben überstehen.

SCHRITT 3
Die Verbindungskanten mit Stecknadeln fixieren.

SCHRITT 4
Die Verbindungskanten mit einem doppelten Faden zusammennähen.

SCHRITT 5
Das weiße Textilband so mitttig um die Dose legen, dass die beiden Bandenden gleich lang sind und gegenüber der Sackleinennaht nach vorne zeigen. Die Bandenden vorne zu einer Schleife binden. Die Bandenden v-förmig zuschneiden.

SCHRITT 6
Die Sackleinen-Vase nach Lust und Laune mit winterlichem Grün oder Zweigen mit getrockneten Beeren befüllen.

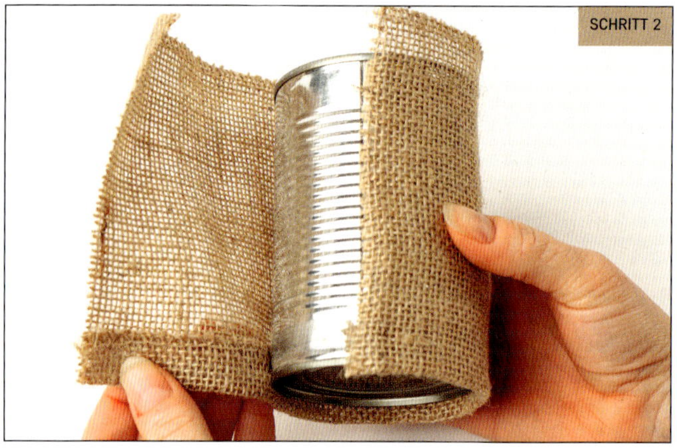

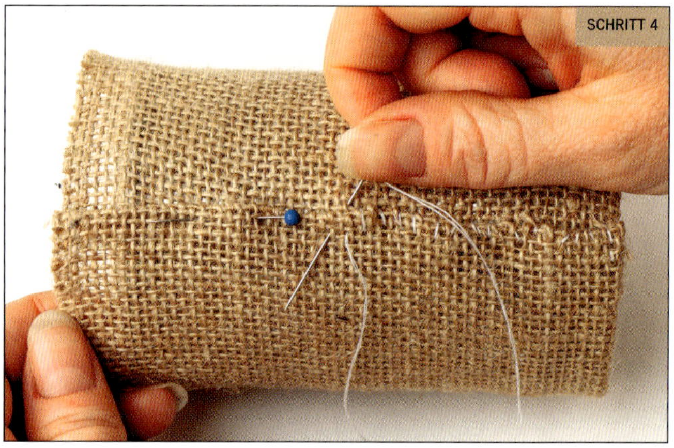

WINDLICHT MIT ZITRUS UND ZIMT

SCHRITT 1
Die Zimtstange in der Mitte an der mittig gefalteten Juteschnur festbinden, dann eine oder zwei Zitrusscheiben auf die beiden Fadenenden fädeln. Hierfür, wenn nötig, mit der Stechahle jeweils ein Loch in die Zitrusscheibe(n) bohren.

SCHRITT 2
Die Schnur mit einem Doppelknoten am Hals des Glases befestigen und dann beide Enden um den oberen Teil des Glases wickeln, bis gerade noch genügend Schnur übrig ist, um hinten einen Doppelknoten zu binden.

SCHRITT 3
Etwa 0,5–1 cm hoch Salz in das Glas füllen und die Kerze in das Salz drücken.

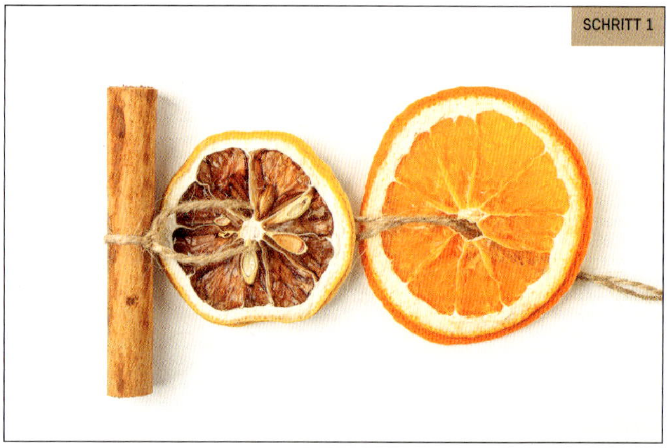

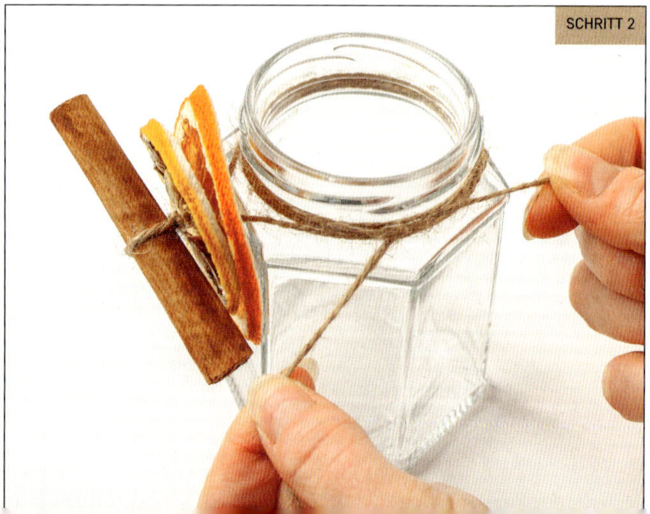

GOLD-BLASEN-WINDLICHT

SCHRITT 1

Die Arbeitsfläche gründlich mit Zeitungspapier abdecken und das Glas leicht mit Wasser besprühen. Dann sofort mit Goldfarbe besprühen, sodass sich kleine Blasen bilden. Trocknen lassen.

SCHRITT 2

Eine Schicht Salz einfüllen und die Kerze hineindrücken.

Tipp

Man kann die Gläser mit allen möglichen natürlichen und gesammelten Materialien dekorieren, so etwa mit frischen Blättern oder Kräutern, aber auch mit getrockneten Stechpalmenbeeren oder Hagebutten.

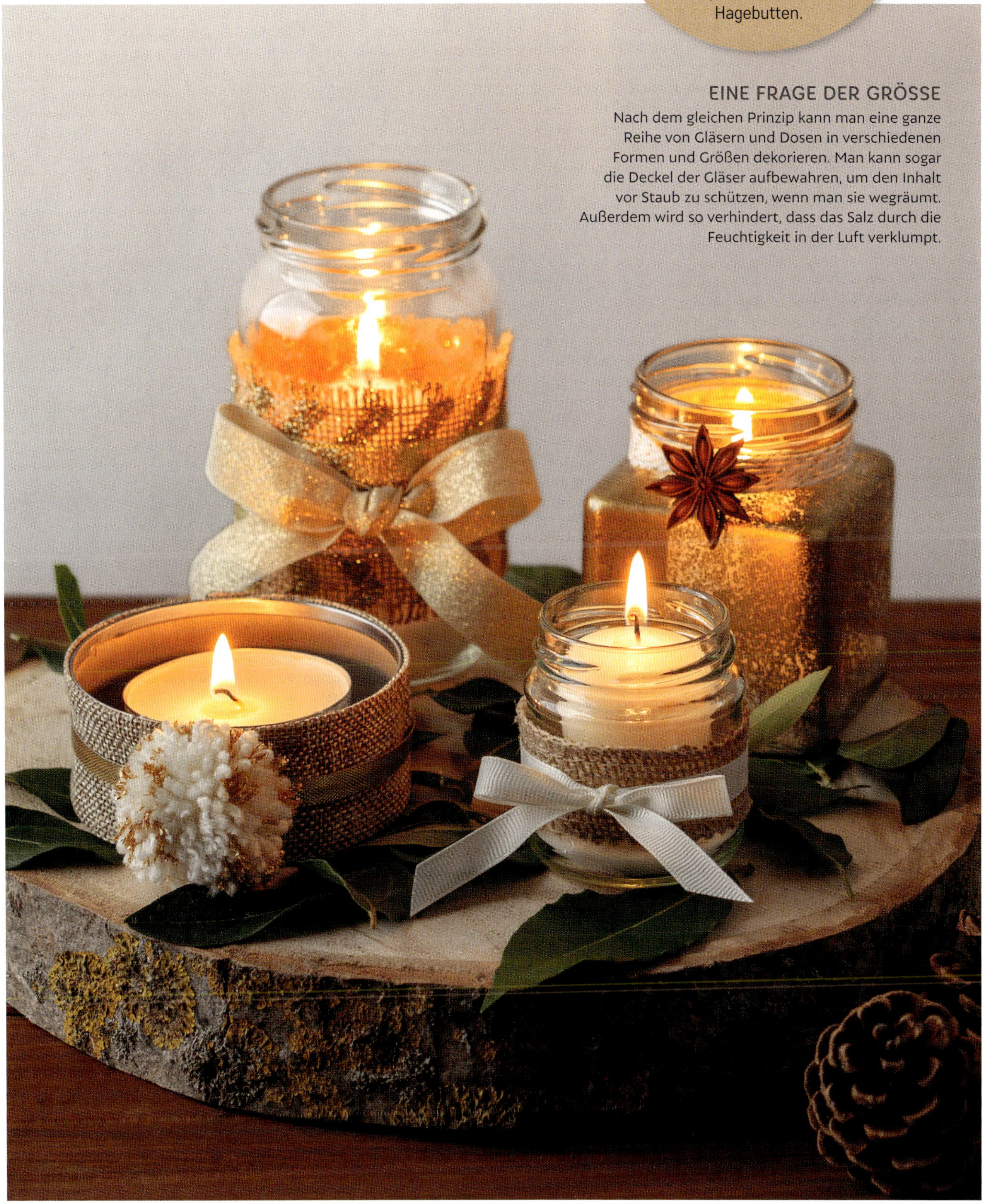

EINE FRAGE DER GRÖSSE

Nach dem gleichen Prinzip kann man eine ganze Reihe von Gläsern und Dosen in verschiedenen Formen und Größen dekorieren. Man kann sogar die Deckel der Gläser aufbewahren, um den Inhalt vor Staub zu schützen, wenn man sie wegräumt. Außerdem wird so verhindert, dass das Salz durch die Feuchtigkeit in der Luft verklumpt.

SANTA-SÄCKCHEN-
Adventskalender

Bei der Herstellung dieses Adventskalenders kann man sehr gut ausrangierte Kleidungsstücke und alte Stoffreste aufbrauchen. Dabei muss es sich nicht unbedingt um festliche Textilien handeln, nur um Stoffe, die dem Auge schmeicheln. Mit bunten Anhängern und Bändern lässt sich auch ein schlichter Stoff festlich aufhübschen. In meinem Beispiel stammen die Materialien von einer alten Leinenhose, abgetragenen Pyjamas und einem Rest festlichen Stoffes. Die Säckchen sind so einfach, dass man sie ziemlich gut von Hand nähen kann – eine Nähmaschine ist nicht unbedingt erforderlich. Man kann die Säckchen in jeder Größe anfertigen und sie sogar als Öko-Geschenkverpackungen wiederverwenden.

DAS BRAUCHT MAN:

MATERIALIEN

- drei unterschiedliche Stoffarten (für jeweils 8 Rechtecke im Format 11 × 26 cm)
- Baumwoll-Nähgarn
- rot-weißes Bäckergarn
- Juteschnur
- Baumwollschnur
- 24 runde Anhänger aus braunem Tonpapier (Durchmesser 5,5 cm)
- kleine Geschenke oder Süßigkeiten
- hübsch geformter Ast
- 24 Mini-Wäscheklammern

WERKZEUGE & HILFSMITTEL

- Papierstanzer mit Tannenbaum-Form
- Stecknadeln
- Stoffschere
- Bügeleisen und Bügelbrett
- Ziffernstempel
- schwarzes Stempel-kissen
- Nähmaschine

Optional, wenn von Hand genäht wird:

- Nähnadel

Tipp

Anstelle von Baumwoll-Nähgarn kann auch ein Garn aus recyceltem Polyester verwendet werden.

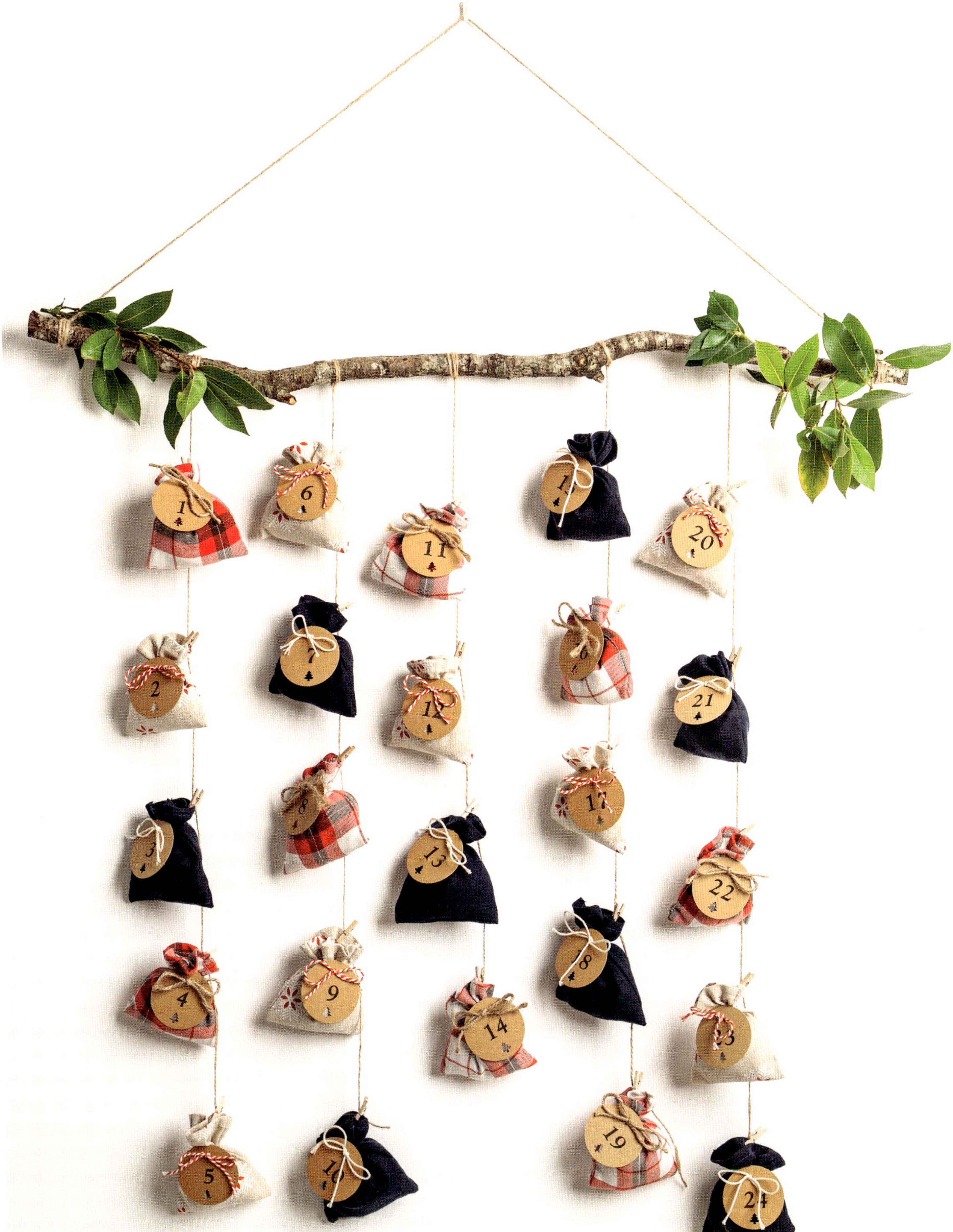

ANLEITUNG

SCHRITT 1
Jeweils ein Tannenbaum-förmiges Loch in die Basis jedes Anhängers stanzen. Dann mit Stempeln und Stempelkissen jeweils die Zahlen von 1–24 mittig auf die Anhänger drucken. Die Farbe trocknen lassen.

SCHRITT 2
Aus den drei Stoffarten je acht Rechtecke im Format 11 cm × 26 cm zuschneiden.

SCHRITT 3
Bei einem ersten Stoffstück einen Saum an den beiden kurzen Kanten bilden, indem man den Stoff zweimal um je 1 cm auf die linke Seite umschlägt. Mit Stecknadeln feststecken und flach bügeln. Mit der Nähmaschine oder von Hand entlang der festgesteckten Kanten vernähen, um die Säume zu fixieren.

SCHRITT 4
Den Stoff mittig rechts auf rechts falten, sodass sich die beiden gesäumten Kanten bündig treffen. Entlang beider Seiten vernähen, dabei eine Nahtzugabe von 5–10 mm stehen lassen. Immer von der gesäumten Kante nach unten nähen, um eine saubere Oberkante zu erhalten. Die Nahtzugabe jeweils an der unteren Ecke einschneiden, um das Umschlagen zu erleichtern.

SCHRITT 5
Die Schritte 3 und 4 bei den anderen 23 Stoff-Rechtecken wiederholen. Alle Säckchen auf rechts stülpen.

SCHRITT 6
Jedes der Säckchen mit Geschenken/Süßigkeiten befüllen.

SCHRITT 7
Acht Fadenlängen mit jeweils 30 cm Länge von der Juteschnur abschneiden, acht Fadenlängen vom Bäckergarn und acht Fadenlängen von der Baumwollschnur, dann diese Fäden im oberen Bereich um die Säckchen binden, um sie zu verschließen. Gleich lange Fadenenden hängen lassen, um daran die Anhänger mit hübschen Schleifen anzubinden.

SCHRITT 8
Ein langes Stück Juteschnur abschneiden und die Enden an beiden Enden des Astes festknoten. Fünf 1 m lange Juteschnüre abschneiden und in gleichmäßigen Abständen an den Ast binden. Die Säckchen mit Mini-Wäscheklammern an den senkrechten Schnüren befestigen.

Tipp

Man kann die Größe der Säckchen an die Stoffreste anpassen, die man zur Verfügung hat. Für einen ungewöhnlichen Look kann man sie sogar in verschiedenen Größen anfertigen.

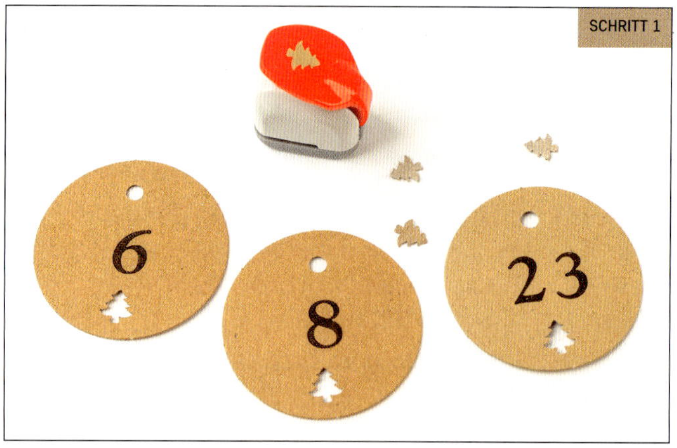

SCHRITT 1

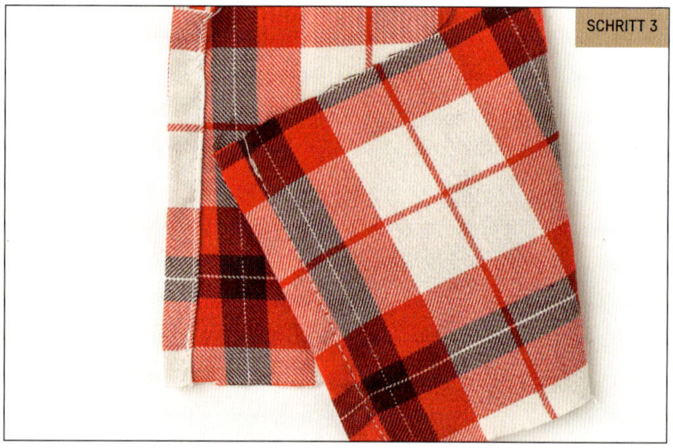
SCHRITT 3

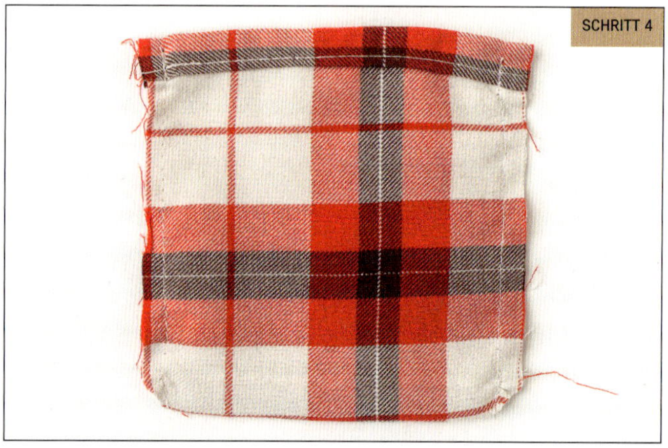
SCHRITT 4

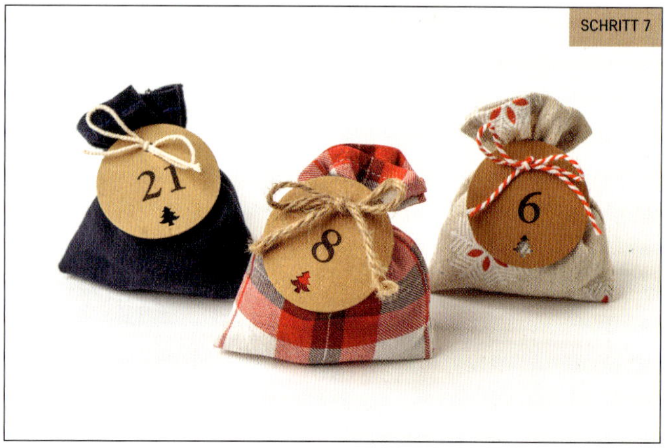

SCHRITT 7

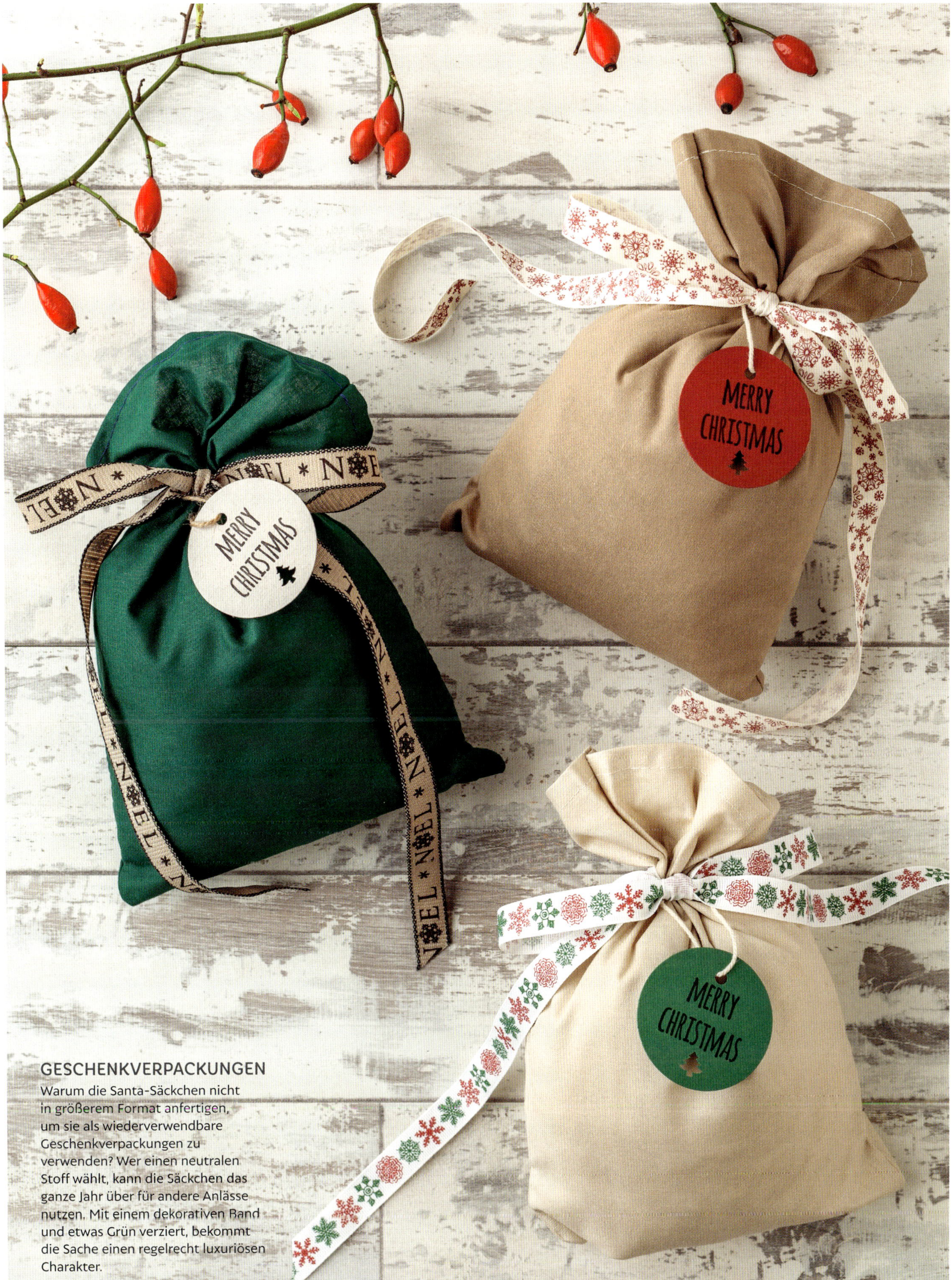

GESCHENKVERPACKUNGEN

Warum die Santa-Säckchen nicht in größerem Format anfertigen, um sie als wiederverwendbare Geschenkverpackungen zu verwenden? Wer einen neutralen Stoff wählt, kann die Säckchen das ganze Jahr über für andere Anlässe nutzen. Mit einem dekorativen Band und etwas Grün verziert, bekommt die Sache einen regelrecht luxuriösen Charakter.

GESCHENK-VERPACKUNGEN

Geschenkpapier ist eines der verschwenderischsten Dinge, die wir zur Weihnachtszeit verwenden. Wir alle genießen es, die Verpackungen aufzureißen, aber all das Papier schadet der Umwelt, wenn es nicht recycelt werden kann. Besser ist es daher, Altpapier oder Weihnachtskarten der Vorjahre zu benutzen, die erneut recycelt werden können, und nicht Klebeband, sondern wiederverwendbare Bänder. Hier einige Anregungen.

Weihnachtskarten-Box

Diese kleine Schachtel ist einfach und schnell hergestellt. Eine tolle Möglichkeit, Geld oder Schmuck hübsch zu verpacken. Ich verschenke oft Bares an meine Nichten – eine tolle Art, umweltfreundlich zu handeln, denn so können die Beschenkten das Geld für etwas ausgeben, was sie wirklich brauchen, anstatt ein unerwünschtes Etwas ins Abstellregal zu verfrachten. Perfekt!

DAS BRAUCHT MAN:

MATERIALIEN

- 1 alte Weihnachtskarte

WERKZEUGE & HILFSMITTEL

- Schere
- Bleistift
- Lineal

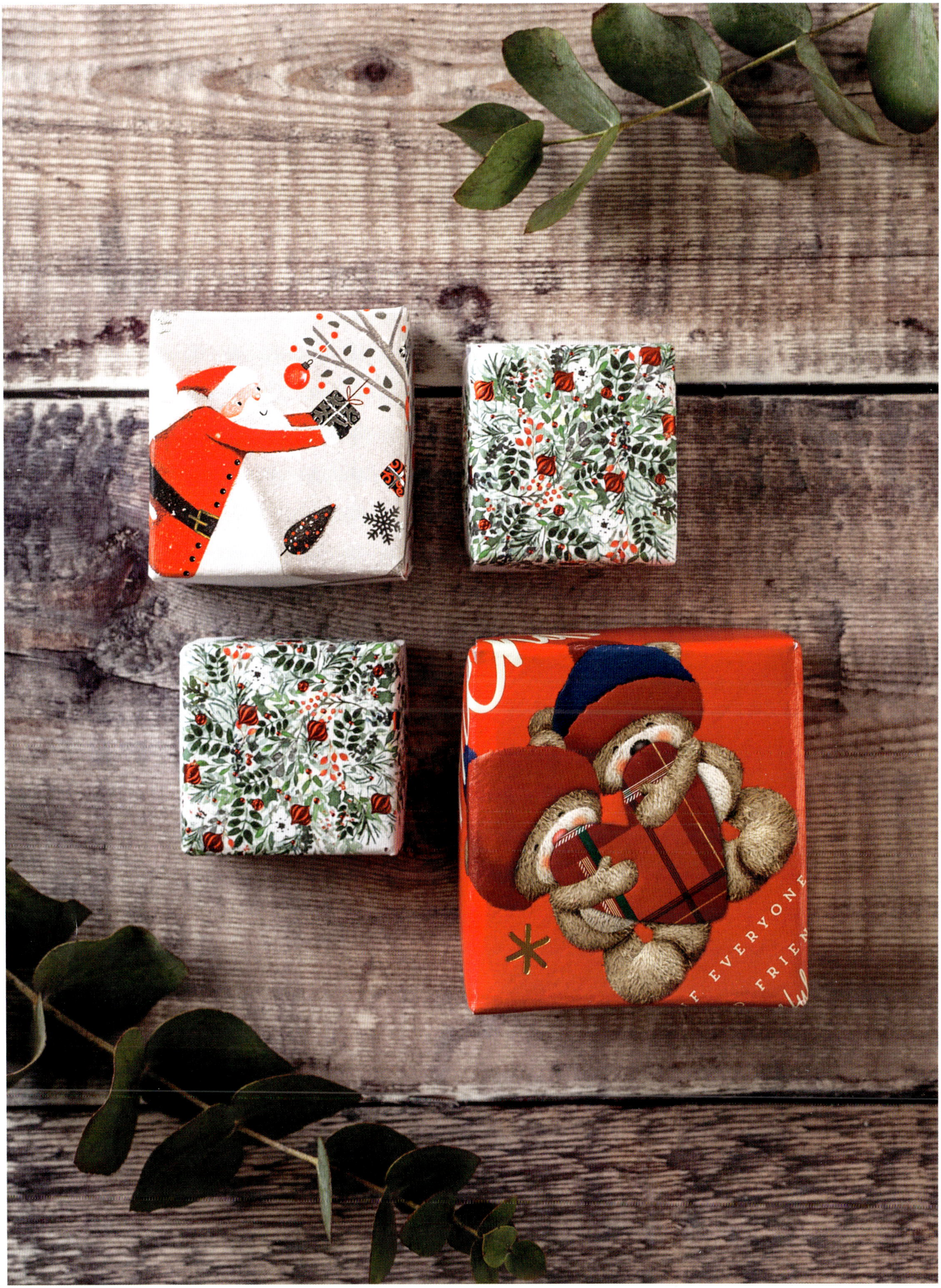
EVERYONE

ANLEITUNG

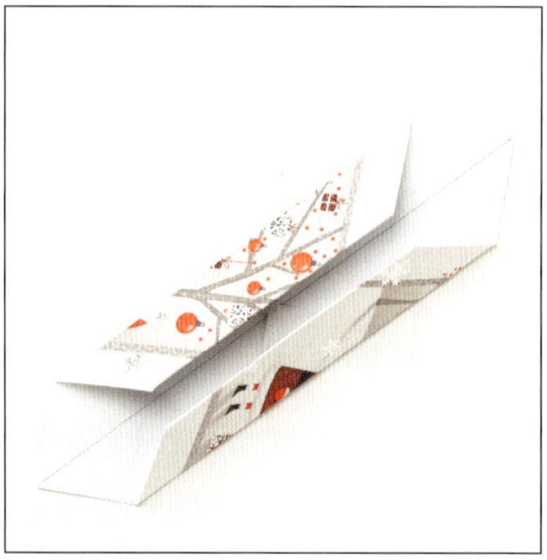

Tipp

Es kann hilfreich sein, die Scherengriffe als Falzbein zu benutzen, um die Falzlinien zu verstärken.

SCHRITT 1

Die Weihnachtskarte am Falz in der Mitte durchschneiden. Die Vorderseite der Karte wird der obere Teil der Schachtel, die Rückseite wird der Körper. Die Vorderseite der Karte umdrehen (also mit der bedruckten rechte Seite nach unten auf die Arbeitsfläche legen) und an den Linien zwischen den gegenüberliegenden Ecken falten, sodass ein Kreuzfalz entsteht (wie im Bild gezeigt).

SCHRITT 2

Die gegenüberliegenden Ecken zur Hälfte zur Mittellinie hin falten und erneut mittig falten.

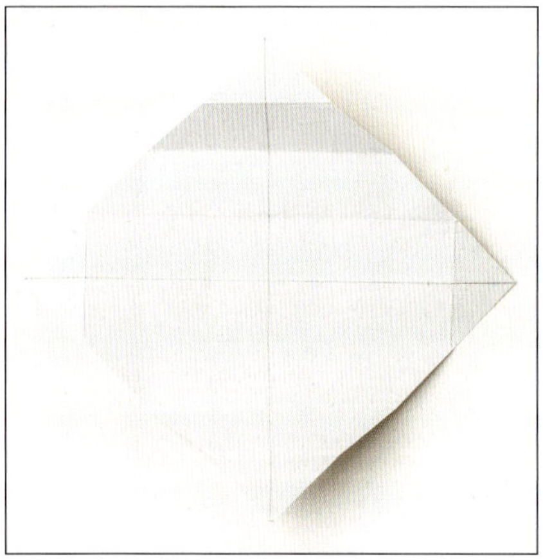

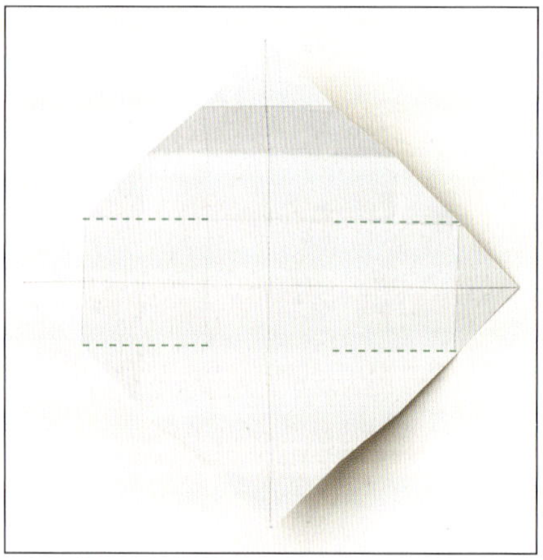

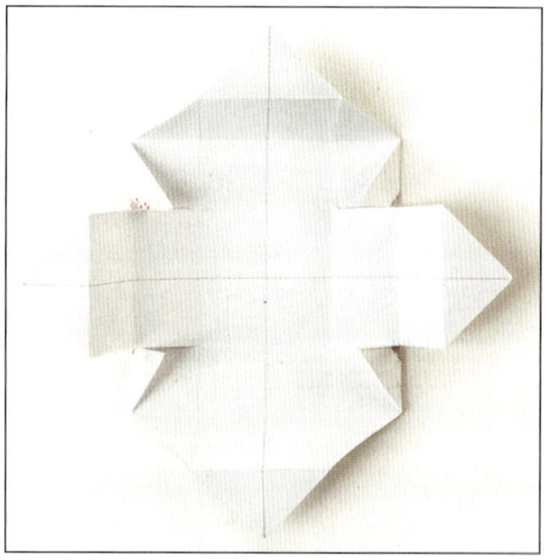

SCHRITT 3

Die Faltung öffnen und den Vorgang mit den beiden anderen gegenüberliegenden Ecken wiederholen. Ganz aufgeklappt ist nun in der Mitte ein Quadrat zusehen, das den oberen Teil der Schachtel bildet.

SCHRITT 4

Mit der Schere vier Schnitte anbringen (wie durch die grünen Linien im Bild angezeigt).

SCHRITT 5

Nun die Schachtel zusammenbauen. Hierfür die vier kleinen Dreiecksecken an den großen Dreiecksklappen nach unten klappen.

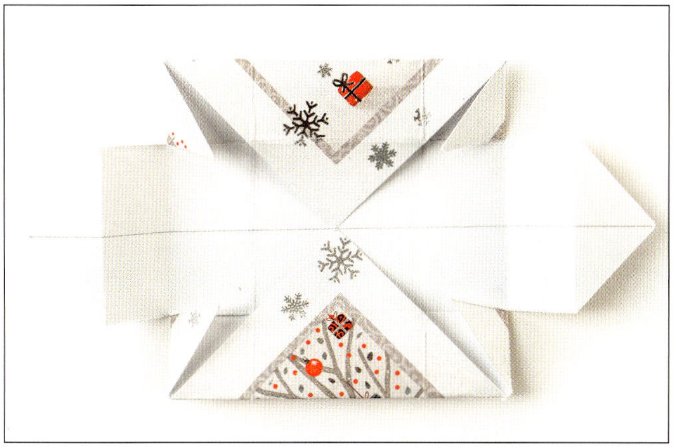

SCHRITT 6

Dann die großen Dreiecksspitzen zum Mittelpunkt klappen.

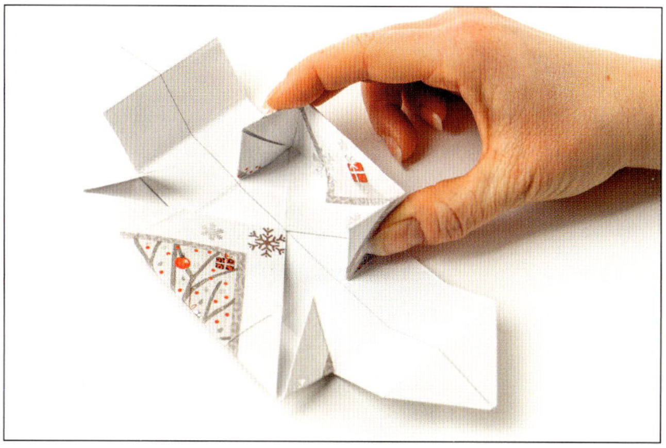

SCHRITT 7

Die Dreiecksspitzen nochmals mittig umklappen, aber nur im 90-Grad-Winkel, um die ersten Wände der Schachtel zu bilden. Dann die Ecken zu einer quadratischen C-Form umklappen.

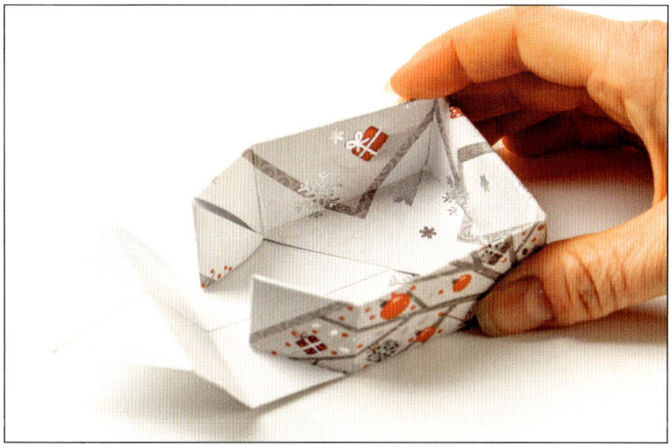

SCHRITT 8

Die Schachtel drehen und beide Seiten mit einer Hand festhalten, gleichzeitig eine der Seitenlaschen nach oben und über die Ecken schlagen und nach unten zum Boden klappen. Auf diese Weise werden die ersten beiden Seiten gesichert (sie bleiben ohne Kleber an Ort und Stelle).

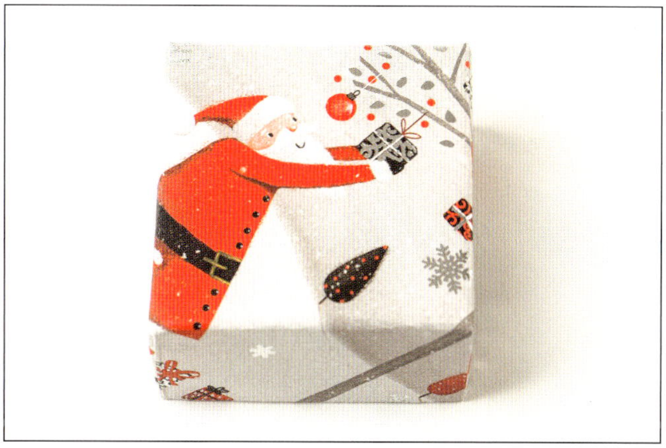

SCHRITT 9

Die Schachtel drehen und den Vorgang an der letzten Seite wiederholen. Falls die kleinen Dreiecke nach innen klappen, sie wieder herausziehen, bevor man die letzte Seite umklappt. Der Schachteldeckel ist nun fertig.

SCHRITT 10

Für den Schachtelkörper von allen vier Seiten der Rückseite der Weihnachtskarte 5 mm abschneiden. Dann die Schritte 1–9 wiederholen, um den Schachtelkörper herzustellen.

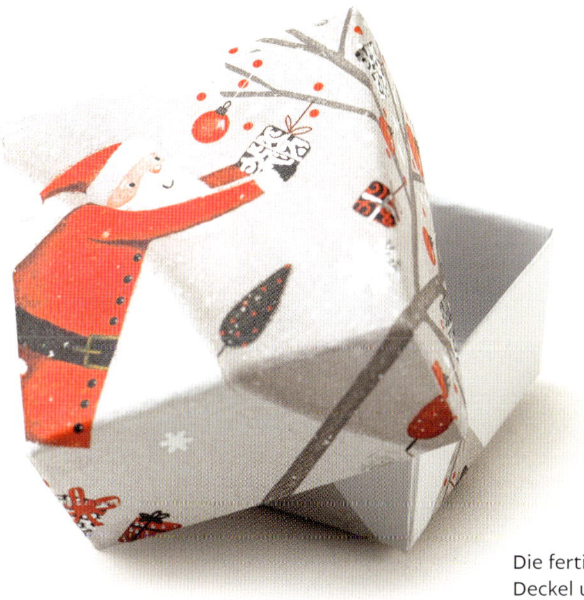

Die fertige Weihnachtskarten-Box sieht dann so aus.
Deckel und Körper sollten gut ineinander passen.

Stempel-Geschenkpapier

Die Stempeltechnik ist eine einfache und schnelle Möglichkeit, etwas Schlichtes in etwas wirklich Schönes zu verwandeln. Man kann viele Muster und Farben verwenden und sogar die Motive einander überlappen lassen, sobald die unteren getrocknet sind, um tolle Effekte zu erzielen. Die Verwendung von braunem Recyclingpapier ist umweltfreundlich und verhindert, dass Glitzer- und kunststoffbeschichtetes Weihnachtspapier auf der Mülldeponie landet. Man muss das Papier nicht einmal mit Klebeband verschließen, sondern kann es mit Schnur oder Band befestigen.

DAS BRAUCHT MAN:

MATERIALIEN

- recyceltes braunes Packpapier
- braunes Papier-Klebeband
- weiße Baumwollschnur (Länge 2,5 m)
- grünes Tonpapier

WERKZEUGE & HILFSMITTEL

- Schere
- Lineal
- kleine und mittelgroße Stern-Stempel
- »Merry Christmas«-Stempel
- je 1 weißes, schwarzes und grünes Stempelkissen
- große Anhänger-Vorlage (siehe Seite 143)

Tipp

Wenn es Zeit ist, das Geschenk zu überreichen, ein Stück frisches Grün unter die Schnur stecken. Man kann auch eine getrocknete Orangen- oder Zitronenscheibe hinzufügen, für einen zusätzlichen Farbtupfer.

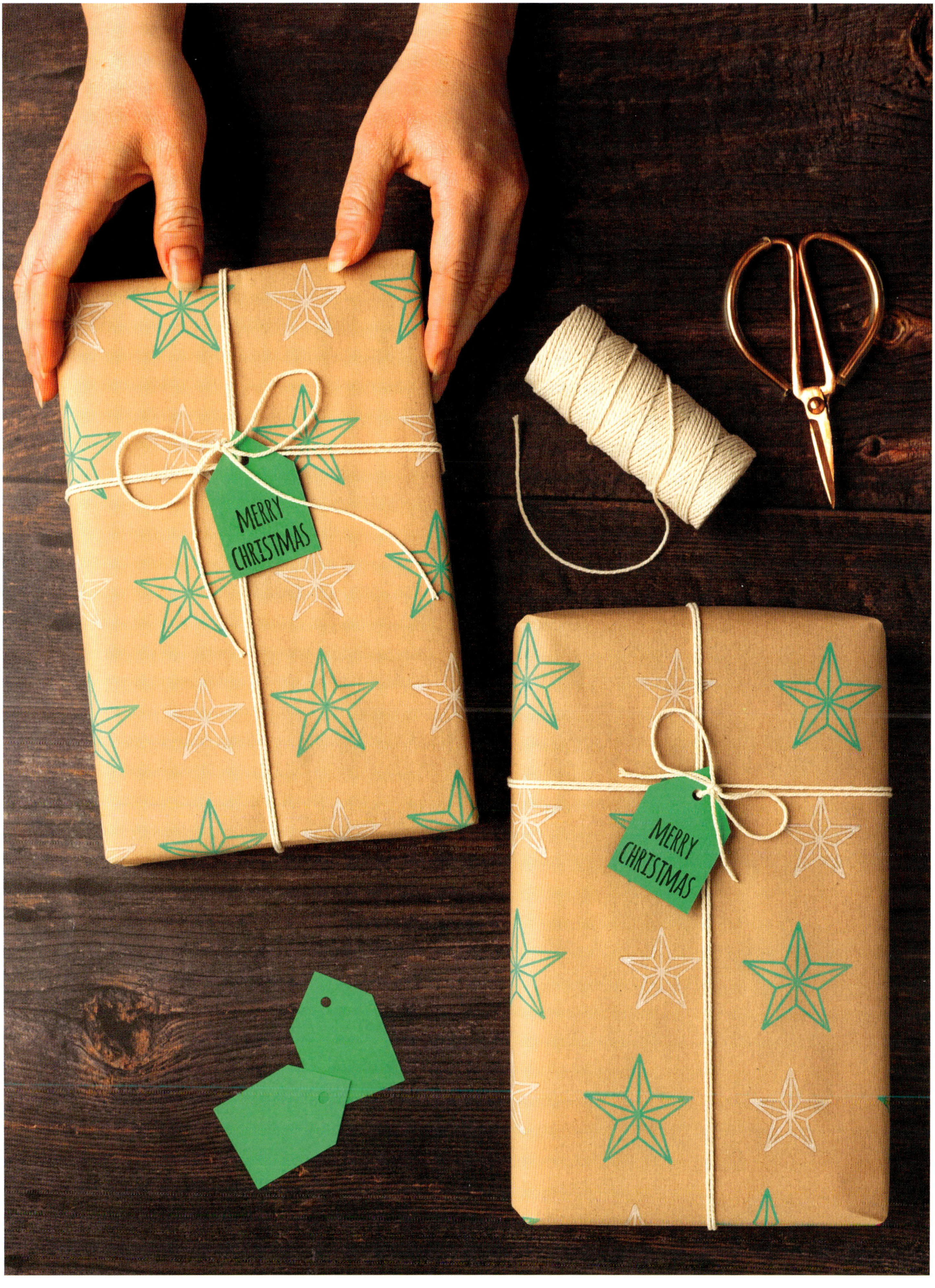
MERRY CHRISTMAS
MERRY CHRISTMAS

ANLEITUNG

SCHRITT 1
Das braune Papier abmessen und zuschneiden.

SCHRITT 2
Mit den Stern-Stempeln und dem grünen und dem weißen Stempelkissen abwechselnd kleine und große Sterne in Streifen auf das Papier drucken. Trocknen lassen.

SCHRITT 3
In der Zwischenzeit einen großen Anhänger aus grünem Karton nach der Vorlage auf Seite 143 ausschneiden und auf eine Seite ein schwarzes »Merry Christmas« aufstempeln.

SCHRITT 4
Das Geschenk so ordentlich wie möglich verpacken. Ich habe braunes Papier-Klebeband verwendet, um die Sache zu sichern.

SCHRITT 5
Beginnend mit dem oberen Ende der Schnur, diese zweimal senkrecht und zweimal waagerecht um das Geschenk wickeln (a). Eines der Enden unter die Stelle fädeln, an der sich die Schnüre kreuzen (b), dann einen Doppelknoten binden, den Anhänger auffädeln und mit einer Schleife abschließen.

Tipp

Wer das Papier gerne mit Klebeband fixiert, sollte umweltfreundliche Klebebänder auf pflanzlicher Basis oder Klebeband aus braunem Papier verwenden, die biologisch abbaubar sind.

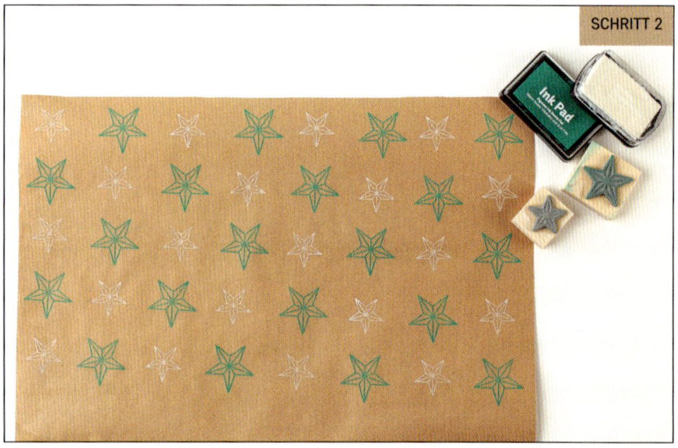
SCHRITT 2

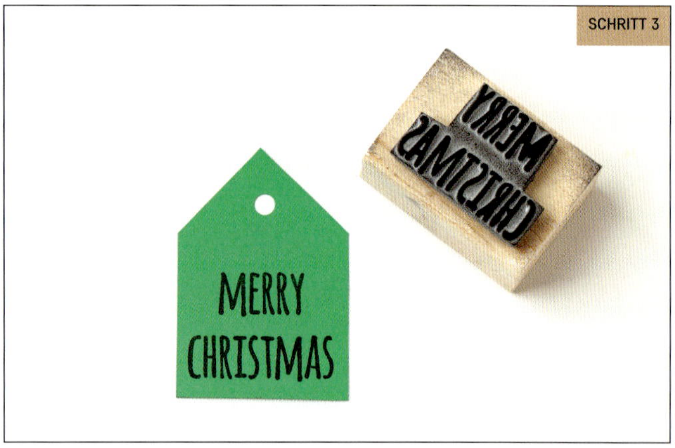

SCHRITT 3

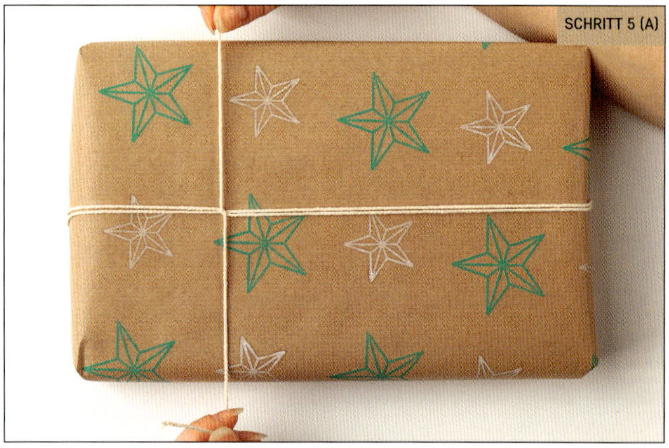
SCHRITT 5 (A)

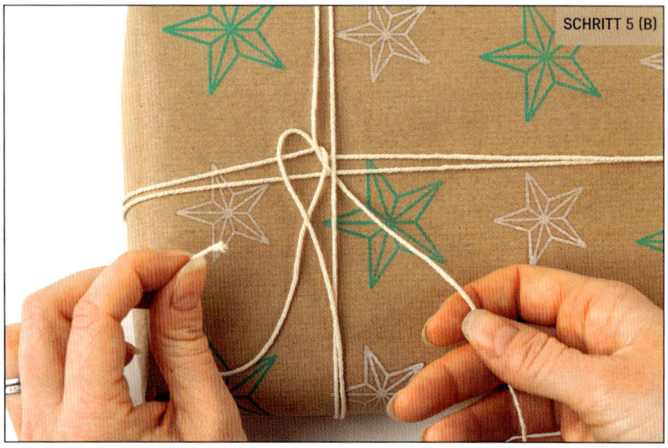
SCHRITT 5 (B)

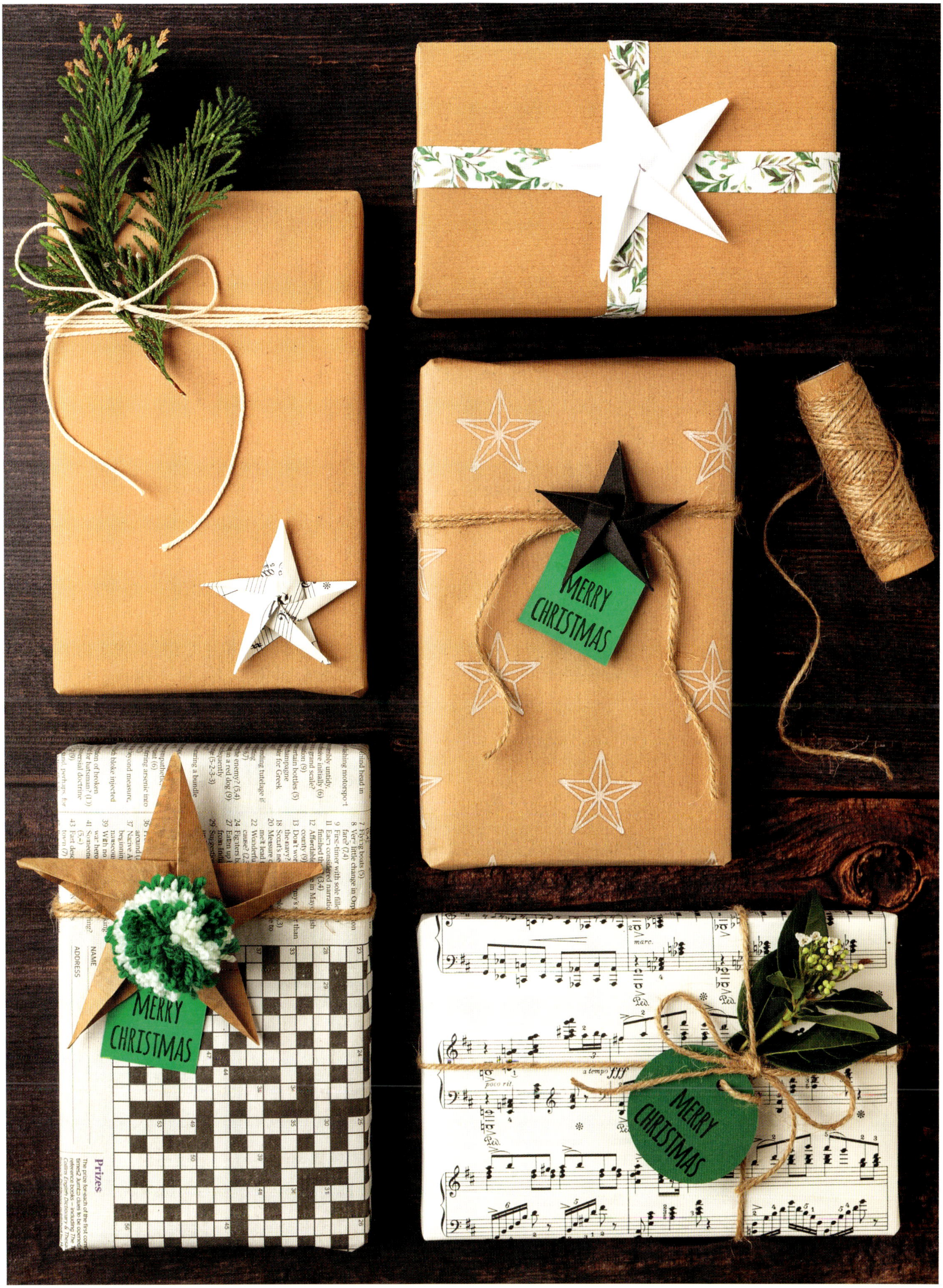
MERRY CHRISTMAS
MERRY CHRISTMAS
MERRY CHRISTMAS

Aus Zweigen gebundener STERN

Umweltfreundlicher als mit dieser wunderschönen Kreation geht es eigentlich nicht. Man kann die Zweige mit jeder Art von Schnur oder Garn zusammenbinden, um verschiedene Effekte zu erzielen und ein wenig Farbe hinzuzufügen. Mit etwas winterlichem Grün kombiniert ist im Nu ein festlicher Wandschmuck hergestellt.

DAS BRAUCHT MAN:

MATERIALIEN

- 6 Stücke Schnur aus Naturfasern (Länge je 25 cm), plus etwas Schnur extra zum nachträglichen Umwickeln
- 1 Stück Schnur aus Naturfasern (Länge 30 cm) für den Aufhänger
- 5 kleine gerade Zweige (Durchmesser 5–8 mm, Länge etwa 18 cm)

WERKZEUGE & HILFSMITTEL

- Schere

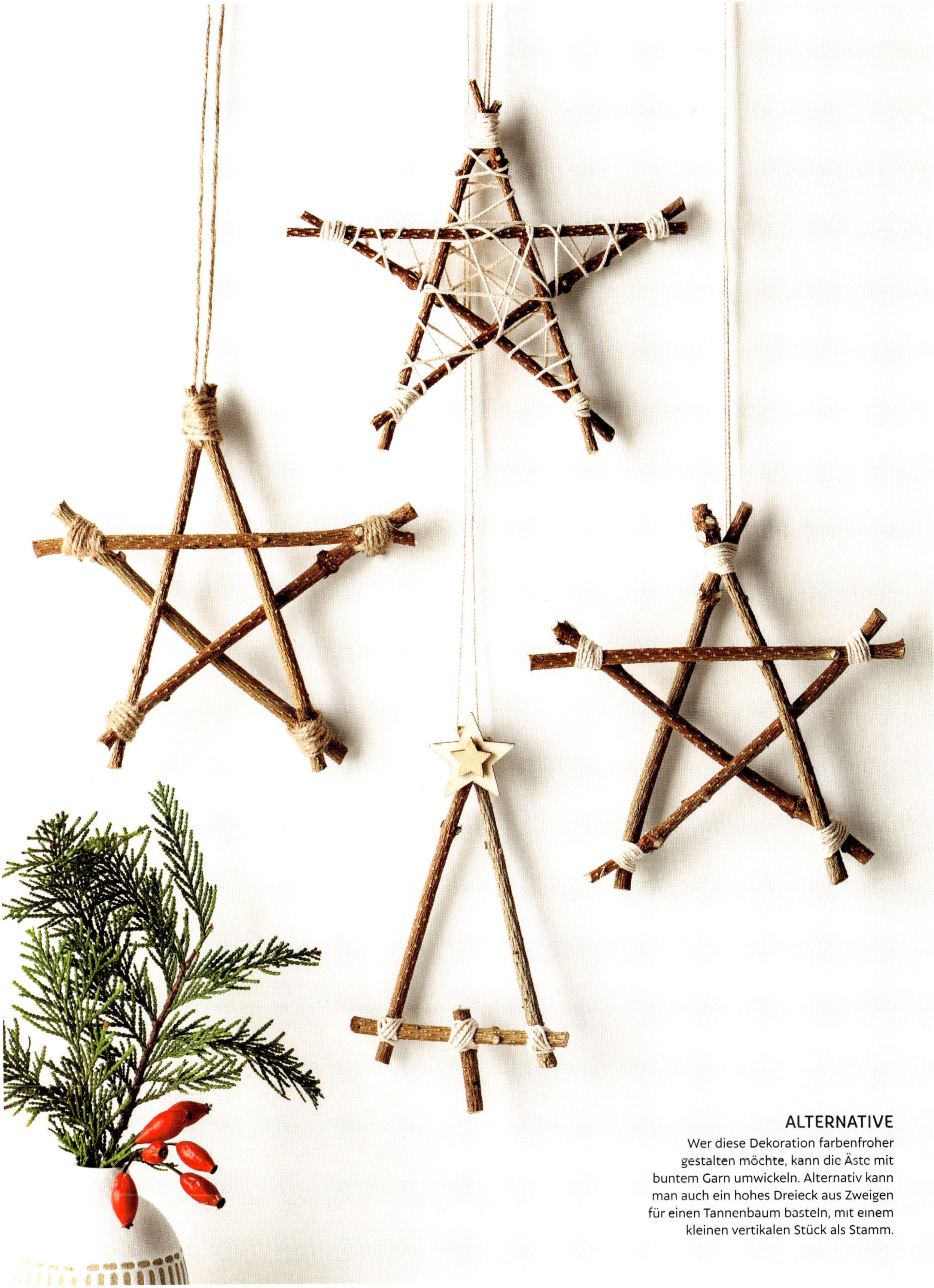

ALTERNATIVE

Wer diese Dekoration farbenfroher gestalten möchte, kann die Äste mit buntem Garn umwickeln. Alternativ kann man auch ein hohes Dreieck aus Zweigen für einen Tannenbaum basteln, mit einem kleinen vertikalen Stück als Stamm.

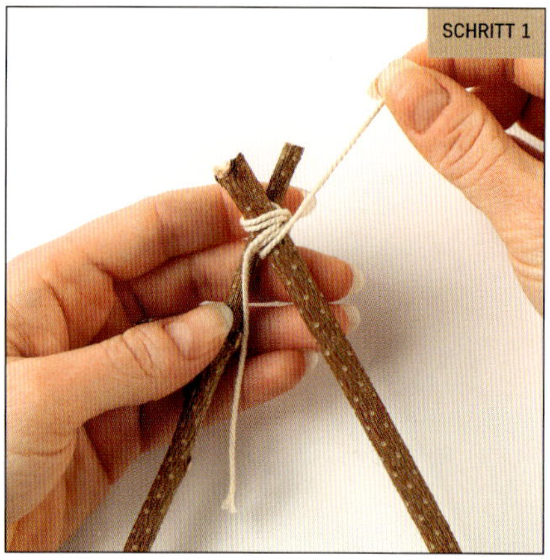

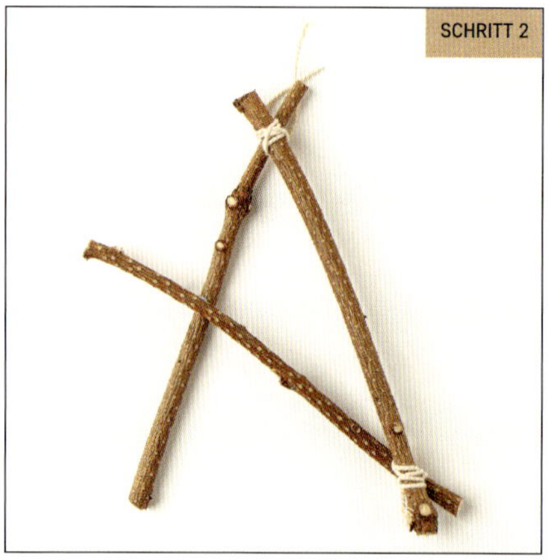

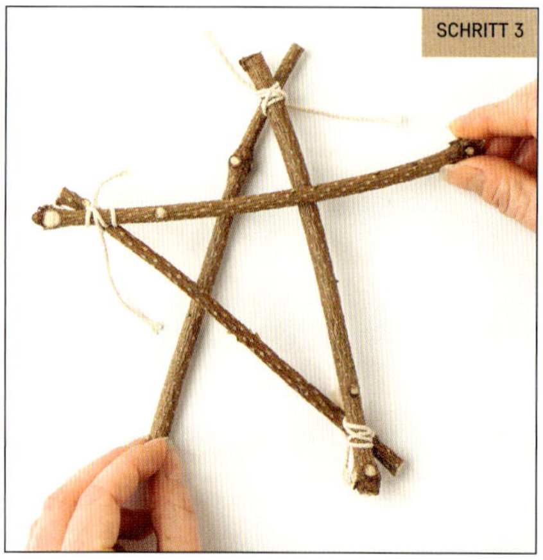

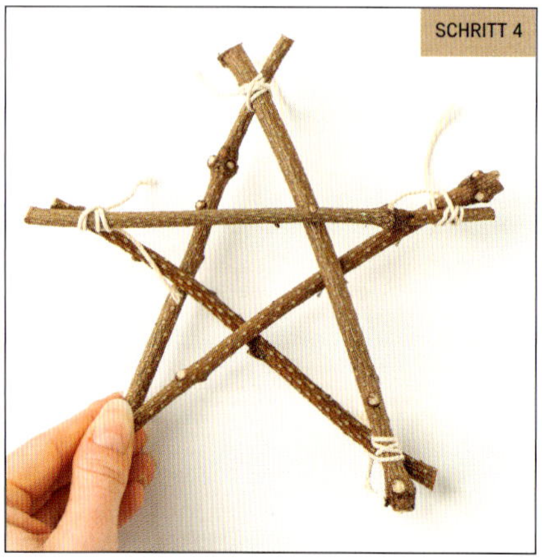

ANLEITUNG

SCHRITT 1

Zwei der Zweige wie eine Dreiecksspitze so auf die Arbeitsfläche legen, dass der rechte Zweig oben liegt. Eines der 25-cm-Schnurstücke um den Verbindungspunkt wickeln. Hierfür ein 4 cm langes loses Schnurende mit dem linken Daumen fixieren und das andere Ende um die Zweige und zwischen ihnen hindurch wickeln.

Tipp

Wenn es schwierig ist, die Äste stabil zu umwickeln, sie zuerst mit etwas Heißkleber fixieren und dann die Schnur dekorativ darüber wickeln.

SCHRITT 2

Sobald nur noch 4 cm Faden übrig sind, die Schnurenden zusammenführen und auf der Rückseite mit einem Doppelknoten verknoten. Einen dritten Ast mit dem rechten Ende unter den rechten Zweig legen und sein anderes Ende über die Mitte des linken Zweiges, wie im Bild gezeigt. Die untere rechte Ecke mit einem weiteren Schnurstück anbinden.

SCHRITT 3

Nun den vierten Zweig mit der Spitze des dritten Astes so verbinden, dass er den rechten Zweig in dessen Mitte kreuzt.

SCHRITT 4

Das rechte Ende des fünften Zweiges unter dem rechten Ende des vierten Zweiges anbinden. Ihn unter dem zweiten Zweig hindurchführen und dann über den dritten Zweig, dann ihn mit dem unteren Ende des ersten linken Zweiges verbinden.

SCHRITT 5

Nun den Aufhänger mit dem 30-cm-Schnurstück bilden. Hierfür die Schnur durch die oberste Verbindung fädeln, um die beiden oberen Zweige wickeln und die Enden mit Doppelknoten sichern. Die losen Schnurenden abschneiden.

SCHRITT 6

Alle Verbindungspunkte mit zusätzlicher Schnur mehrfach umwickeln. Das gibt zusätzliche Festigkeit und sieht hübscher aus.

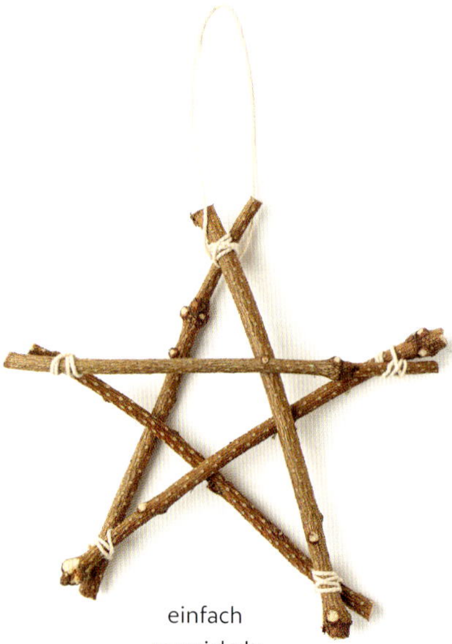

einfach umwickelt

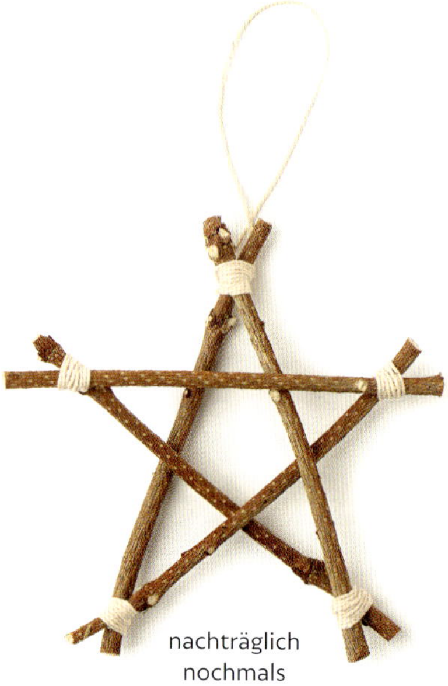

nachträglich nochmals umwickelt

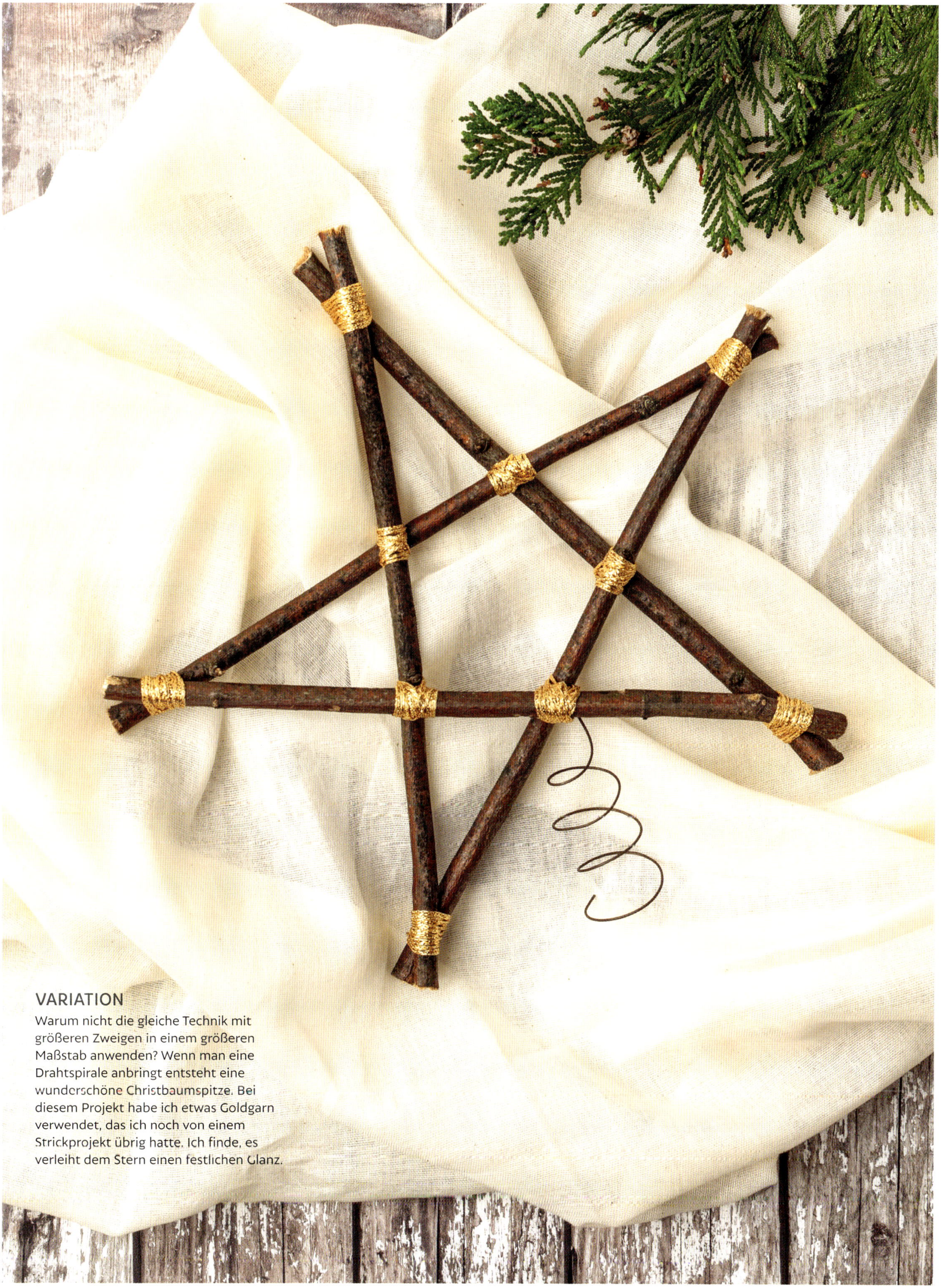

VARIATION

Warum nicht die gleiche Technik mit größeren Zweigen in einem größeren Maßstab anwenden? Wenn man eine Drahtspirale anbringt entsteht eine wunderschöne Christbaumspitze. Bei diesem Projekt habe ich etwas Goldgarn verwendet, das ich noch von einem Strickprojekt übrig hatte. Ich finde, es verleiht dem Stern einen festlichen Glanz.

Falt-Weihnachtsbaum aus BUCHSEITEN

Es widerstrebt mir immer ein bisschen, Bücher zu zerlegen, aber manche Schmöker haben halt irgendwann ausgedient. Dieses Buch war veraltet, also habe ich seinen Seiten als Tischdekoration ein neues Leben eingehaucht. Man kann dieses Projekt so einfach oder so kompliziert halten, wie man möchte, und optional einfach weitere Seiten hinzufügen. Auch alte Zeitschriften oder Notenblätter können toll aussehen, ebenso ein altes Telefonbuch oder eine Straßenkarte.

DAS BRAUCHT MAN:

MATERIALIEN

- 12 Buchseiten (Format 20 × 12,5 cm)
- Holzstern

WERKZEUGE & HILFSMITTEL

- Heißklebepistole
- Schere
- Bleistift
- Lineal
- Klebestift

Optional:

- Cutter
- Schneidematte
- Sicherheitlineal aus Metall

Tipp

Für dieses Projekt kann man ein Buch beliebiger Größe verwenden und einfach die Abstände, in denen man die »Tannenzweige« einschneidet, an die Höhe der Seiten anpassen. (die Höhe der Seite durch vier teilen und Schlitze in diesen Abständen einschneiden).

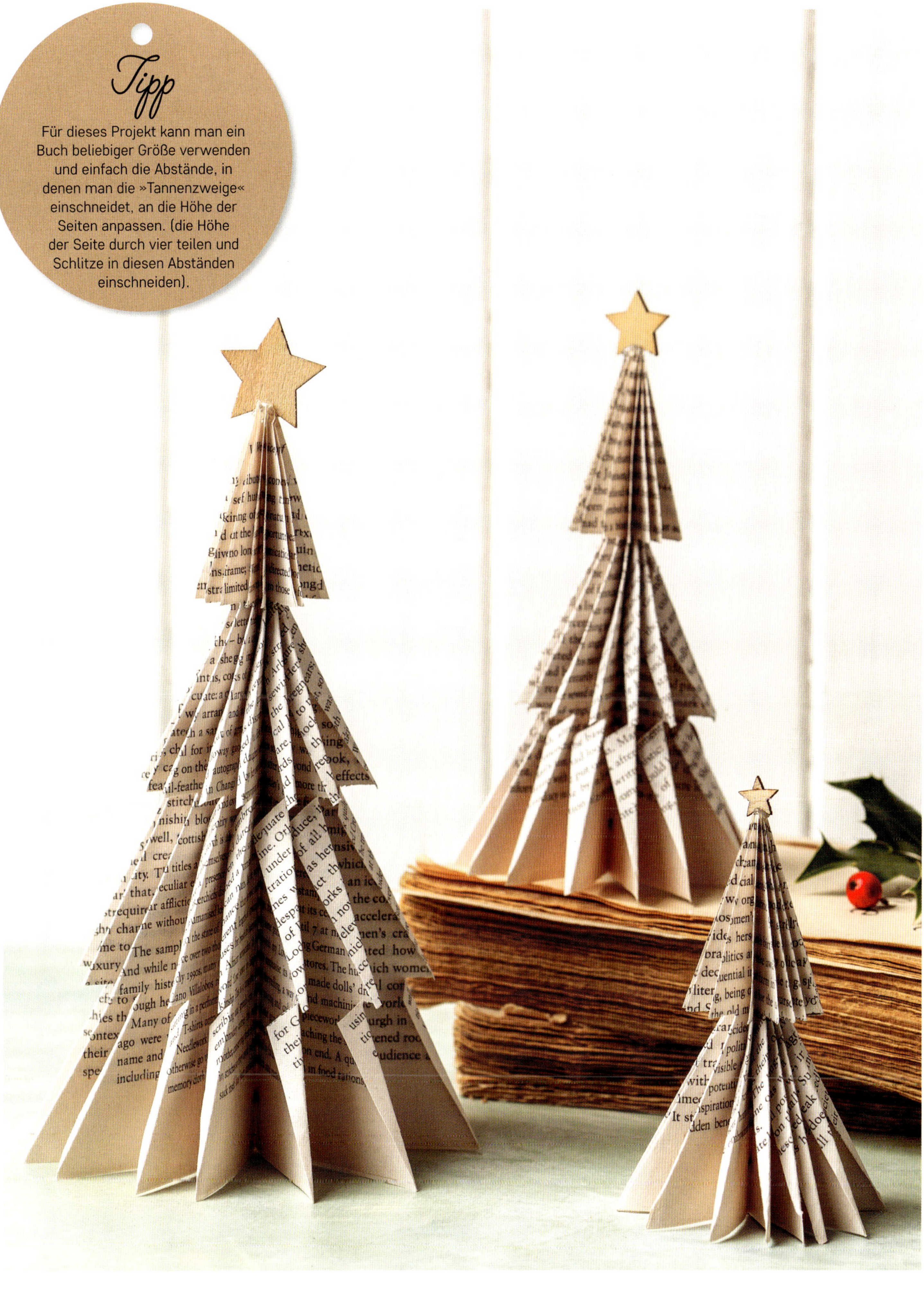

ANLEITUNG

SCHRITT 1
Vorsichtig zwölf Seiten aus dem Buch herauslösen und die obere Kante mittig falten, um einen zentralen Punkt zu erhalten.

SCHRITT 2
Mit Lineal und Bleistift eine Linie von diesem Punkt bis zu den beiden unteren Ecken zeichnen und dann entlang dieser Linie in einem Zug durch alle Lagen schneiden (mit der Schere oder idealerweise mit Cutter, Sicherheitslineal und Schneidematte).

SCHRITT 3
Jedes Dreieck der Länge nach mittig falten.

SCHRITT 4
Ein Stück Altpapier oder Zeitungspapier auf die Arbeitsfläche legen, um sie vor Kleber zu schützen. Eines der Dreiecke flach auslegen und eine Hälfte mit Kleber eindecken. Darauf achten, bis zum Rand und bis zur Spitze des Dreiecks Kleber aufzutragen. Dann eine Hälfte des nächsten gefalteten Dreiecks bündig aufkleben.

SCHRITT 5
So weiterarbeiten, bis alle Dreiecke zusammengeklebt sind. Dann die Form aufstellen und überprüfen, ob die Tanne voll genug aussieht. Wenn nicht, weitere Dreiecke ausschneiden und hinzufügen. Wenn die Papiertanne voll genug aussieht, die beiden letzten offenen Seiten zusammenkleben.

SCHRITT 6
Die Lagen wieder zusammenlegen, damit die Form flach aufliegt. Mithilfe von Lineal und Bleistift im Abstand von je 5 cm auf beiden Seitenkanten des Dreiecks drei Markierungen anbringen. Das Lineal waagerecht an einer der Markierungen ausrichten und vom Rand einer Kante ausgehend 1 cm lange Linien anzeichnen. Den Vorgang an der gegenüberliegenden Seite sowie an den anderen beiden Markierungen wiederholen.

SCHRITT 7
Mit der Schere die soeben gezeichneten Linien durch alle Papierlagen einschneiden.

SCHRITT 8
Den Stapel wieder flach hinlegen. Vorsichtig eine Kante in der Nähe eines der Schlitze nehmen und diagonal vom Schnitt nach unten umfalten. Die Kante des Lineals kann dabei als Führung dienen.

SCHRITT 9
Alle Lagen auf der rechten Seite des Stapels in der gleichen Richtung umfalten. Dann das Werkstück drehen und die andere Seite bearbeiten. Die gefalteten Abschnitte müssen sich alle in die gleiche Richtung um den Baum falten, wenn man ihn aufklappt.

SCHRITT 10
Mit Heißkleber einen Holzstern auf die Spitze des Baumes kleben.

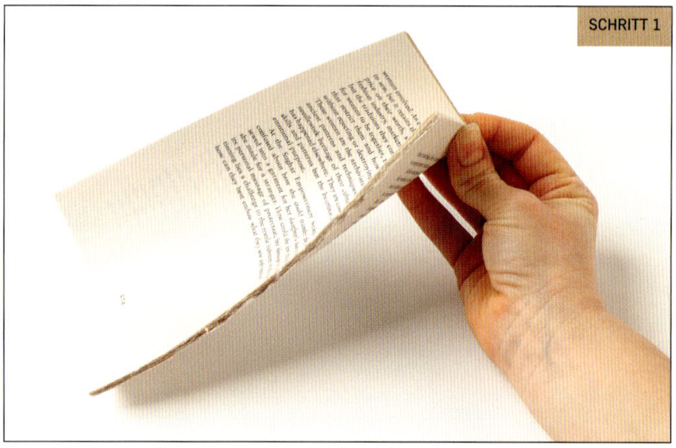

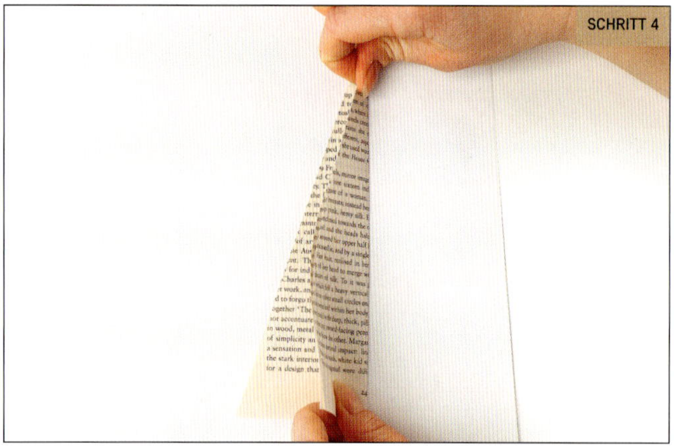

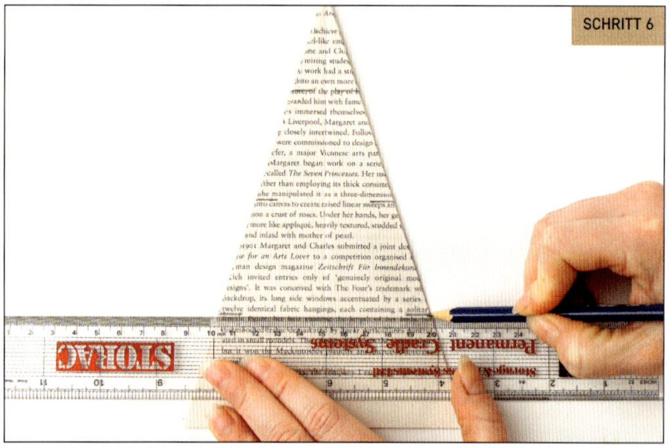

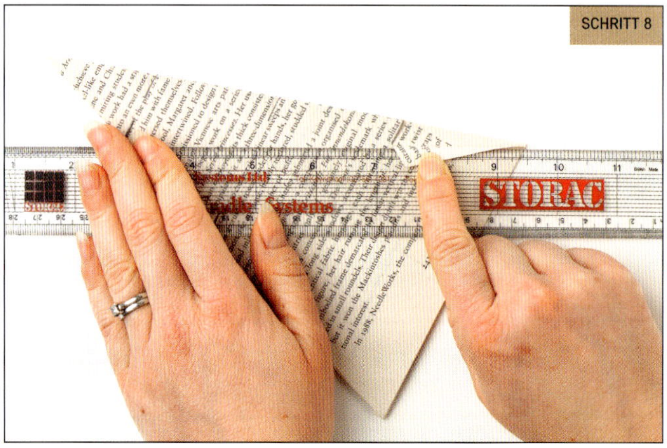

Tipp

Wer keinen Holzstern hat, kann mit der Anleitung auf den Seiten 12–15 einen Origami-Stern basteln.

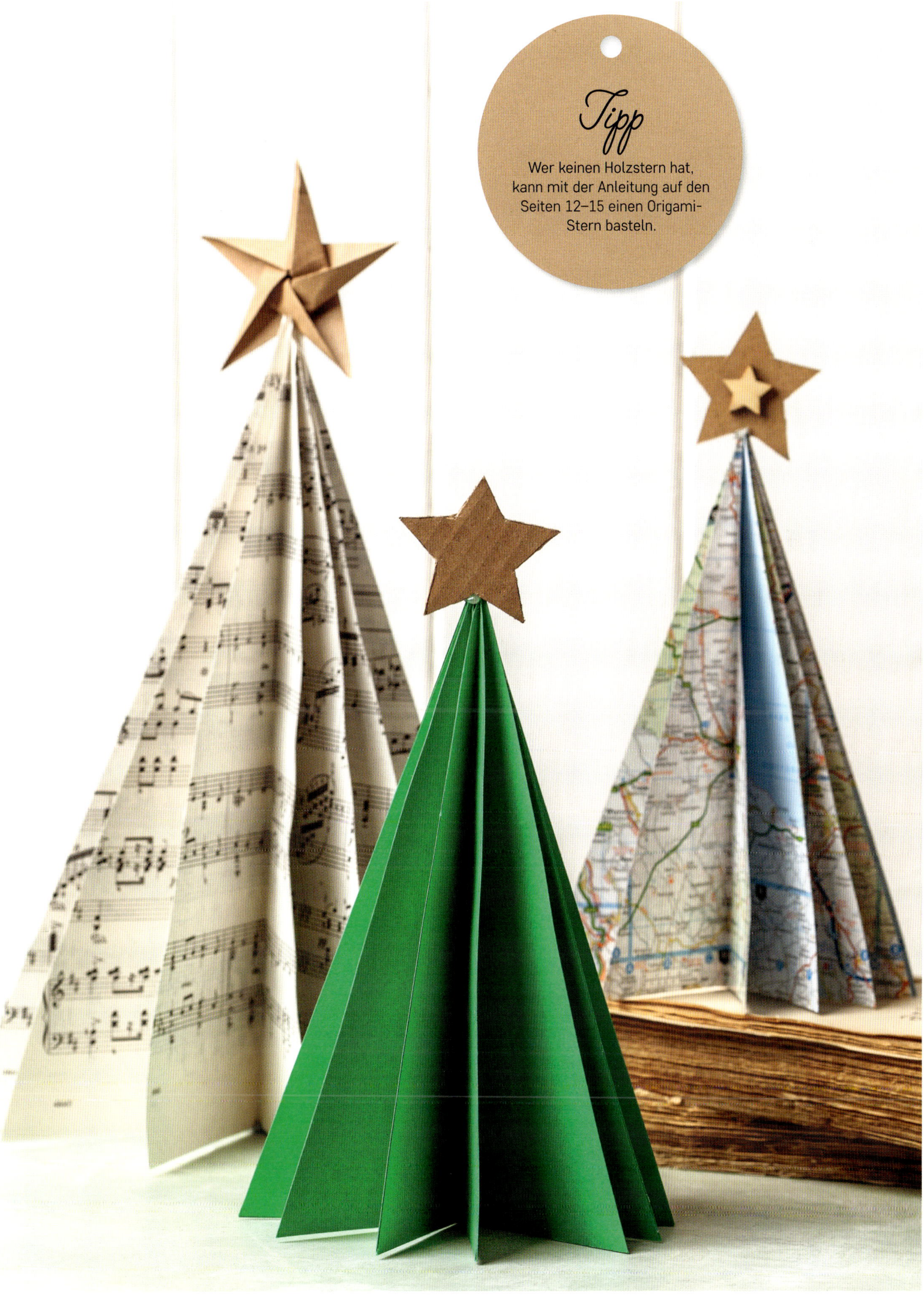

Pinienzapfen-BÄUMCHEN

Diese Bäumchen kommen besonders gut auf einer Fensterbank oder in der Mitte des Esstisches zur Geltung. Es ist ein lustiges Projekt, an dem sich Kinder beteiligen können, und der Spaß beginnt schon beim Sammeln der Zapfen. Sie lassen sich leicht nach eigenem Geschmack gestalten, entweder mit einem Klecks Farbe oder naturbelassen, so wie sie sind. Auch das Besprühen der Tannenzapfen mit umweltfreundlicher Farbe ist eine gute Möglichkeit, sie festlicher zu gestalten.

DAS BRAUCHT MAN:

MATERIALIEN

- Sektkorken
- Pinien- oder Kiefernzapfen
- Holzstern
- ungiftiger PVA-Kleber auf Wasserbasis
- Salz
- Zeitungspapier
- farbiges Band

WERKZEUGE & HILFSMITTEL

- Heißklebepistole
- 2 kleine Schüsseln
- kleine Bügelsäge

Optional:

- doppelseitiges Klebeband
- feiner Pinsel
- weiße oder goldene Bastelfarbe

WEISSE WEIHNACHT

Eine einfachere Methode, um schneebedeckte Bäumchen zu gestalten, besteht darin, die Spitzen der Zapfen mit weißer Farbe zu bemalen oder zu besprühen.

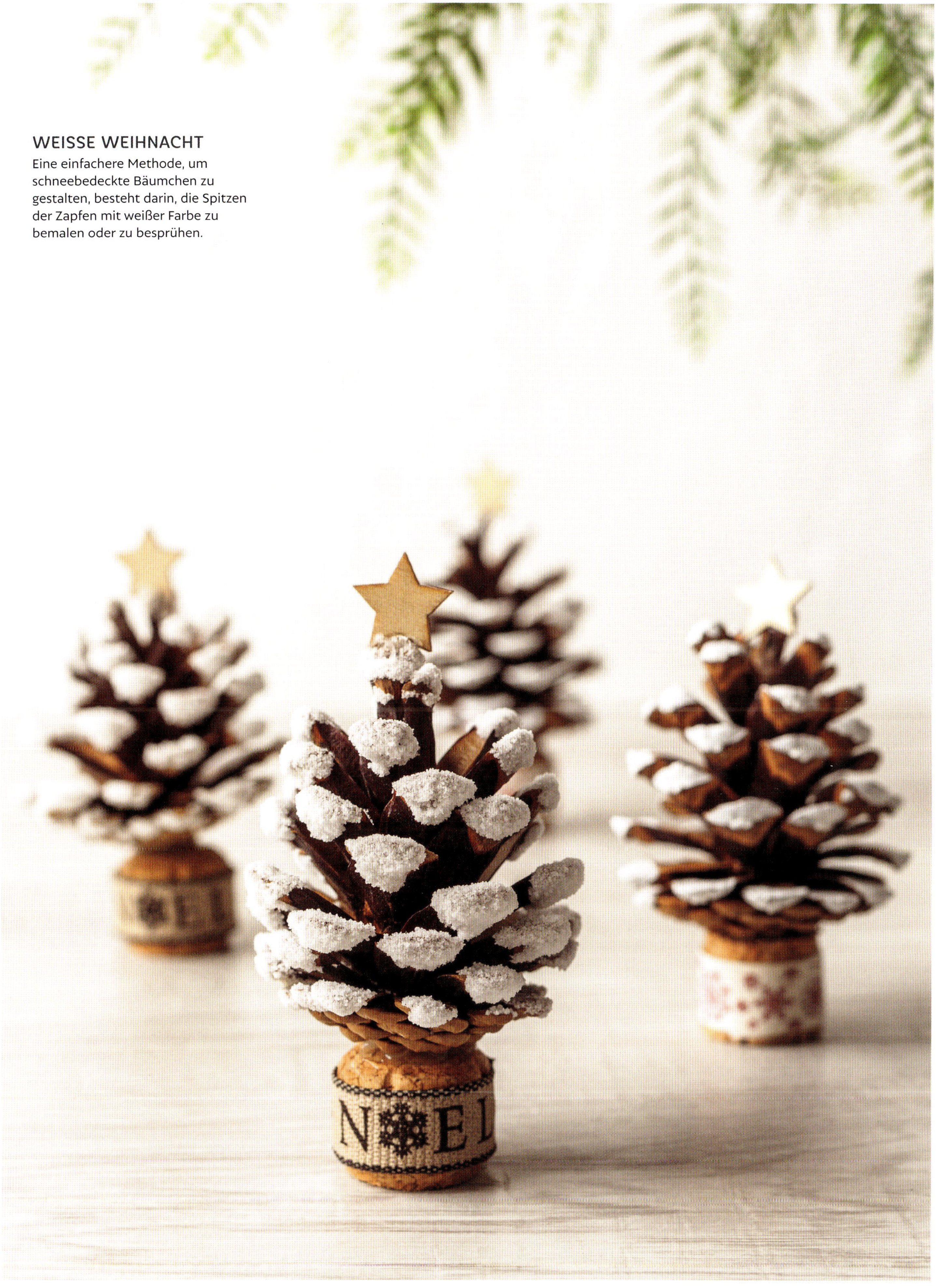

ANLEITUNG

SCHRITT 1
Den Korken mit der Bügelsäge in zwei Hälften sägen und Zapfen mit Heißkleber auf eine der Hälften kleben. Das Bäumchen trocknen lassen.

SCHRITT 2
Die Arbeitsfläche mit altem Zeitungspapier abdecken. Den PVA-Kleber in eine kleine Schüssel geben, das Salz in eine weitere kleine Schüssel. Das Bäumchen am Korken festhalten und den Zapfen so in den Kleber tauchen, dass nur die Spitzen bedeckt werden. Überschüssigen Kleber abtropfen lassen. Wenn es Schuppen gibt, auf denen kein Kleber ist, mit einem Pinsel etwas Kleber auftupfen.

SCHRITT 3
Dann die Zapfenspitzen vorsichtig in die Schüssel mit Salz stippen. Wenn es Stellen gibt, die noch nicht mit Salz bedeckt sind, mit den Fingern etwas darüberstreuen. Trocknen lassen.

SCHRITT 4
Ein hübsches Band mithilfe eines kleinen Stückes doppelseitigem Klebeband oder mit Heißkleber rund um den Korken kleben.

SCHRITT 5
Den Holzstern mit Heißkleber auf die Spitze kleben. Optional den Stern weiß oder goldfarben anmalen.

Tipp
Man kann einen Weinkorken anstelle eines Sektkorkens verwenden.

Hinweis
Darauf achten, dass die Korken eine flache Bodenfläche haben, sonst kippen die Bäumchen um.

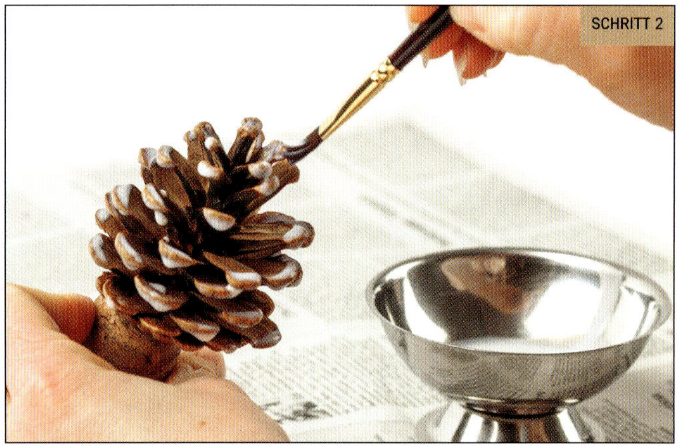
SCHRITT 2

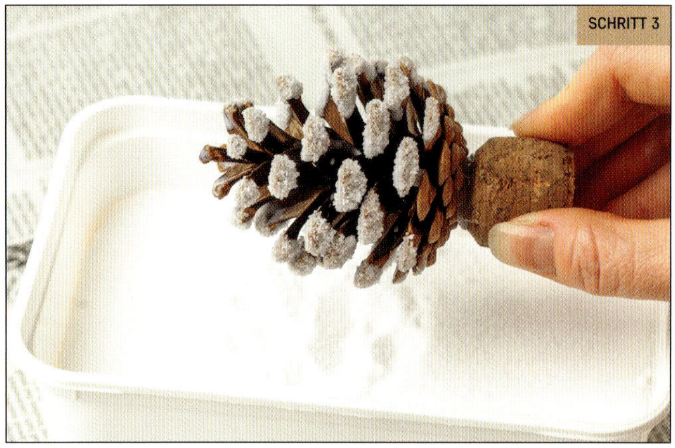
SCHRITT 3

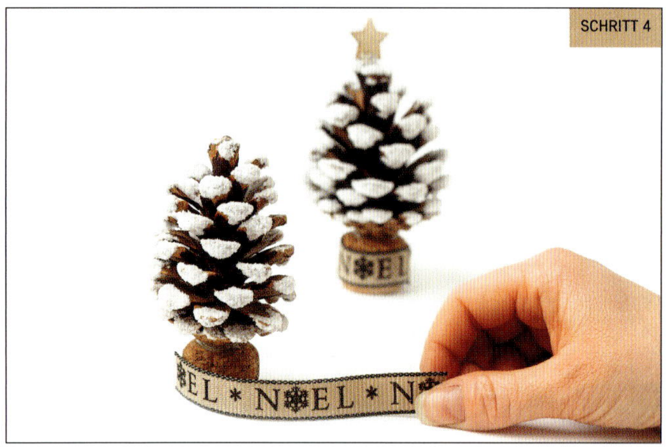
SCHRITT 4

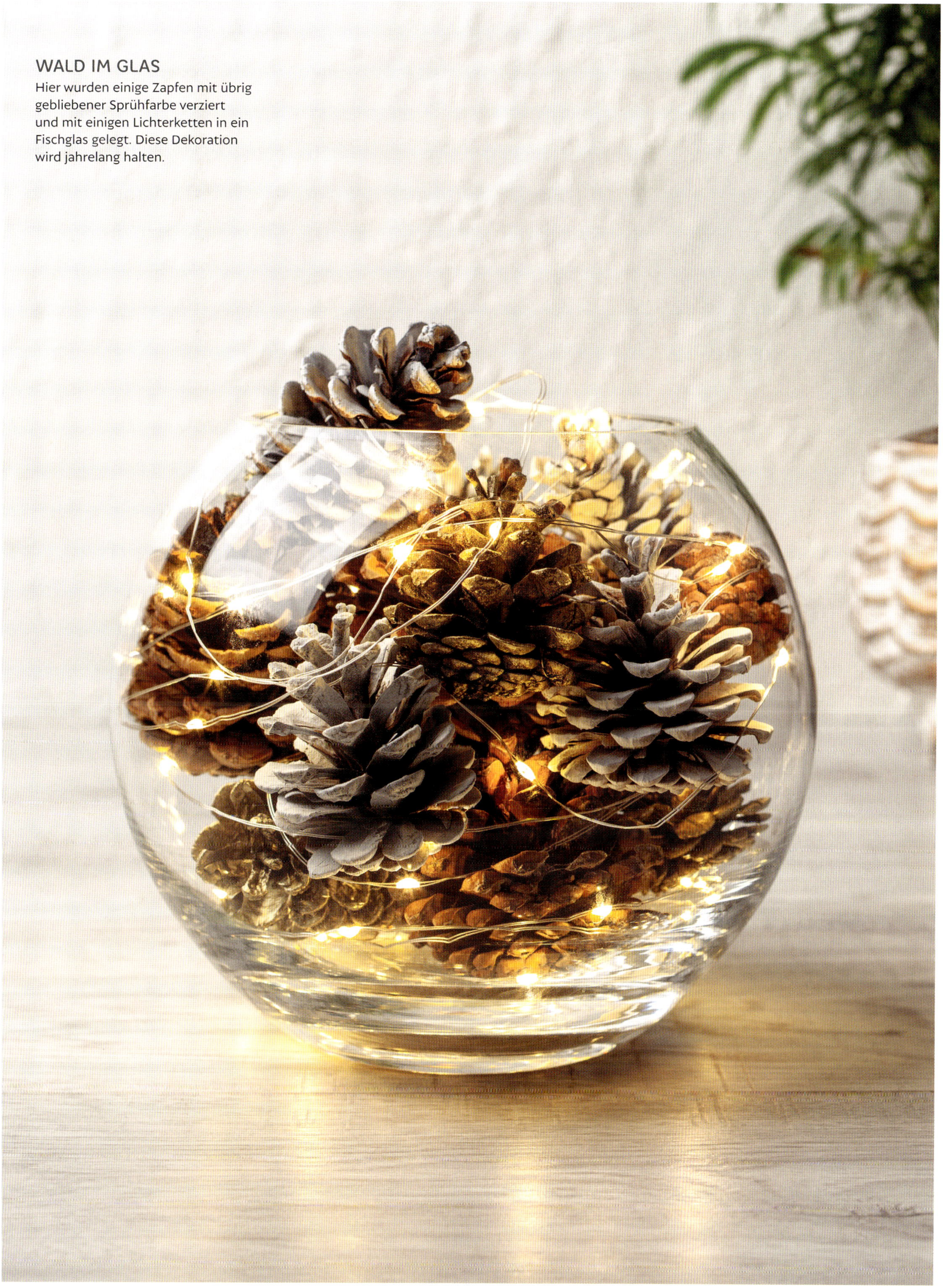

WALD IM GLAS

Hier wurden einige Zapfen mit übrig gebliebener Sprühfarbe verziert und mit einigen Lichterketten in ein Fischglas gelegt. Diese Dekoration wird jahrelang halten.

Weinkorken-KRANZ

Ich habe seit etwa zwölf Jahren Korken gesammelt, um eines Tages etwas daraus zu machen. Dieser Moment war nun gekommen! Aus Wein-, Prosecco- oder Sektkorken lassen sich wunderschöne Kränze basteln. Es gibt zwei Möglichkeiten, sie zu montieren: Mit Draht oder mit Heißkleber. In jedem Fall sehen sie toll aus und sind wirklich nachhaltig und langlebig.

DAS BRAUCHT MAN:

MATERIALIEN

- 1 Strohkranz (Durchmesser 30,5 cm)
- 140 Weinkorken
- Band für den Aufhänger (Länge 50 cm)
- 2 Pinien- oder Kiefernzapfen
- Blumendraht (Stärke 1,9 mm)
- grünes Sackleinenband (Länge 1,2 m)
- getrocknete Orangenscheiben

WERKZEUGE & HILFSMITTEL

- Kneifzange
- Heißklebepistole

Tipp

Wer ungeduldig ist oder keinen Wein trinkt, kann gebrauchte Korken online kaufen.

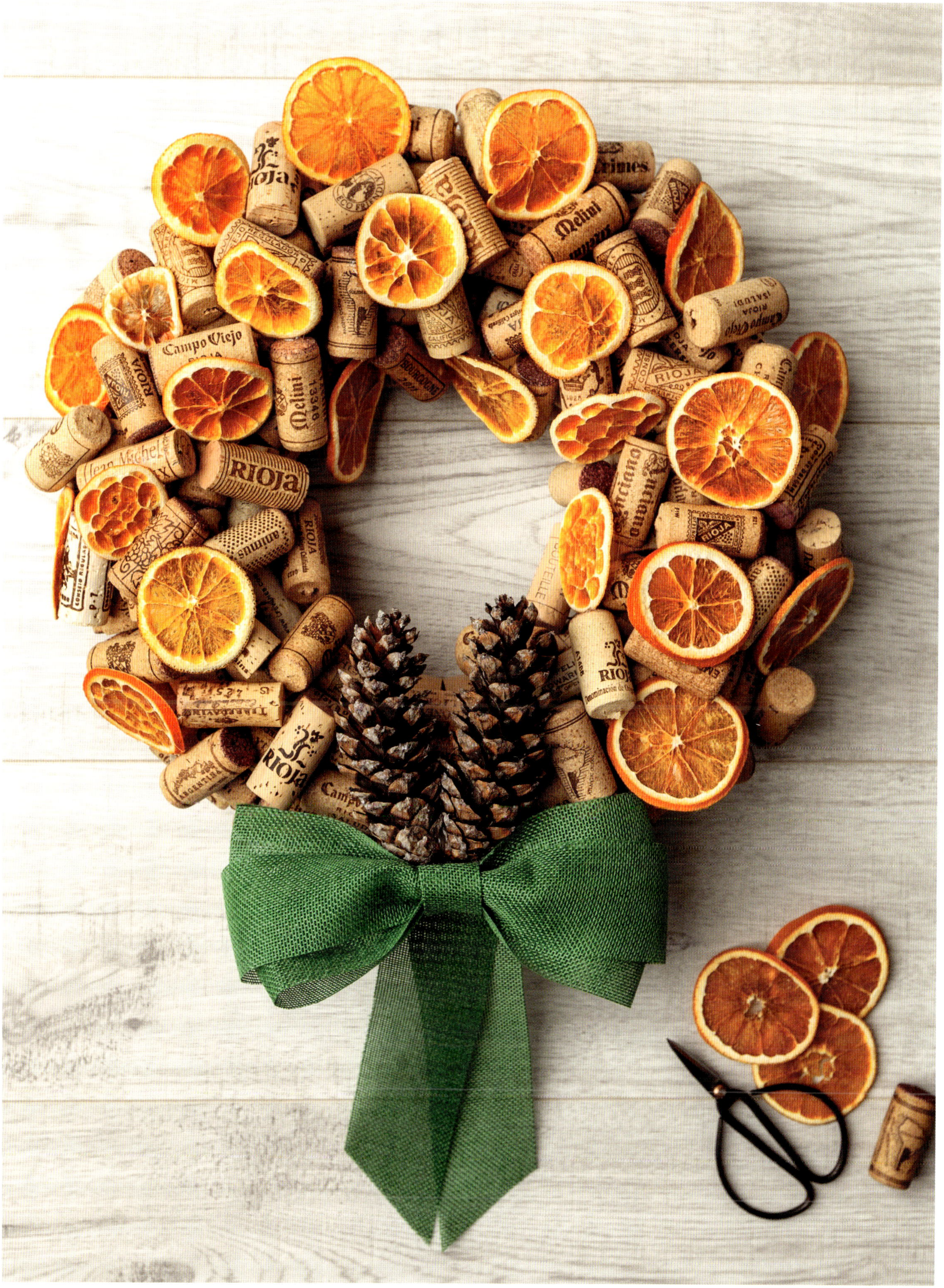
Campo Viejo
RIOJA
Melini
RIOJA
RIOJA

ANLEITUNG

SCHRITT 1
Das Band für den Aufhänger anbinden, indem man es durch den Strohkranz führt und einen Doppelknoten bindet.

SCHRITT 2
280 Drahtstücke mit einer Länge von etwa 3 cm zuschneiden. Jeweils zwei Drahtstücke in eine der langen Seiten jedes Korkens stecken.

SCHRITT 3
Die Korken kreisförmig in die Vorderseite des Strohkranzes stecken.

SCHRITT 4
Sobald die erste Schicht fertig ist, die restlichen Korken nach dem Zufallsprinzip auf dem Kranz befestigen, indem man sie in die erste Lage Korken steckt. Darauf achten, sie so anzubringen, dass jeweils der schönste Teil des Korkens nach außen zeigt.

SCHRITT 5
Wenn diese Schicht fertig ist, mit Heißkleber unten am Kranz zwei Pinienzapfen befestigen und, über den Kranz verteilt, einige getrocknete Orangenscheiben.

SCHRITT 6
Zum Schluss aus dem grünen Sackleinenband eine Schleife nach der Anleitung auf Seite 17 anfertigen. Ich habe die Schleife aus etwa 66 cm Band gewickelt und mittig gefaltet, damit sie voller aussieht. Die Enden des Bandes sind jeweils 22 cm lang. Die Schleife mit Heißkleber am Kranz befestigen.

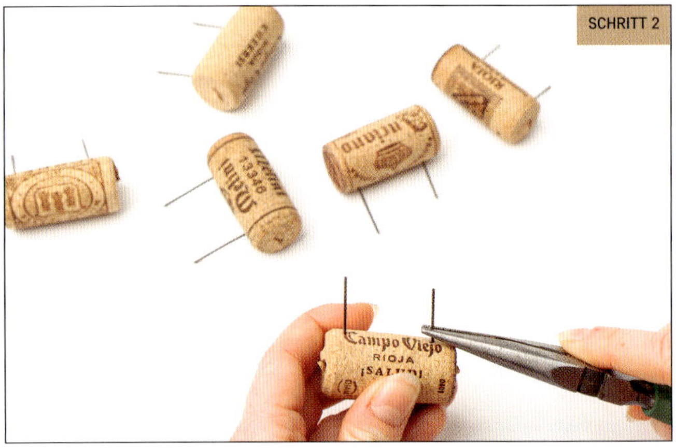

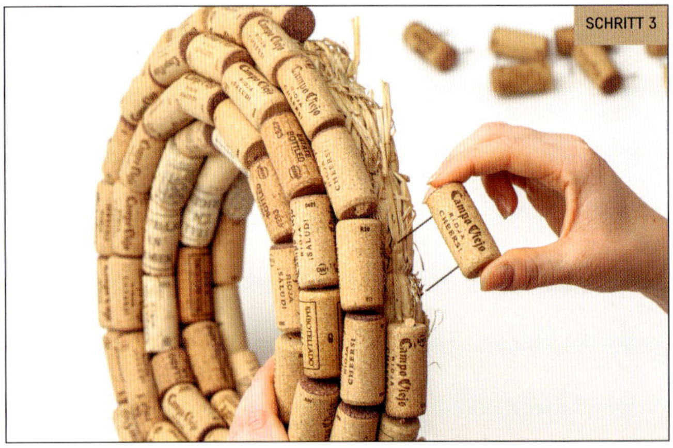

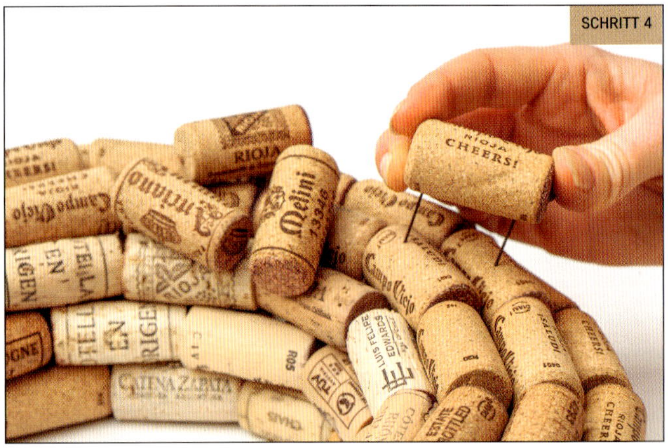

Tipp

Es lohnt sich, die Korken zu sortieren und sich die mit den schönsten Motiven auszusuchen, um sie für die oberste Schicht der Dekoration zu verwenden.

Hinweis

Wem die Verwendung von Draht zu kompliziert ist, der kann die Korken mit Heißkleber am Kranz befestigen. Das ist zwar nicht so umweltfreundlich, sieht optisch aber ebenso gut aus.

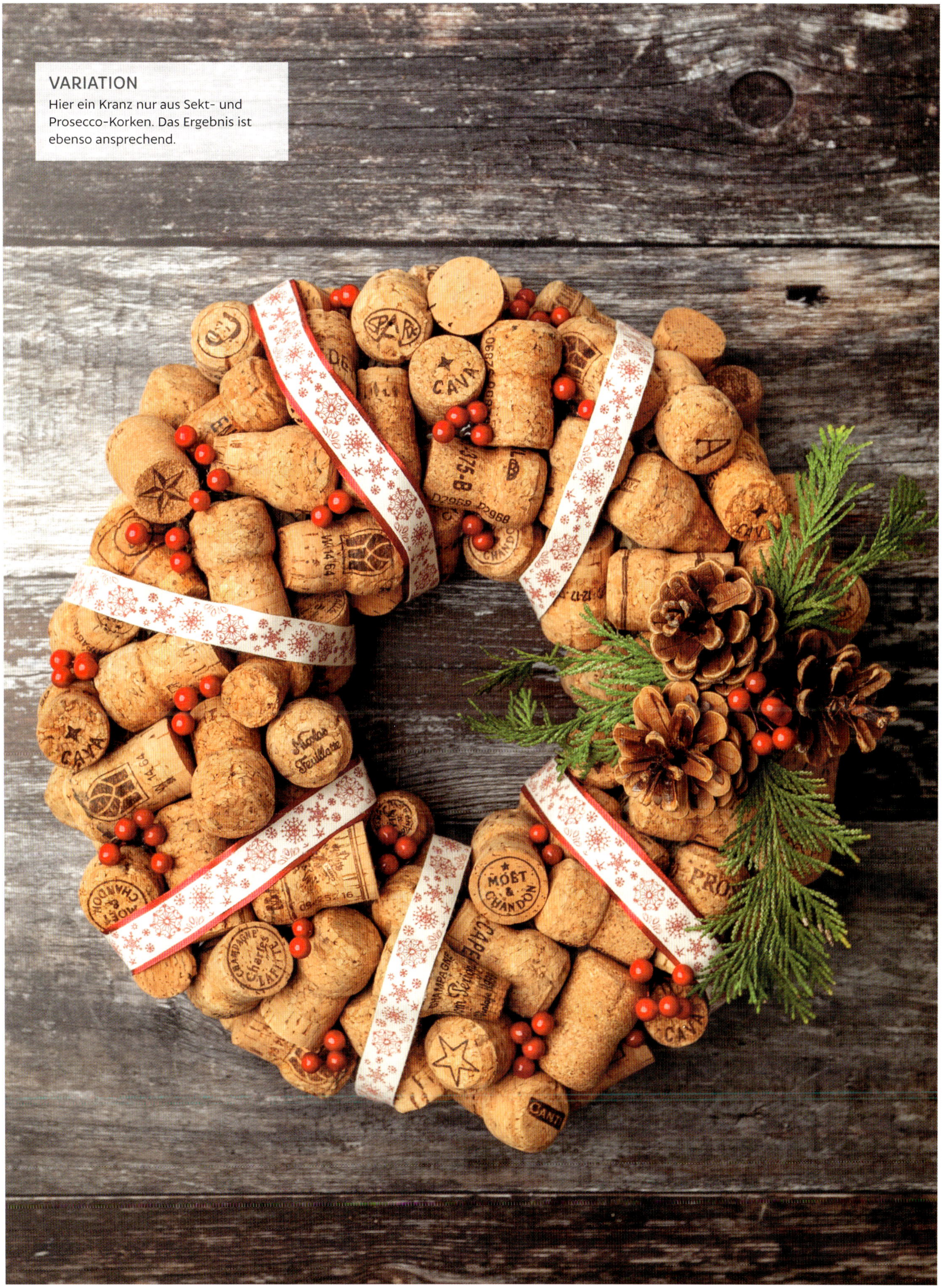

VARIATION

Hier ein Kranz nur aus Sekt- und Prosecco-Korken. Das Ergebnis ist ebenso ansprechend.

KONZERTINA-Weihnachtsbaum

Diese Falt-Bäumchen lassen sich prima an das Bastelmaterial anpassen, das man zur Hand hat. Es muss kein Festtagspapier sein – auch alte Buchseiten, Landkarten, Notenblätter oder sogar Postwurfsendungen sind denkbar. Achten sollte man nur darauf, dass das Papier nicht zu dünn ist. Der Sockel für die Bäumchen stammt aus dem Stamm des Weihnachtsbaums vom Vorjahr, den ich mit einer elektrischen Säge in Scheiben geschnitten habe. Man kann aber auch alles mögliche andere verwenden oder die bezaubernden Bäumchen in einen mit Sand oder Salz gefüllten Mini-Blumentopf stecken.

DAS BRAUCHT MAN:

MATERIALIEN

- 1 Holzspieß (Durchmesser 5 mm, Länge 25 cm)
- Notenpapier
- Holzscheibe (Durchmesser 5–6 cm)
- brauner Origami-Stern (siehe Seite 12) oder Holzstern

WERKZEUGE & HILFSMITTEL

- Weihnachtsbaum-Vorlage (siehe Seite 143)
- Fünfeck-Vorlage (10,5 cm) für den Stern (siehe Seite 142)
- Schere
- Lineal
- Rotationslochzange
- Bleistift
- Akkubohrer (mit 5 mm Bohrer)
- Heißklebepistole

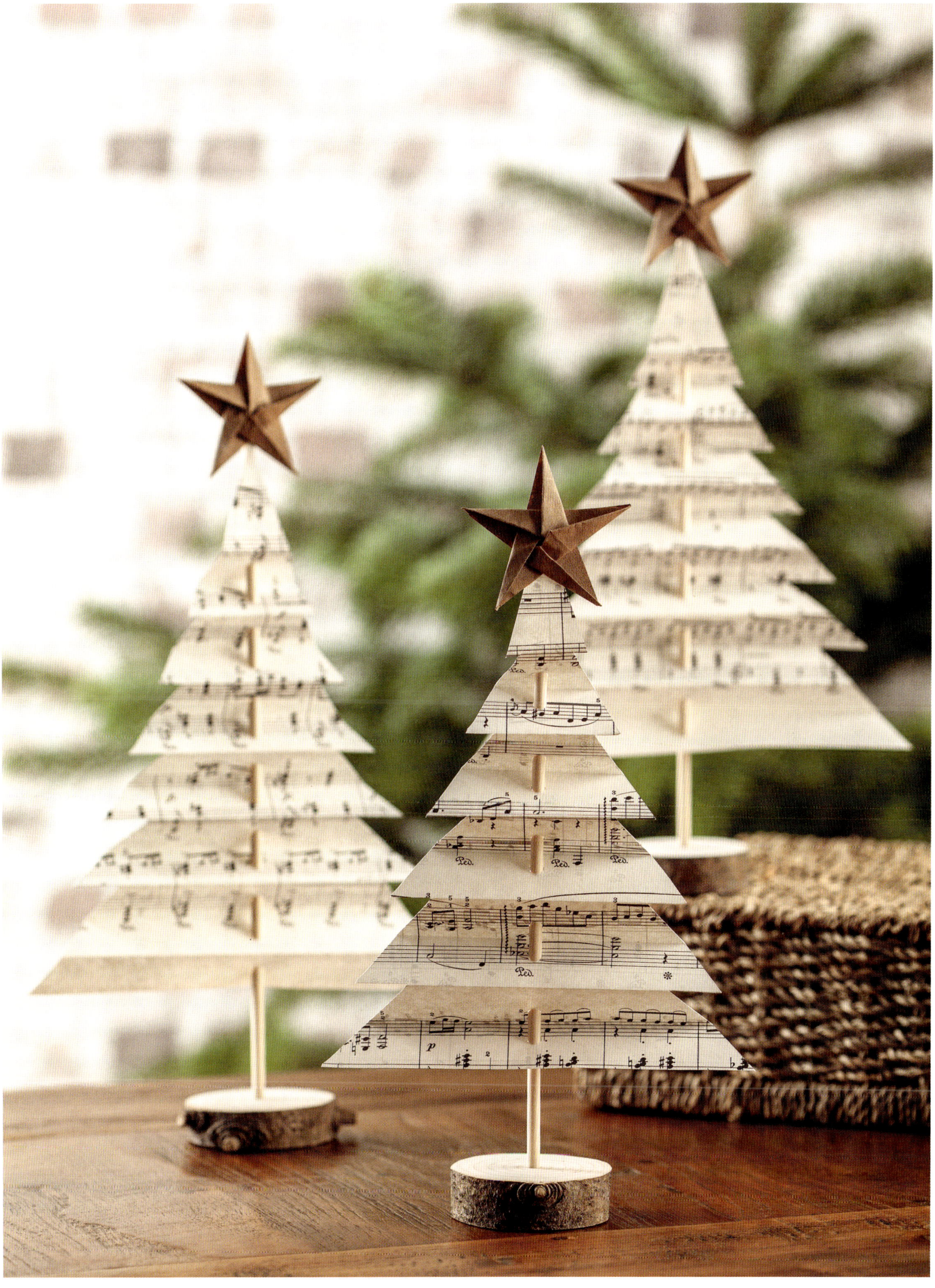

ANLEITUNG

SCHRITT 1
Das Zentrum auf der Holzscheibe markieren und mit dem Akkubohrer ein Loch bohren, das zu etwa drei Vierteln (oder komplett) durch die Scheibe geht. So gerade wie möglich bohren.

SCHRITT 2
Mithilfe der Vorlage auf Seite 143 einen Weihnachtsbaum aus Notenpapier ausschneiden.

SCHRITT 3
Unten beginnend das Papier im Abstand von 2 cm zu einer Ziehharmonika falten.

SCHRITT 4
Die Mitte mit einem Bleistift unterhalb des oberen Falzes markieren und dann an der Stelle ein Loch ausstanzen. Darauf achten, nicht durch die Spitze des Baumes zu stanzen, da diese später auf dem Holzspieß sitzen wird.

SCHRITT 5
Den Holzspieß durch das Stanzloch stecken. Die unterste Faltung 5 cm über dem Holzspieß festhalten und dann die anderen Faltungen vorsichtig nach oben schieben, sodass sie sich zu einer Tannenbaumform öffnen.

SCHRITT 6
Den Holzspieß in das Loch der Holzscheibe stecken. Wenn er nicht hält, ihn mit etwas Heißkleber fixieren. Wenn das Loch, das man gebohrt hat, ganz durch die Holzscheibe gegangen ist, aufpassen, dass die Holzscheibe nicht an der Arbeitsfläche kleben bleibt!

SCHRITT 7
Oben den Origami-Stern befestigen (oder einen Holzstern).

Tipp

Wer keine Holzscheibe hat, kann einen beliebigen kleinen Holzklotz verwenden. Der Sockel muss nicht unbedingt rund sein.

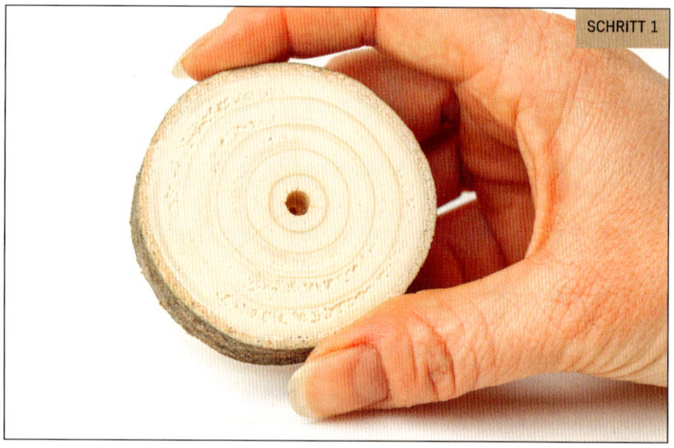

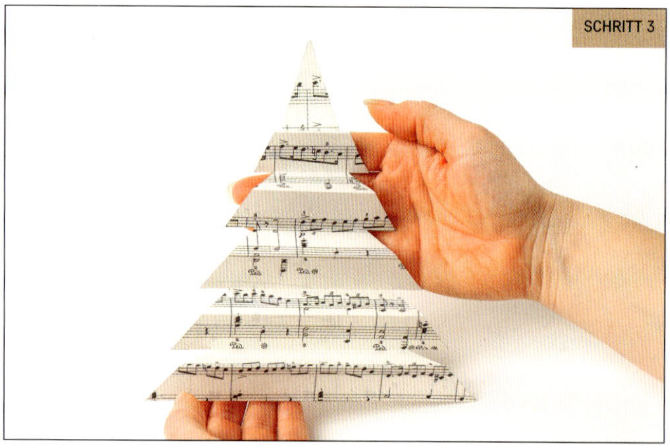

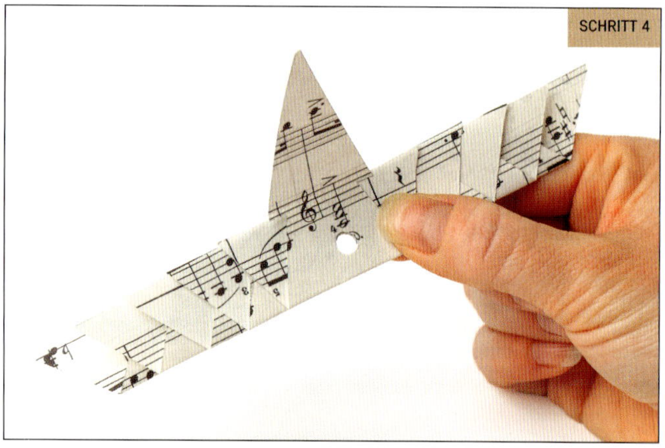

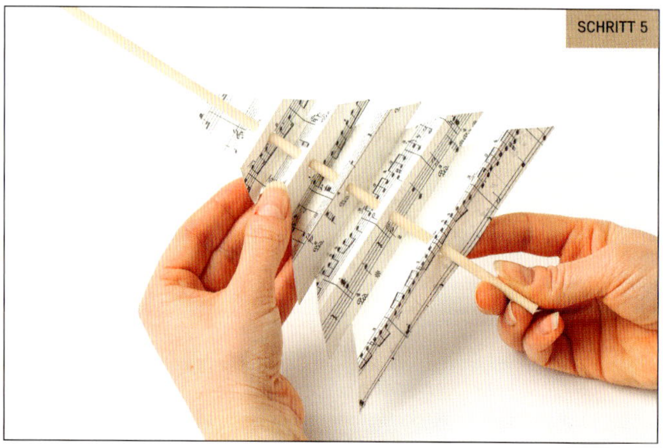

VARIANTE

Wer möchte, der kann die Bäume auch aus Dreiecken herstellen, anstatt die Weihnachtsbaum-Vorlage zu verwenden.

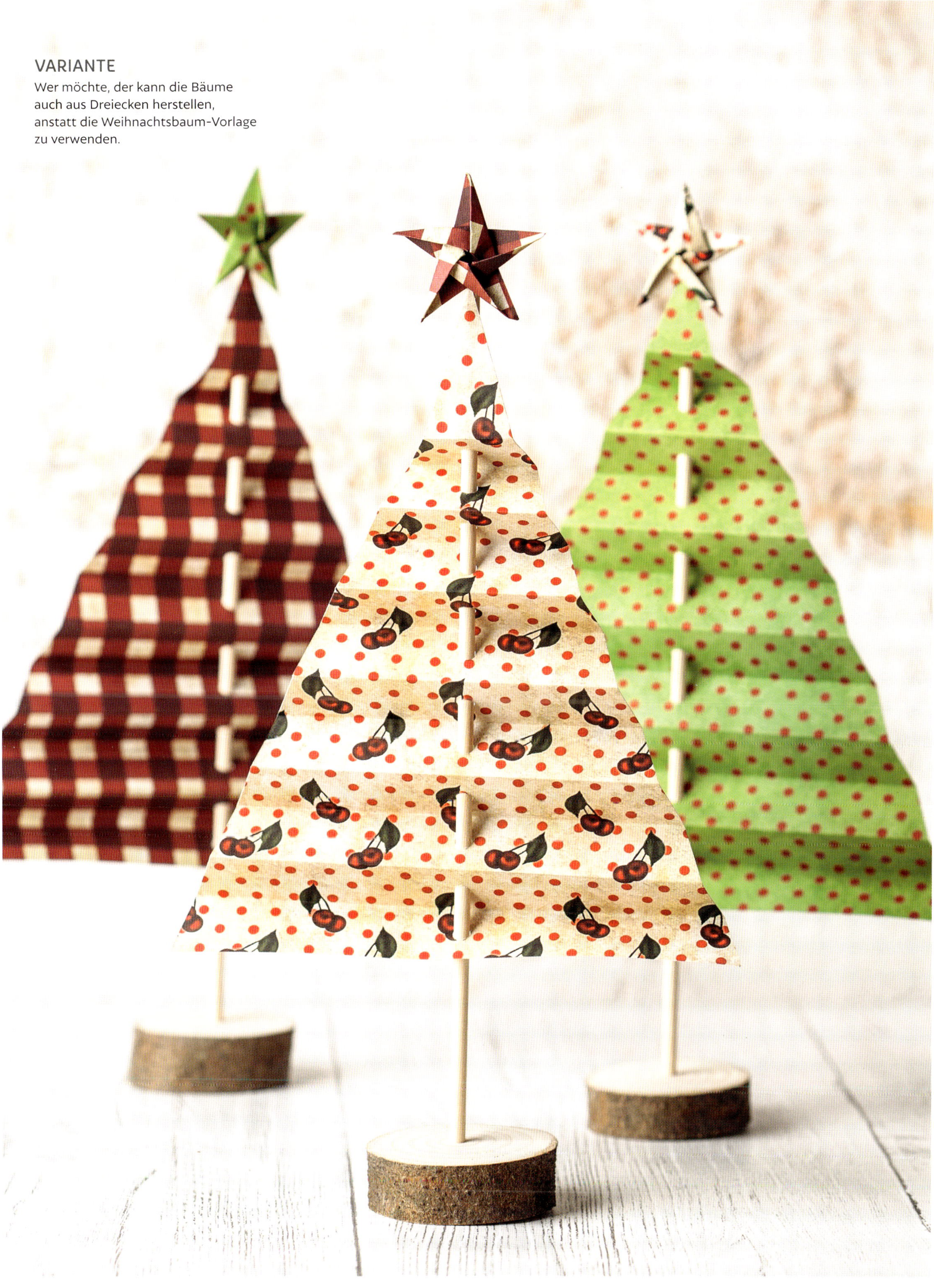

BAUMSCHMUCK *mit Orangen*

Für diese Anhänger braucht man keine besonderen handwerklichen Fähigkeiten, und sie sehen wunderschön aus, wenn sie am Baum hängen. Oder vor dem Fenster, wo die Wintersonne die zarten Zitursscheiben in Buntglas verwandelt! Das Trocknen von Orangen ist eine großartige Möglichkeit, um Früchte zu verwerten, die nicht mehr lange halten. Man kann sie zu selbst gemachtem Potpourri verarbeiten, als Deko für Leckereien und Getränke verwenden oder dekorativ auf Schnüre auffädeln. Kombiniert mit etwas winterlichem Grün und ein paar Tannenzapfen, entsteht im Nu eine Girlande, die den ganzen Winter über für eine heimelige Stimmung sorgt – nicht nur in der Weihnachtszeit.

DAS BRAUCHT MAN:

MATERIALIEN

- 1 Bio-Orange
- Baumwollschnur aus Naturfasern
- naturbelassene Holzperlen (Durchmesser 15 mm)
- weiße Holzperlen (Durchmesser 10 mm)
- Pappe (Format 5 × 5 cm)
- Sternanis

Optional:

- getrocknete Apfelscheiben
- frische Lorbeerblätter
- Zimtstangen
- gold-weißes Bäckergarn
- Holzperlen (Durchmesser 20 mm)

WERKZEUGE & HILFSMITTEL

- Küchenkrepp oder Geschirrtuch
- Heißklebepistole
- Sticknadel
- Schere
- Backpapier
- Backblech
- scharfes Messer
- Schneidebrett
- Backofen

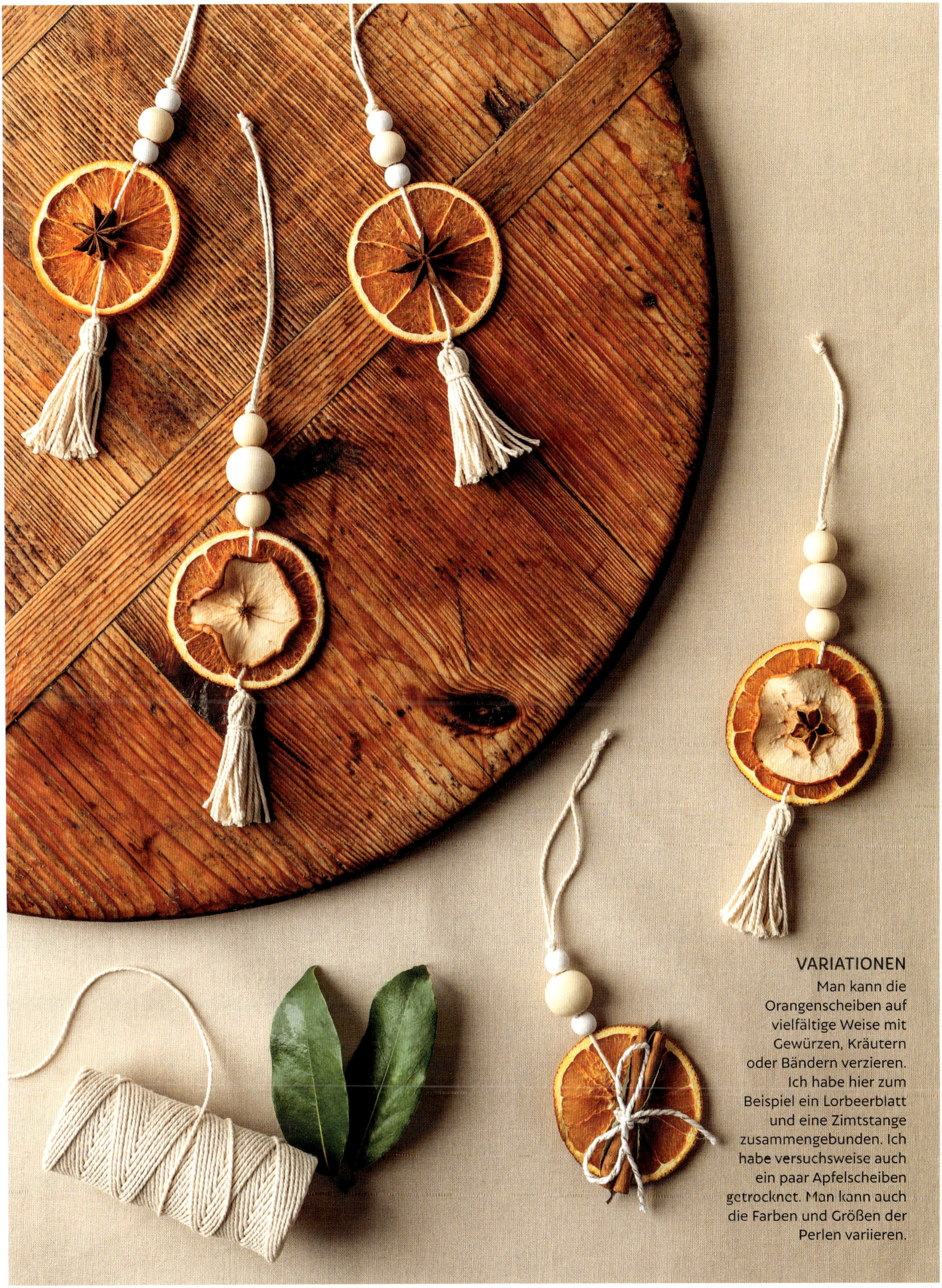

VARIATIONEN

Man kann die Orangenscheiben auf vielfältige Weise mit Gewürzen, Kräutern oder Bändern verzieren. Ich habe hier zum Beispiel ein Lorbeerblatt und eine Zimtstange zusammengebunden. Ich habe versuchsweise auch ein paar Apfelscheiben getrocknet. Man kann auch die Farben und Größen der Perlen variieren.

ANLEITUNG

SCHRITT 1
Den Backofen auf 80 °C vorheizen und ein Backblech mit Backpapier auslegen.

SCHRITT 2
Die Orange mit einem scharfen Messer in 2–3 mm dicke Scheiben schneiden. Die Scheiben auf Küchenkrepp oder ein Geschirrtuch legen und überschüssigen Saft vorsichtig abtupfen.

SCHRITT 3
Auf das Backblech legen und etwa 2 ½ Stunden im Ofen dörren. Alle 30 Minuten umdrehen, damit sie gleichmäßig trocknen. Es kann sein, dass nach 2 ½ Stunden einige Scheiben fertig sind und herausgenommen werden können. Die noch nicht trockenen Fruchtscheiben weiter dörren, aber alle 15–20 Minuten kontrollieren, um sicherzugehen, dass sie nicht verbrennen.

SCHRITT 4
Die Scheiben abkühlen lassen. Ein 40 cm langes Stück Baumwollschnur abschneiden und in das Öhr der Sticknadel einfädeln, dann durch die Mitte einer Orangenscheibe fädeln. Dann auf beide Schnurenden eine weiße 10-mm-Holzperle, eine naturbelassene 15-mm-Holzperle und dann eine weitere weiße Perle auffädeln. Mit einem einfachen Knoten fixieren.

SCHRITT 5
Eine Quaste mithilfe eines 5 × 5 cm großen Stücks Pappe und 15 Schnurumwicklungen nach der Anleitung auf Seite 16 anfertigen. Den oberen Aufhänger mit etwa 15 cm Länge in der Mitte der Orangenscheibe festbinden. Eventuell hierfür die Sticknadel benutzen.

SCHRITT 6
Den Sternanis-Stern mit Heißkleber über dem Knoten befestigen.

Hinweis

Alle Backöfen sind unterschiedlich, daher ist beim Dörren Vorsicht geboten. Regelmäßig kontrollieren, damit die Zitrusscheiben nicht verbrennen.

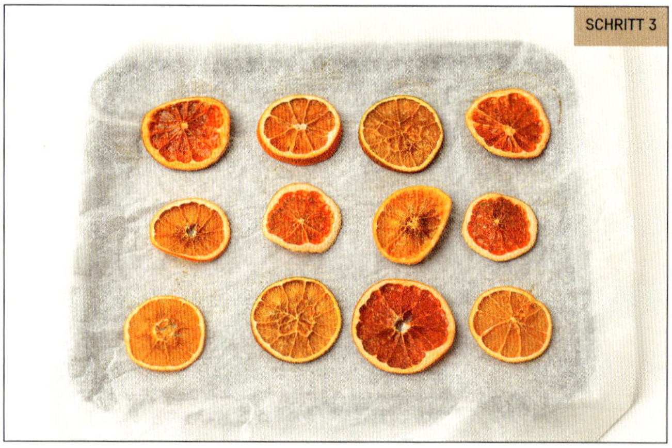

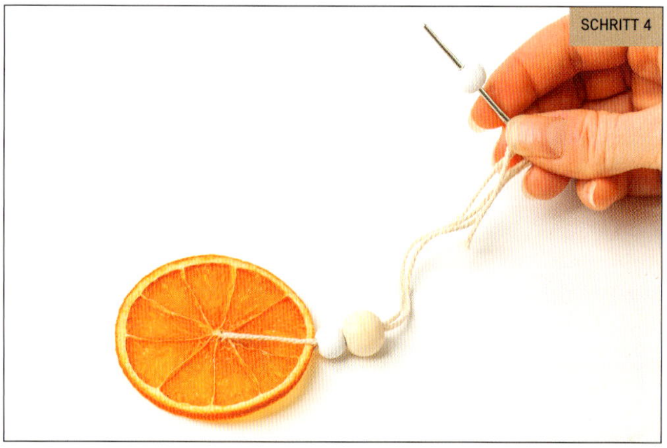

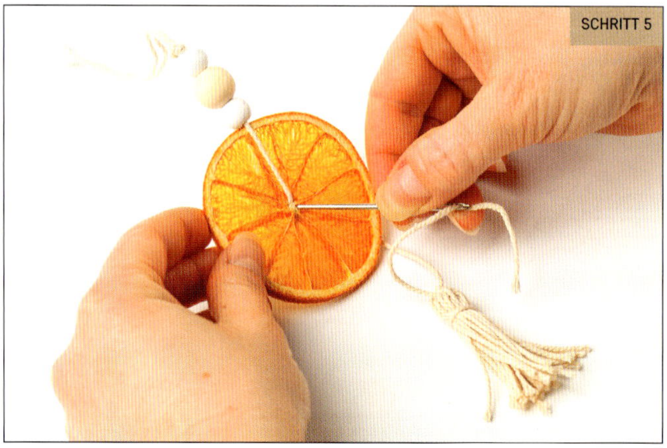

Tipp

Diese Dekoration kann einige Jahre halten, wenn man sie in einem luftdichten Behälter in einer trockenen Umgebung aufbewahrt. Wer sie lieber jedes Jahr neu machen möchte, kann die Orangenscheiben auf dem Kompost oder in der Biotonne entsorgen.

GIRLANDEN-OPTION

Es lässt sich anstatt des Baumschmuck ganz einfach eine Girlande herstellen, indem man Orangenscheiben und Perlen mit der Sticknadel an einer langen Baumwollschnur auffädelt. Beim Durchziehen des Fadens heißt es vorsichtig sein, denn die Fruchtscheiben sind empfindlich. Mit Grapefruitscheiben, Quasten und Origami-Sternen lässt sich der Boho-Look noch unterstreichen.

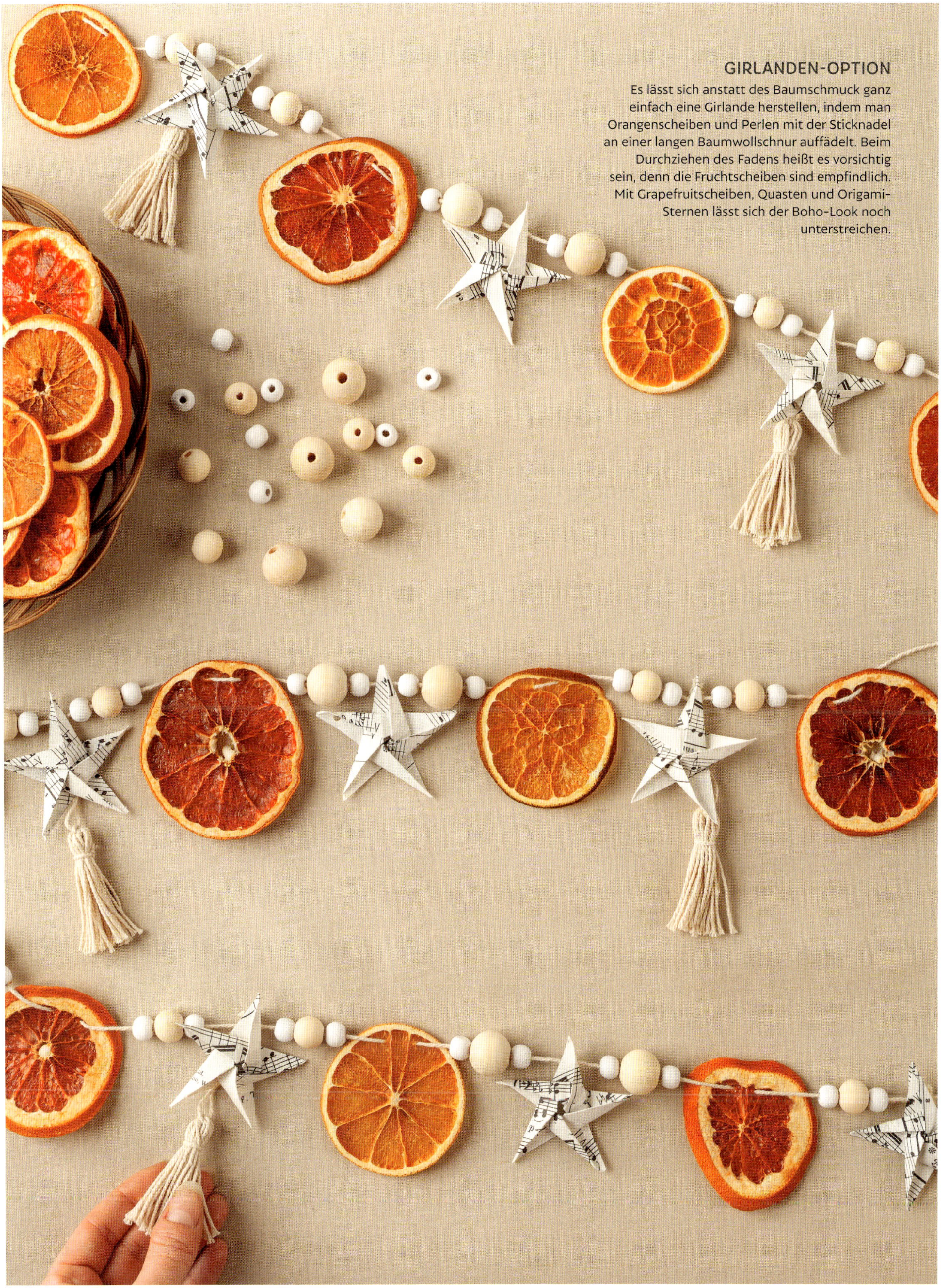

VORLAGEN

Ich stelle diese Schablonen zur Verfügung, um die Umsetzung einiger der Projekte in diesem Buch zu erleichtern. Man kann die Vorlagen abpausen oder fotokopieren und sofort verwenden – sie sind alle in voller Größe abgebildet.

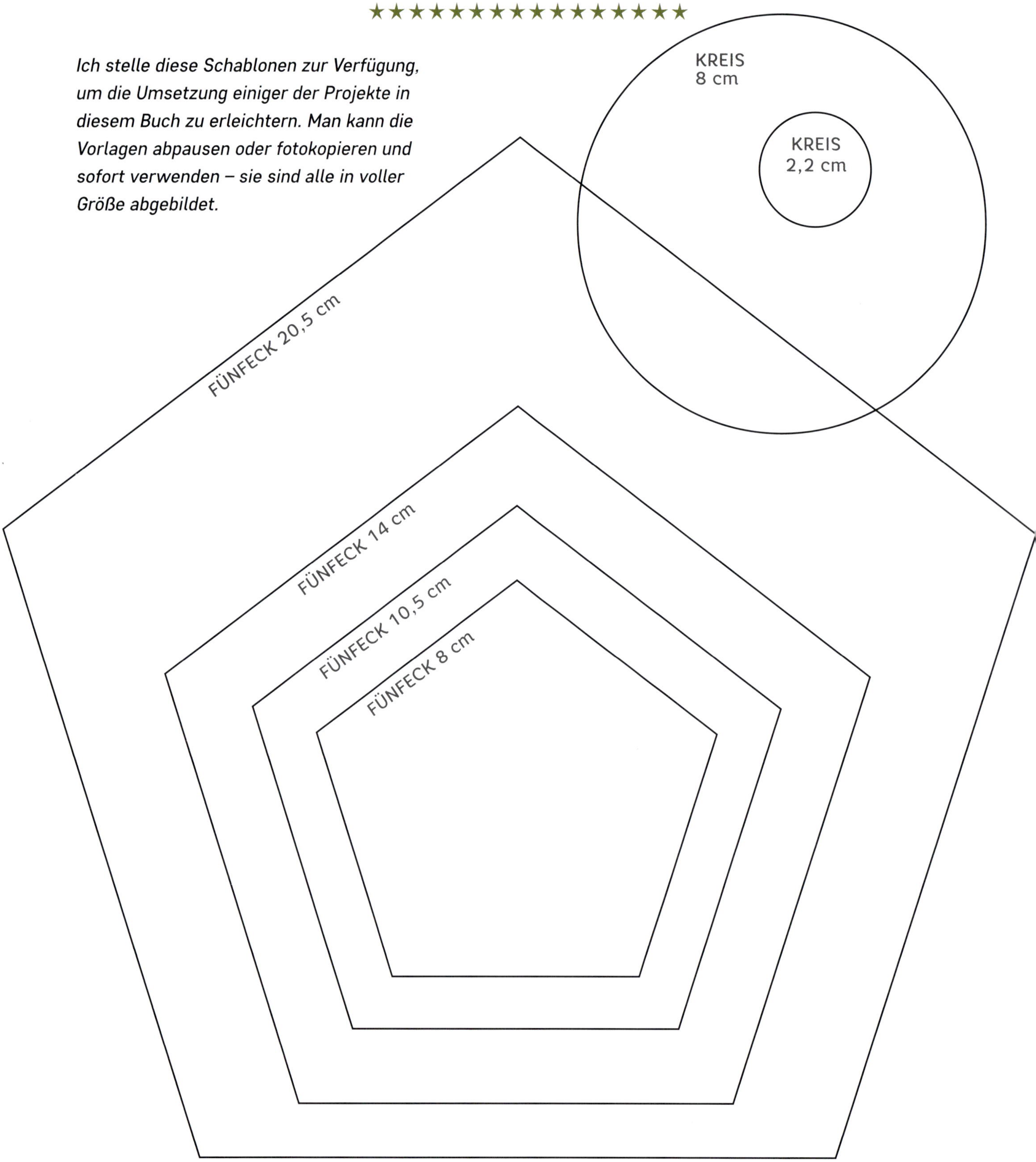

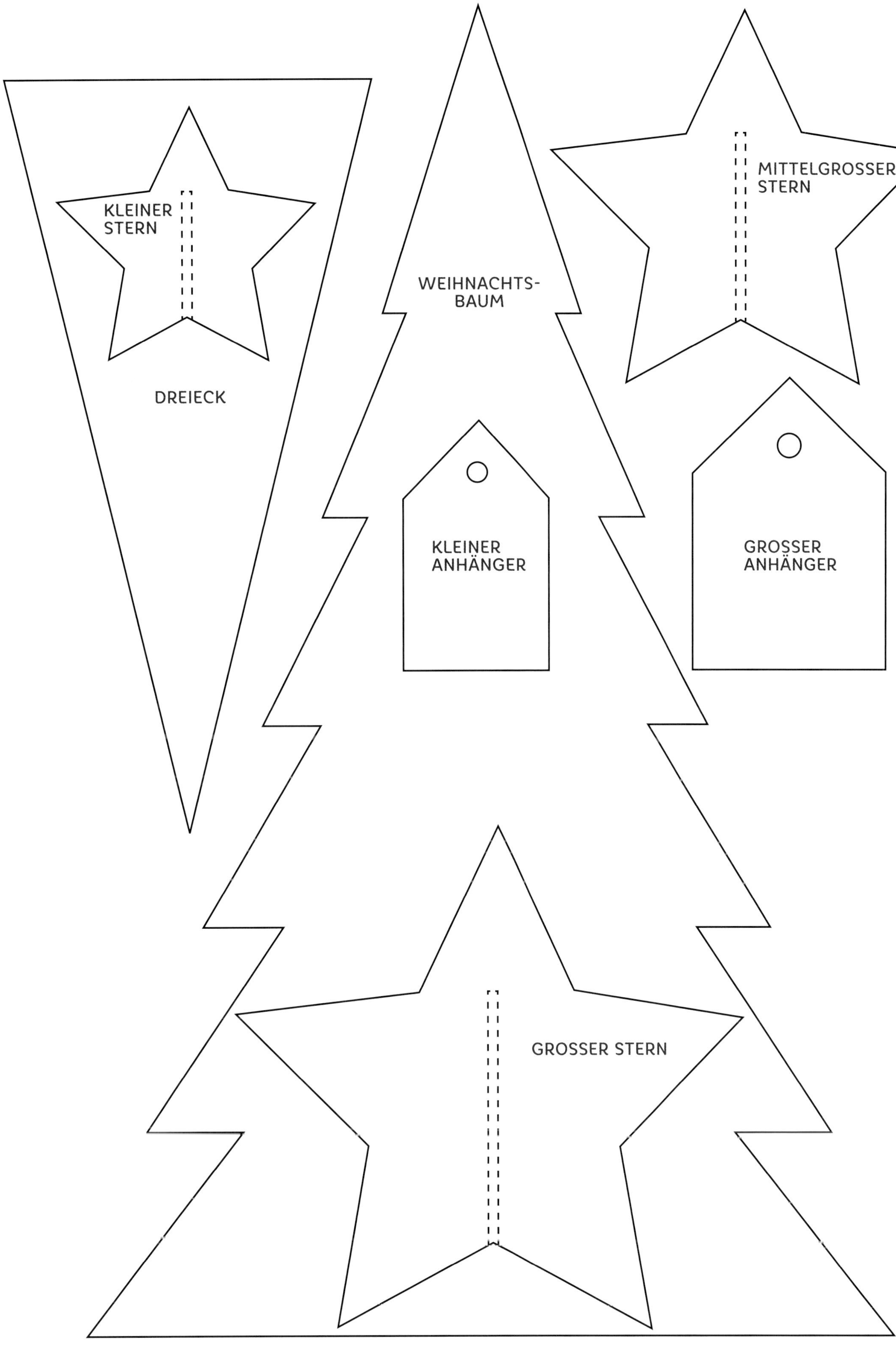
KLEINER STERN
DREIECK
WEIHNACHTS-
BAUM
MITTELGROSSER STERN
KLEINER ANHÄNGER
GROSSER ANHÄNGER
GROSSER STERN

REGISTER

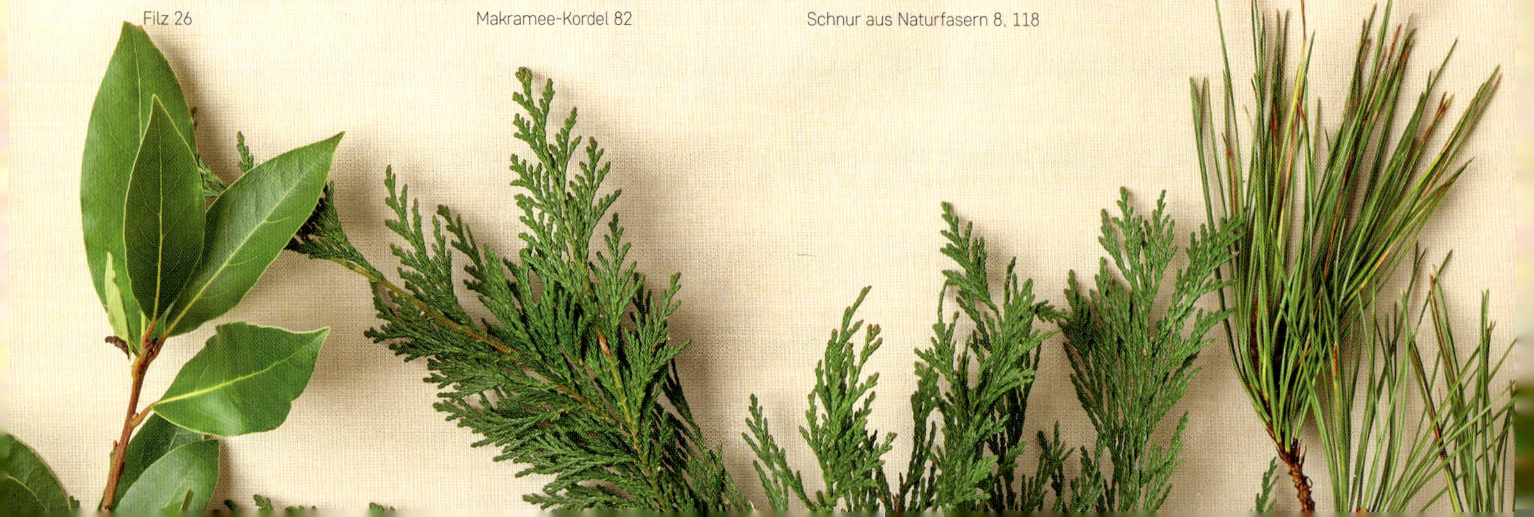